Irvin Waller

Mehr Recht und Ordnung!

- oder doch lieber weniger Kriminalität?

Herausgegeben im Auftrag des Deutschen Präventionstages von

Burkhard Hasenpusch und Erich Marks

Titel der englischen Originalausgabe

Less law, more order: the truth about reducing crime

by Irvin Waller, originally published in the English language
by Manor House Publishing Inc., Ancaster, Ontario, Canada,

ISBN 978-1-897453-03-2

Deutsche Übersetzung von Stephan J. Hasenpusch

Bibliografische Information der Deutschen Nationalbibliothek
Die Deutsche Nationalbibliothek verzeichnet diese Publikation in der Deutschen Nationalbibliografie; detaillierte bibliografische Daten sind im Internet über http://dnb.d-nb.de abrufbar.

Deutsche Originalausgabe, Mönchengladbach 2011
Coverdesign: Kosta Megas, Mönchengladbach
Layout/Grafiken: Kathrin Geiß, Deutscher Präventionstag
Gesamtherstellung: Books on Demand GmbH, Norderstedt
Printed in Germany
ISBN 978-3-936999-92-1

Inhaltsverzeichnis

Vorwort der Herausgeber

„Wir brauchen mehr Prävention statt mehr Polizei.“ Dieser Satz hätte, wenn er in einem allgemeineren Zusammenhang gefallen wäre, der Titel dieses Buches werden können – er stammt vom Niedersächsischen Innenminister Uwe Schünemann, bezog sich allerdings im geäußerten Zusammenhang nur auf Sicherungsstrategien für Fußballspiele (Hannoversche Allgemeine Zeitung, 18. 5. 2010).

Weltweit ist vielerorts noch immer die Vorstellung verbreitet, dass sich mit Polizei und Justiz die Kriminalität zurückdrängen lässt – je mehr, desto besser: **Mehr Recht und Ordnung!** Irvin Waller zeigt in seinem Buch *„Less Law, More Order“* auf, dass dies ein Trugschluss ist: Oft führt eine härtere Kriminalpolitik, und insbesondere eine falsch ausgerichtete Kriminalpolitik, keineswegs zu weniger Kriminalität, manchmal sogar zu mehr, ganz abgesehen von den mit solch einer Politik verbundenen exorbitanten Kosten. Darauf weisen wir mit der im Buchtitel mit einer Prise Ironie aufgeworfenen Frage hin: *Oder doch lieber weniger Kriminalität?*

In diesem Buch geht es um einen gesamtgesellschaftlichen Ansatz für Kriminalprävention, und bis sich die Erkenntnis *„Wir brauchen mehr Prävention statt mehr Polizei“* in diesem umfassenderen Sinn durchsetzt, wird wohl (leider noch) viel passieren müssen. Es gibt ermutigende Anzeichen für Entwicklungen in richtige Richtungen:Zu nennen sind zum Beispiel die vielen lokalen Präventionsräte, die sich um eine Verankerung von (Kriminal-)prävention jenseits der Zuständigkeiten von Polizei und Justiz bemühen. Es gibt in der Verwaltung erste Schritte, zumindest auf dem Papier, wenn in Erlassen verschiedener Ministerien auf die gemeinsame Verantwortung von Schule, Polizei und Justiz für die Prävention von Gewalt oder Drogenkonsum hingewiesen wird.

Vereinzelt hört man auch in der Politik von solchen Einsichten:

- Der damalige Niedersächsische Ministerpräsident Christian Wulff fasste es am 28.4.2003 bei der Eröffnung des 8. Deutschen Präventionstages in Hannover mit den Worten zusammen „In Niedersachsen wollen wir nicht an der Prävention – sondern durch die Prävention sparen.“
- Peter Müller, Ministerpräsident des Saarlandes erklärte am 18.11.2009 in seiner Regierungserklärung „Wir wollen Kriminalität nicht nur repressiv, sondern auch präventiv bekämpfen. Deshalb werden wir das in dieser Form einzigartige Landesinstitut für präventives Handeln ausbauen und die Koordination und Vernetzung von Polizei, Justiz, Sozial- und Jugendämtern, Schulen, freien Trägern sowie Kirchen und sozialen Einrichtungen verbessern.“
- Die Ministerpräsidentin von Nordrhein-Westfalen, Hannelore Kraft, will auf eine vorbeugende Politik setzen, früh in Kinder und Familien investieren, um dadurch „immense soziale Reparaturkosten“ zu sparen (Der Spiegel, 7. 2. 2011). Zu dumm, dass sie damit bei ihren Interviewern auf blankes Unverständnis stößt – da muss in Deutschland wirklich noch viel passieren.

In anderen Ländern ist man in dieser Hinsicht schon einige Schritte weiter. Der amerikanische Bundesstaat Washington zum Beispiel „leistet sich“ seit mehr als zehn Jahren eine Forschungseinrichtung, das *Washington State Institute for Public Policy*, das für das dortige Parlament Kosten-Nutzen-Analysen von Präventions- und Interventionsprogrammen in verschiedenen Politikfeldern durchführt – unter anderem in der Gesundheits-, der Sozial-, der Arbeismarkt- und der Bildungspolitik, aber auch in der Kriminalpolitik. Der volkswirtschaftliche Vergleich verschiedener Optionen, insbesondere die Gegenüberstellung herkömmlicher und innovativer Vorgehensweisen, dient der Entscheidungsfindung, wie das Geld der Steuerzahler am Besten einzusetzen ist, um ein bestimmtes Ziel mit möglichst wenig Aufwand zu erreichen. In Großbritannien haben sich kürzlich einige Großstädte (Birmingham, London und Manchester) zusammengetan, um die *Social Research Unit* in Dartington zu beauftragen, entsprechende Analysen für englische Kommunen durchzuführen.

Zwei Anmerkungen Irvin Wallers sind in der deutschen Ausgabe zu ergänzen: Die von ihm auf S. 218 erwähnte Präventionsstrategie „*Communities that Care*“ hat sich inzwischen in den USA sowohl in einer rigorosen experimentellen Studie als auch in einem groß angelegten Feldversuch als wirksam herausgestellt. Im Rahmen eines Modellversuchs wird sie derzeit in Niedersachsen auf ihre Anwendbarkeit in Deutschland überprüft (www.ctc-info.de), bislang mit ermutigenden Ergebnissen. Im Sinne der von ihm auf S. 241 geforderten Qualifizierung im Bereich der Kriminalprävention wird seit 2008 in Niedersachsen jährlich eine berufsbegleitende Ausbildung angeboten, das Beccaria Qualifizierungsprogramm (www.beccaria.de), und ab Herbst 2011 wird es an der Ostfalia Hochschule für angewandte Wissenschaften in Wolfenbüttel ein entsprechendes Master Programm mit dem Schwerpunkt „Kriminologie und Kriminalprävention“ geben.

Wir wollen mit der Herausgabe der deutschen Fassung von Irvin Wallers Buch für mehr langfristige Investitionen in Prävention werben. Nicht für sicher gut gemeinte, „selbstgestrickte Schnellschüsse“, sondern für wissenschaftlich fundierte und sorgfältig auf ihre Wirksamkeit untersuchte Programme, die es mittlerweile auch zunehmend in Deutschland gibt. Eine Übersicht solcher empfehlenswerter Programme wird übrigens seit 2010 vom Landespräventionsrat Niedersachsen in Form einer Datenbank zusammengestellt (www.ctc-info).

Wir nehmen in Kauf, dass sich Irvin Waller überwiegend auf Beispiele aus den USA bezieht und sich auch primär an dortige Leser richtet. Manche seiner Vorschläge sind daher auf deutsche Verhältnisse nur bedingt übertragbar, zum Beispiel jene, die sich auf die Steuerung der Polizei und der Schulen durch die Kommune beziehen. Seine Beobachtung jedoch, dass sich die herkömmliche Kriminalpolitik durch ein ausgesprochen schlechtes Kosten-Nutzen-Verhältnis auszeichnet, erscheint grundsätzlich auch bei uns zutreffend. Skeptiker mögen einwenden, es sei prinzipiell ungeeignet in den USA nach guten Rezepten für die Kriminalitätskontrolle zu suchen. Trotzdem hat das Vorbild der USA in vielen sicherheitspolitisch interessierten Kreisen Gewicht, und der Hinweis auf gelungene Beispiele von dort ist ebenso wichtig wie die Entzauberung trügerischer Rezepte wie „Null Toleranz“ und „*broken windows*“.

Wir schließen uns Irvin Wallers Aufforderung an, einen kleinen Teil des derzeit für Polizei, Justiz und Strafvollzug budgetierten Geldes für Prävention auszugeben und damit sehr viel gewinnbringender für die Sicherheit der Bürger zu investieren. Diese Sicherheit drückt sich für ihn als Viktimologen insbesondere darin aus, dass weniger Menschen Opfer von Kriminalität werden oder, in seiner Ausdrucksweise, viktimisiert werden. Er wendet seinen Blick nicht in erster Linie auf den Täter, sondern auf das Opfer, er spricht nicht nur von der Verhütung von Straftaten, sondern oft auch von der Verhütung von Viktimisierung (*victimization*). Wir haben diesen hierzulande vielleicht noch wenig geläufigen Begriff übernommen, um dem Anliegen des Autors treu zu bleiben und zugleich auch in Deutschland ein wenig sprach- und bewusstseinsbildend zu wirken.

Danken möchten wir an dieser Stelle denen, die an der Herausgabe des Buches mit Rat und Tat mitgewirkt haben:

- Irvin Waller für das Überlassen des Copyrights und für seine kollegiale, freundschaftliche Begleitung und Unterstützung während unserer Arbeit an diesem Buch.
- Stephan Hasenpusch für seine Übersetzung des Textes ins Deutsche – in mancherlei Hinsicht eine Herausforderung für einen Berufsanfänger.
- Annerose Hasenpusch für das kritische Gegenlesen des Textes und das Verweisen auf viele sprachliche Stolpersteine.
- Kathrin Geiß für die mühevolle und geduldige Arbeit am Layout des Buches, und
- unserem Verleger Carl Werner Wendland für das geschickte Lavieren um zeitliche und technische Hindernisse bei der Herstellung.

Dr. Burkhard Hasenpusch Erich Marks

Vorwort des Autors zur deutschen Ausgabe:

Wie lassen sich Regierungen überzeugen, in Prävention zu investieren, um Straftaten zu verhüten und die Rechte von Verbrechensopfern zu schützen ?

Nelson Mandela hat in seinem Vorwort zum Bericht der WHO über Gewalt und Gesundheit gesagt, dass Gewalt verhütet werden kann. Die WHO hatte in diesem Bericht den Stand der Forschung zu den Ursachen von Kriminalität und Gewalt aufbereitet und wissenschaftliche Evaluationen der Ergebnisse von Programmen zur Bekämpfung dieser Ursachen ausgewertet.

Wir haben heute das Wissen, um die Zahl der Verbrechensopfer um mehr als die Hälfte zu verringern. Die Herausforderung für Entscheidungsträger besteht darin, den Wechsel zu wagen von Ansätzen, die sich primär auf teure und wenig erfolgreiche reaktive Maßnahmen stützen, zu einer ausgewogenen Kombination von kluger Strafverfolgung und klugen Investitionen in Kriminalprävention. Mehr und mehr wagen Entscheidungsträger diesen Kurswechsel, weil er Steuerzahlern und potentiellen Verbrechensopfern gleichermaßen zu Gute kommt.

Forschungsergebnisse für Bürgermeister und Gesetzgeber zugänglich machen

Ich habe dieses Wissen für Bürgermeister, Gesetzgeber und Steuerzahler zugänglich gemacht, indem ich das vorliegende Buch für sie geschrieben habe, das es inzwischen nicht nur auf Englisch, sondern auch auf Französisch, Spanisch und Chinesisch gibt und nun auch auf Deutsch. Ich habe die trockenen Forschungsergebnisse mit Beispielen erfolgreicher Programme illustriert, die zeigen, wie nationale oder lokale Entscheidungsträger die Zahl der Verbrechensopfer um mehr als die Hälfte verringern konnten, indem sie sich weniger auf herkömmliche Polizeiarbeit und Strafvollzug sondern mehr auf einen klugen Einsatz der Polizei und kluge Investitionen in Kriminalprävention stützten. Dies nützt übrigens auch dem Steuerzahler, weil Investitionen in wissenschaftlich begründete Prävention viel wirksamer und kostengünstiger sind als Investitionen in Sanktionen.

In der Tat besteht mein Ziel darin, die Kriminalpolitik dazu zu bewegen, von dem klassischen reaktiven Ansatz „Bestrafen und Behandeln der Straftäter“, der Verbrechensopfer und Steuerzahler hintanstellt, abzurücken und einen positiven präventiven Ansatz zu wählen, der auf eine Verringerung der Kriminalität abzielt und das Wohl potentieller Verbrechensopfer und des Steuerzahlers im Auge hat.

Das Buch beginnt mit einer Schilderung der Irrtümer, die in den USA begangen wurden, und leitet über zu den von der Forschung herausgearbeiteten Ursachen zwischenmenschlicher Gewalt. Es beschreibt nachweislich wirksame Ansätze für Kriminalprävention und innovative Strategien zur Einbindung gesellschaftlicher Institutionen wie Schulen, Wohnungsbaugenossenschaften, Kinder- und Jugendhilfeeinrichtungen, der Familienhilfe und der Polizei, um das zu tun, was am dringendsten zu tun ist. Es basiert auf den Ergebnissen sozialwissenschaftlicher Forschung der letzten vierzig Jahre, die von so angesehenen Stellen wie der Weltgesundheitsorganisation und dem Internationalen Zentrum für Verbrechensverhütung zusammengetragen wurden.

Von teurer Reaktion zu wirksamer Prävention

Die USA haben über Jahrzehnte mit großer Härte auf Kriminalität reagiert. Dies hat dazu geführt, dass sie inzwischen 25 % aller Gefangenen der Welt aufzuweisen haben, obwohl sie nur 5 % der Weltbevölkerung ausmachen. Trotzdem unterscheiden sich ihre Raten an Eigentums- oder Gewaltdelikten wenig von denen in Kanada oder England und Wales, die sich weniger auf Polizei und Strafvollzug stützen als die USA, und die Mordrate in den USA ist sogar um 200 % höher als die in diesen beiden Ländern.

Die gute Nachricht ist, dass es handfeste Belege dafür gibt, dass zielgerichtete Programme, die auf die Ursachen von Kriminalität abzielen, Gewalt- und Eigentumsdelikte verringern können. Kriminalität lässt sich also verhüten. Ironischerweise stammt ein großer Teil dieser

Belege von sorgfältigen Experimenten, die in den letzten 30 Jahren in den USA durchgeführt wurden. Diese Experimente bemühten sich, durch Maßnahmen gegen schädliche Lebenserfahrungen wie schlechte Erziehung, Schulversagen oder das Fehlen positiver Vorbilder die Zahl junger Männer, die andere Menschen schädigen, zu reduzieren.

Selbst das erschreckende Ausmaß an Gewalt gegen Frauen kann verringert werden. Die Weltgesundheitsorganisation hat bestimmte Unterrichtseinheiten für Schulen beschrieben, die die Einstellungen männlicher Schüler verändern und dadurch Gewalt gegen Frauen verringern. In Entwicklungsländern wie Lesotho haben Ausbildung und Kleinstkredite für Frauen beeindruckende Ergebnisse erzielt.

Ebenso erfreuliche Erfolge gibt es, wenn Städte und Regierungen einer Institutionen-übergreifenden Problemlösungsstrategie folgen, in der Ressourcen in bislang lückenhafte Dienstleistungen umgeleitet werden und dadurch Kriminalität verringert wird. Bogotá hat eine solche Erfolgsgeschichte geschrieben, und in Kapstadt hat sich gezeigt, wie auch Teillösungen funktionieren können.

Wissen nutzen, um Verbrechen zu verhüten

Dieses Buch hatte aber noch viel größere Auswirkungen. Die Regierung der kanadischen Provinz Alberta hat über drei Jahre zusätzliche $ 500 Millionen in eine ausgewogene Strategie für Strafverfolgung, Rehabilitation und Prävention investiert – die Drei-Säulen-Strategie. Sie wird von *SafeCom* umgesetzt, einem modernen Steuerungszentrum, das leitende Mitarbeiter aus fünf Ministerien vereint und den Auftrag hat, eine langfristige Strategie zu verfolgen, durch die innerhalb eines Jahrzehnts die Kriminalität deutlich reduziert werden soll. Mit Hilfe von Opferbefragungen soll die Wirksamkeit der Strategie ermittelt werden.

Das kanadische Nationale Zentrum für Kriminalprävention hat ein jährliches Budget von $ 70 Millionen allein um erfolgversprechende Programme zu untersuchen – viele davon werden in diesem Buch beschrieben. Es hat sich auch entschlossen, an der Universität von Ottawa ein neues Institut für Kriminalprävention zu finanzieren, um Vorschläge für eine nationale Präventionsstrategie zu entwickeln, Experten aus aller Welt unter Vertrag zu nehmen und ein Netzwerk größerer kanadischer Städte ins Leben zu rufen, um Institutionen-übergreifende, wissensbasierte Lösungen umzusetzen. Dieses Institut hat zusammen mit dem Städte-Netzwerk Handreichungen für städtische Entscheidungsträger entwickelt, ein wesentliches Hilfsmittel für Stadtverwaltungen, um besser planen und klüger investieren zu können, und hat damit weitere Städte in Kanada und in aller Welt ermutigt, ihren Ansatz für Kriminalprävention zu ändern.

Die spanische Ausgabe des Buches hat ihre eigene Schubkraft entwickelt. Das mexikanische Parlament berät derzeit über einen Gesetzentwurf, dem dieses Buch zu Grunde liegt, und zwei weitere lateinamerikanische Staaten sind dadurch zu umfassenden Änderungen ihrer Kriminalpolitik angeregt worden. Der Vizepräsident von Argentinien hat kürzlich eine Konferenz organisieren lassen, um die Umsetzung der Vorschläge in Argentinien zu prüfen. Venezuela hat ein Ausmaß von Gewalt, das dem südafrikanischen vergleichbar ist, und der fehlende Einsatz nachweislich wirksamer Ansätze hat dazu geführt, dass man sich dort näher mit dem Thema befasst.

Unter den Programmen, die kurz- oder langfristig eine Verringerung von Gewalt erwarten lassen, sind

- Elternbildungsprogramme wie Triple P, Familienhebammenprogramme, Mentorenprogramme für Jugendliche und Projekte zur Eingliederung Jugendlicher in den Arbeitsmarkt und in gesellschaftliche Institutionen;
- Die Beschränkung der Verfügbarkeit und des Missbrauchs von Alkohol, Schusswaffen und Messern;
- Nachbarschafts-Entwicklungsprogramme, die die gemeinsame Selbstwirksamkeit stärken;
- Strategien zum Umgang mit kriminellen Jugendbanden;
- Stärken der Fähigkeiten von Frauen und ihres Zugangs zu Institutionen, z.B. Polizeiwachen, in denen nur Frauen Dienst tun.

- Wiedergutmachung als Teil des Strafverfahrens (*restorative justice*) und bessere Unterstützung der Opfer.

Die *Soros* Stiftung hat Interesse an einem Fonds für Gewaltprävention auf der Grundlage der Schlussfolgerungen in verschiedenen Kapiteln dieses Buches. Im Jahr 2010 hat es die Weltbank diskutiert, zusammen mit Gutachten führender amerikanischer Kriminalpräventionsexperten, um Gewaltprobleme in Lateinamerika zu lösen. Meine Eindrücke von diesem Treffen lassen mich erneut betonen:

- Mandelas Vision ist weiterhin gültig, dass Gewalt verhütet werden kann, d.h. dass Regierungen die Zahl der Gewaltopfer auf den Straßen und in den Familien deutlich verringern können, und dass eine Überbetonung von reaktiven Strategien der Wirtschaft und der Demokratie schadet.
- Der Schlüssel zum Erfolg ist ein nachhaltiger, umfassender und ergebnisorientierter Ansatz, der von der Spitze der Regierung autorisiert ist – nicht allein Polizei und Justiz.
- Es gibt bedeutsame Möglichkeiten für umfangreiche Gewinne durch Investitionen in wirksame Prävention (in Form von weniger Verbrechensopfern und einem besseren Sicherheitsgefühl der Bevölkerung) – ein fortgesetztes Wachstum der Ausgaben allein für Sanktionen behindert die Entwicklung von Wirtschaft und Humankapital.

Vom Reden zum Handeln

Die oben genannten Programme müssen mit einer gut durchdachten Strategie gesteuert werden, die nachhaltig finanziert, umfassend und ergebnisorientiert ist. Sie erfordern ein Steuerungszentrum auf höchster Ebene, langfristige Investitionen in Ausbildung, Qualitätsstandards und den Ausbau der beteiligten Institutionen. Notwendig sind Handlungspläne mit einer Laufzeit von drei Jahren und einem Planungshorizont von zehn Jahren. Sie müssen auf vielen Säulen ruhen (Strafverfolgung, Umweltgestaltung, Sozialpolitik, ...) und eine Reihe kurz- und langfristiger Investitionen umfassen. Sie erfordern Institutionen-übergreifende Problemlösungen:

- Analyse, Planung, Umsetzung und Evaluation;
- Zusammenarbeit von wesentlichen Einrichtungen wie Schulen und Sozialdiensten sowie öffentliches Engagement,
- Beteiligung aller Verwaltungsebenen – auch wenn die Stadtverwaltungen eine Schlüsselrolle spielen, benötigen sie die technische und finanzielle Unterstützung der Landes- und Bundesebene.
- Messung der Ergebnisse unabhängig von den Arbeitsabläufen von Polizei und Justiz, z.B. durch Opferbefragungen, Umfragen zu Gewalt gegen Frauen, und Gesundheitsstatistiken über Todesursachen und Verletzungen, sowie Untersuchungen zu den Kosten und Konsequenzen von Kriminalität.

Kosten-Nutzen-Analysen von Präventionsprojekten legen nahe, dass Steigerungen der Investitionen in effektive Gewaltprävention über einen Zeitraum von fünf Jahren in der Größenordnung von nur 10 % der derzeitigen Ausgaben für Polizei und Strafjustiz in zehn Jahren zu einer Verringerung der Gewaltkriminalität um 50 % führen werden. Wegen des politischen Drucks, auf Kriminalität zu reagieren, könnte eine Strategie darin bestehen, dass bei jeder Steigerung der Ausgaben für Sanktionen entsprechende Ausgaben für effektive Prävention eingefordert werden.

Die entsprechenden Steuerungsprozesse auf allen Verwaltungsebenen zu etablieren, erfordert unverzügliche Investitionen und einen angemessenen Ausbau der Kapazitäten. Eine Stadt mit 100.000 Einwohnern würde zwei ausgebildete Fachkräfte für Präventionsplanung benötigen, die Regierung eines Landes mit zehn Millionen Einwohnern eine Gruppe von zunächst 30 bis 40, ohne Fachleute für statistische Erhebungen und Auswertungen.

Schlussbemerkung

Das Recht der Bürger, vor Kriminalität geschützt zu werden, erfordert, dass nationale und lokale Regierungen die Ergebnisse wissenschaftlicher Analysen zu den Ursachen von Kriminalität und zu den Auswirkungen von Maßnahmen gegen diese Ursachen zur Kenntnis nehmen. Dieses Buch macht dies zu einer einfachen Aufgabe.

Anschließend aber müssen sie sich für Reformen einsetzen, die eine Abkehr von der kostspieligen Vorliebe für Sanktionen hin zu Investitionen in Programme einleitet, die wirksam bei der Verringerung der Zahl der Verbrechensopfer und der Stärkung der Sicherheit in unseren Städten sind. Regierungen, denen diese Ziele am Herzen liegen und die den Steuerzahler schonen wollen, wagen diese Wende. Verbrechensopfer sind auch Steuerzahler, sie haben doppelten Nutzen davon.

Danksagung des Autors

Von meinem Vater habe ich gelernt, dass Gerechtigkeit bedeutet, für das was richtig ist zu kämpfen. Ich lernte auch, dass das Recht keinen Sinn macht (Im Original: The law is an ass). Damals wusste ich nicht, wie recht er hatte. Er war ein Anwalt, der darum kämpfte, die unterdrückenden Mächte des Staates gegen die unterprivilegierten Bürger zu begrenzen - unbestreitbar eine noble Aufgabe. Für das Recht der Leute zu kämpfen, sicher vor Verbrechen zu sein und das Recht junger Männer, frei zu sein, sind noble aber vergessene Aufgaben, besonders wenn sie von so viel Wissen und gesundem Menschenverstand unterstützt werden.

Ich bin dankbar für die Inspiration, die andere mir gaben, weil sie auf den Höhepunkten ihrer Karrieren für Wahrheit in der Kriminalpolitik, für Prävention von Viktimisierung und für Investitionen in junge Menschen kämpften. Ich nenne hier Gilbert Bonnemaison, Quästor der französischen Nationalversammlung; Jack Calhoun, Präsident des US National Crime Prevention Council; Maria de la Luz Lima, stellvertretende Generalstaatsanwältin von Mexiko; Dave McCord, Executive Director des Canadian Council on Churches and Corrections; Michel Marcus, früherer Richter, der jetzt europäischer Präventionsreformer ist; Irene Melup, Beamtin bei der UN; Andrew Rutherford, Strafrechtsreformer in den Vereinigten Staaten und dem Vereinigten Königreich; John Stein, Opferstratege der Vereinigten Staaten; Claude Vézina, kanadischer Stadtsicherheitsexperte; Brandon Welsh, kanadischer Wahrheitssucher; Richard Weiler, kanadischer Sozialreformer; Nigel Whiskin, britischer Verbrechensverringerungsverfechter und Marlene Young, visionäre amerikanische Sprecherin und Reformerin für Opfer. Sie alle zeigten in ihrem Leben und ihren Erfolgen, das Prävention es wert ist, für sie zu kämpfen, weil sie Traumata verhindert und Leben rettet. Sie alle zeigten mir, dass für Wahrheit und gesunden Menschenverstand gekämpft werden muss. Sie alle zeigten mir, dass eine Person etwas verändern kann, aber dass viele mehr verändern können.

Ich bin der University of Ottawa und dem National Crime Prevention Centre der kanadischen Regierung dankbar, dass sie mir die Zeit gaben, das Material für dieses Buch zu verfeinern.

Ich bin meiner Lebenspartnerin Susan Tanner besonders dankbar, dass sie meine Bemühungen unterstützte, weltweit für diese humanere, sinnvollere und nachhaltigere Reaktion auf Kriminalität zu kämpfen.

Irvin Waller

Ottawa, Kanada

Abbildungsverzeichnis

Abkürzungen und Erläuterungen von Eigennamen

Audit Commission: Prüfungskommission / Rechnungshof für Stadtverwaltungen und das Gesundheitswesen (National Health Service) in England und Wales.

BJS: Bureau of Justice Statistics – Büro für Justizstatistiken, ein Teil des U.S. Department of Justice.

CCTV: Closed Circuit Television, eine Technologie zur Video-Überwachung, die besonders in England und Wales genutzt wird, um private und öffentliche Bereiche zu kontrollieren.

CDC: Centers for Disease Control, ein Teil des U.S. Department of Health and Human Services, in Atlanta. Hier ist hauptsächlich die Abteilung für Gewalt-prävention, Division of Violence Prevention, gemeint, die im National Center for Injury Prevention and Control zu finden ist.

Compstat: Ein computergesteuertes System, um Polizeistatistiken zu analysieren und Polizeichefs verantwortlich zu machenen, wurde ursprünglich für das New York City Police Department entwickelt.

CNPD: Conseil National de Prévention de la Délinquance – Nationaler Rat für Kriminalitätsvorbeugung (Frankreich).

COPS: Community Oriented Policing Service – Gemeinwesenorientierte Polizeiarbeit.

CPTED: Crime Prevention through Environmental Design, ein der situativen Kriminalprävention ähnliches Konzept, das in den 1980ern beliebt wurde und in Modifikationen des Designs in Gebäuden, Parkplätzen und sogar ganzen Städten resultierte.

D.A.R.E.: Drug Abuse Reduction Education – Erziehungsprogramm zur Verringerung von Drogenmissbrauch.

FBI: Das Federal Bureau of Investigation ist der Hauptermittlungsarm des U.S. Department of Justice. Es stellt auch Dienste wie Fingerabdruckserkennung, Laboruntersuchungen und Polizeitraining zu Verfügung.

FCM: Die Federation of Canadian Municipalities ist die nationale Stimme der Stadtregierungen in Kanada, die die Lebensqualität in allen Gemeinschaften erhöht, indem starke, effektive und verantwortliche Stadtregierungen gefördert werden.

Gaçaça: Ein ruandisches Wort, das sich auf einen gesetzlich gegründeten gemeinschaftlichen Justizprozess bezieht, um die Wahrheit herauszufinden, welche Morde und Vergewaltigungen während des Völkermordes 1994 passierten.

HMIC: Her Majesty's Inspectorate of Constabulary ist ein Amt des Home Office in England und Wales, das ausgezeichnete Polizeipräsidenten beschäftigt, um die Qualität der britischen Polizeidienste abzuschätzen. Das Home Office stellt finanzielle Mittel für Polizeidienste zur Verfügung, die davon abhängen, ob das HMIC die Qualität der Dienste gutheißt.

IACP: International Associations of Chiefs of Police ist die weltgrößte gemeinnützige Organisation von Polizisten, mit 17.000 Mitgliedern und dem Hauptsitz in Washington, D.C.

IBCR: International Bureau for Childrens' Rights – Internationales Büro für Kinderrechte, Hauptsitz in Montreal.

ICPC: International Centre for the Prevention of Crime – Internationales Zentrum für Verbrechensverhütung, ist den Vereinten Nationen (UN) angegliedert und hat seinen Hauptsitz in Montreal.

LEAA: Law Enforcement Assistance Administration – Bundesamt zur Unter-stützung der örtlichen Polizeibehörden.

MADD: Mothers Against Drunk Driving – Mütter gegen Trunkenheit am Steuer.

MUSCLE: Mayors United on Safety, Crime and Law Enforcement – Vereinigung von Bürgermeistern für Sicherheit und Strafverfolgung.

NAAG: National Association of Attorneys General – Bundesvereinigung der amerikanischen Generalstaatsanwälte.

National Research Council (US): Der National Research Council ist Teil der National Academies, die die führenden Wissenschaftler der USA einstellen, um strategischen Rat unter einer vom Kongress verabschiedeten Satzung zur Verfügung zu stellen.

NCPC: National Crime Prevention Council - Nationaler Rat für Kriminalitäts-vorbeugung (USA).

NIJ: National Institute of Justice – Forschungseinrichtung des Justizministeriums.

NOVA: Die National Organisation for Victim Assistance (Nationale Organisation zur Unterstützung von Opfern) fördert Rechte und Dienstleistungen für Verbrechensopfer oder Opfer anderer Krisen.

NYPD: New York Police Department, der städtische Polizeidienst für New York City.

OIC: Opportunities Industrialization Centers of America – Berufsvorbereitungsprogramm für benachteiligte Jugendliche

OVC: Office for Victims of Crime im U.S. Department of Justice.

PATHS: Promoting Alternative Thinking Strategies – in Deutschland bekannt als PFADe: Programm zur Förderung Alternativer Denkstrategien.

PTBS: Posttraumatische Belastungsstörung.

SACSI: Strategic Approaches to Community Safety Initiative – Initiative für Strategische Ansätze für Gemeindesicherheit.

SADD: Students Against Driving Drunk – Studenten gegen Trunkenheit am Steuer.

SAMHSA: Substance Abuse and Mental Health Service Administration, Teil des US. Department of Health and Human Services, der für Maßnahmen gegen Drogenmissbrauch und für Seelische Gesundheit zuständig ist.

UNODC: United Nations Office on Drugs and Crime – Büro der Vereinten Nationen für Drogen- und Verbrechensfragen mit Sitz in Wien.

UCR: Uniform Crime Report, der nationale Bericht, der vom FBI über die von der Polizei aufgenommenen Verbrechen herausgegeben wird.

USCM: Die United States Conference of Mayors ist eine nationale unparteiische Organisation, die Städte repräsentiert, die für verbesserte Lösungen der städtischen Probleme lobbiiert.

VOCA: Victims of Crime Act - Verbrechensopfergesetz.

WHO: World Health Organisation - Weltgesundheitsorganisation.

WSIPP: Washington State Institute for Public Policy, stellt Kosten-Nutzen-Analysen zu staatlichen Maßnahmen an.

WSV: World Society of Victimology – Weltweite Gesellschaft für Viktimologie.

YIP: Youth Inclusion Programme, ein erfolgreiches Programm des UK Youth Justice Board.

YJB: Das Youth Justice Board wurde durch den Crime and Disorder Act im Jahr 1998 in England und Wales gegründet.

YOUCAN: Youth Organizing to Understand Conflict and Advocate Non-Violence – Jugendorganisation für Konfliktverständnis und das Befürworten von Gewaltfreiheit.

Einleitung: Wissen und Verstand statt Giuliani

Trotz beachtlicher Rückgänge in den letzten zehn Jahren meldete das *Bureau of Justice Statistics* (BJS) des *US Department of Justice* im Jahr 2004 schätzungsweise 24 Millionen Gewalt- und Eigentumsverbrechen.[1] In seinem Ausgabenbericht für 2003 wies das BJS einen Rekord von $167 Milliarden an US-Steuern auf, ausgegeben für zwei Millionen Arbeitnehmer, die bei der Polizei, im Strafvollzug und in der Strafrechtspflege tätig sind.[2] Die durchschnittliche Zahl der Inhaftierten pro Tag überstieg zwei Millionen, dazu kommen weitere 5 Millionen auf Bewährung freigelassene Straftäter.[3] Insgesamt gibt es trotz Rekord-Ausgaben aber immer noch zu viel Kriminalität.

Im Gegensatz dazu konstatiert jede bedeutendere Organisation, die sich die Untersuchungen und Statistiken zur Kriminalprävention ansieht, dass die Viktimisierungsrate in den USA wesentlich niedriger sein könnte, ohne dass zusätzliche Polizeibeamte und Richter einzustellen wären und ohne so viele Inhaftierte oder Überwachte. Ich werde diese bedeutenden Organisationen als ‚angesehen' bezeichnen, da sie weithin respektiert werden und ihren Analysen und Statistiken in verschiedenen Bereichen von der Technik bis zum Gesundheitswesen vertraut wird. Unter ihnen befinden sich Organisationen wie der *National Research Council (U.S)*, die *Centers for Disease Control* und die *British Audit Commission.*[4] Wenn es aber darum geht, Kriminalität vorzubeugen, wurden ihre Empfehlungen bisher nicht in die Tat umgesetzt.

1 Bureau of Justice Statistics, Criminal Victimization, 2004, 1.

2 Bureau of Justice Statistics, Justice Expenditure and Employment in the United States, 2003, 1, nennt $185 Milliarden für $2,4 Milionen Beschäftigte.

3 Bureau of Justice Statistics, Corrections Facts at a Glance, http://www.ojp.usdoj.gov/bjs/glance/, January 2006.

4 National Research Council (U.S.), Fairness and Effectiveness in Policing, 2004; Centers for Disease Control, Division of Violence Prevention, 2006; Audit Commission, Misspent Youth, 1996.

Ich habe mehr als dreißig Jahre damit verbracht, Wissen über Kriminalität – Forschungsergebnisse über Ursachen und Lösungen - von diesen angesehenen Organisationen zu nutzen, um Justizminister oder für die öffentliche Sicherheit in wichtigen Ländern Verantwortliche zu beraten. Die Botschaft, die ich ihnen gebracht habe, ist, dass wenn sie erfolgreich Kriminalität und Gewalt verringern und wiedergewählt werden wollen, sie sich mehr um die Opfer und die Bedingungen, die Menschen zu Opfern werden lassen, kümmern müssen und weniger um Bestrafung. Sie werden das, was ihnen als funktionierend gezeigt wurde, nutzen müssen und werden Strategien nutzen müssen, die begrenzte Ressourcen zur rechten Zeit auf jene Risikofaktoren konzentrieren, die Kriminalität und Viktimisierung verursachen. Ich habe eng mit vielen verschiedenen politischen Eliten gearbeitet, aber meine herausforderndsten und erfolgreichsten Erfahrungen waren in Südafrika während der Regierungszeit Mandelas, in England während der Regierungszeit Blairs und in Kanada während der Regierungszeit Trudeaus. Ihre politischen Eliten hörten zu und machten schrittweise Veränderungen, die Viktimisierungen verringern und Opfer unterstützen werden. Trotzdem müssen ihre Bürger weiterhin zusehen, wie ein wesentlicher Teil ihrer Steuern gerade für die Dinge genutzt werden, die nachweislich nicht funktionieren und die Risikofaktoren nicht angehen – reaktive Polizeiarbeit, Gerichtswesen und Strafvollzug; das heißt, das übliche System von Überwachung und Strafjustiz, für das es keinen oder nur wenige Erfolgsbeweise gibt.

In den USA ist die Aufgabe, die politischen Eliten dazu zu bringen, Wissen und gesunden Menschenverstand zu nutzen, besonders schwierig, da sie ihre Ausgaben im Vergleich zu allen anderen wohlhabenden Ländern proportional um so viel mehr erhöht haben. Des Weiteren sind diese Ausgaben auch noch verschwendet, weil sie das Gegenteil dessen darstellen, was die angesehenen Kommissionen für lebenserhaltend und steuersparend erklärt haben. Verglichen mit Ländern wie Kanada und England sind die Gewaltraten in den USA viel schlimmer, während ironischerweise der Steueranteil für Kriminalitätsbekämpfung wesentlich höher ist. Das ist eine Politik, die es ein paar jungen benachteiligten Amerikanern ermöglicht, viele Amerikaner zu schädigen, bevor sie eingesperrt werden, anstatt dass mehr von diesen jungen Männern von der Kriminalität weggelenkt werden, bevor sie andere zu Opfern machen konnten. Selbst der Musterknabe der Weltpresse – Bürgermeister Giuliani – der behauptete, die Gewalt in New York City drastisch gesenkt zu haben, überließ die New Yorker, im Verhältnis zu Einwohnern Londons oder Torontos, einer um zwei Drittel höheren Wahrscheinlichkeit, ermordet zu werden.

Eine der erschütternden Ironien ist, dass viele der angesehen Organisationen und ein Großteil der Untersuchungen und Befunde aus den USA stammen. Dennoch wurden diese Untersuchungen vorwiegend in anderen Ländern wie Südafrika, England und Kanada genutzt, sowie international von den Vereinten Nationen (UN) und der Weltgesundheitsorganisation (WHO). Diese Umfragen sind von Ärzten, Bürgermeistern und Wirtschaftsprüfern sowie von Polizeipräsidenten, Kriminologen und Viktimologen durchgeführt worden. Sie sind nicht auf rechtliche Dogmen, die Rechtswissenschaft oder Einzelfälle gestützt, die zu Steuererhöhungen führten und die Grundursache für das Scheitern sind, die Viktimisierung zu reduzieren.

Die Amerikaner mögen sich zwar nicht darauf einigen können, welche Strafen den Tätern auferlegt werden sollen, aber inzwischen glauben zwei Drittel, dass mehr Geld und Mühe in Bildung und Ausbildung gehen sollte, statt zur Abschreckung von Kriminellen mehr für Polizei, Gefängnisse und Richter auszugeben.[5] Mit anderen Worten, die Mehrheit glaubt an das Sprichwort „Vorbeugen ist besser als heilen“, zugleich erbringen die angesehenen Organisationen den wissenschaftlichen Nachweis derselben Sichtweise. Also haben die politischen Eliten die perfekte Gelegenheit, der öffentlichen Meinung zu folgen und mehr unserer Steuergelder für das auszugeben, was Kriminalität verringert, statt das Geld weiter für Unbewiesenes oder Untaugliches zu verschwenden.

Unglücklicherweise ist ein ernsthaftes Handeln, um diese Vorschläge auszuführen, längst überfällig. Gelegentlich gab es Hoff-

---

5 Bureau of Justice Statistics, Sourcebook on Criminal Justice Statistics, 31st edn, www.albany.edu/sourcebook, 2006.

nungsmomente, als die *United States Conference of Mayors* oder der *US National Crime Prevention Council* diese Empfehlungen anerkannten. Aber sie haben keinen Zugang zur Gesetzgebung oder den finanziellen Mitteln, um langfristige Investitionen und Reformen zu erreichen und diese Vorschläge umzusetzen. Schlimmer noch, ihnen fehlt die Ausdauer, sich für diese Änderungen einzusetzen. Die politischen Eliten müssen sich dieses Fazits noch bewusster werden, ebenso wie die Wähler, die diese Eliten wählen. Deshalb habe ich dieses Buch geschrieben, damit sich mehr intelligente Leser dieser Befunde und des gesunden Menschenverstands bewusst werden, welche der Kriminalität vorbeugen und ihre Steuern sachgerechter verteilen. Ich will die Leser wissen lassen, dass umfangreiche und differenzierte Beweise die öffentliche Meinung unterstützen, die es vernünftigerweise vorzieht, mehr in Bildung und Ausbildung für gefährdete Jugendliche zu investieren, als in mehr Polizei, Gefängnisse und Richter. Ich will, dass sich mehr Leser bewusst sind, wie mein Ansatz das wichtigste Justizprinzip schützt - das Recht, kein Opfer von Verbrechen zu sein, das Recht, zu erwarten, dass die Regierung das vorhandene Wissen nutzt um uns zu beschützen. Ich will Wähler und politische Eliten wissen lassen, wie ein ernst zu nehmender Entwurf einer Strafrechtsreform aussehen würde, die die Viktimisierung deutlich senken würde und dabei ungerechtfertigte Steuererhöhungen verhindert.

Selbst in ihren wildesten Träumen, nach einem seltenen reichhaltigen Mahl, hätten sich unsere Großeltern den Komfort, an dem sich so viele Nordamerikaner und Europäer heute erfreuen, nicht vorstellen können. Viele von uns haben ein langes und gesundes Leben, profitieren von Bildung und Technik auf hohem Niveau und ernten die Früchte unserer Arbeit und persönlichen Beziehungen. Aber unsere Großeltern hätten sich auch nicht das Ausmaß an Kriminalität und Viktimisierung vorstellen können, das uns immer noch plagt, egal ob reich oder arm. In den Jahrzehnten, in denen es vielen von uns wirtschaftlich besser ging, zwischen 1960 und 1980, stiegen die von der Polizei registrierten Zahlen von Verbrechen wie Einbruch, Raub und Körperverletzung dramatisch an - um ungefähr 300%. Es stimmt, dass die Viktimisierungszahlen sich seit den 1990ern beruhigenderweise abschwächten, aber selbst dieses Abschwächen setzt uns heute immer noch einem Viktimisierungsrisiko aus, das fast doppelt so hoch ist wie in den frühen 1960ern – zumindest laut FBI.

Die Plage dieser Verbrechen, die meist von einer Person an einer anderen verübt werden, zerfrisst tragischerweise das Wohlbefinden, das uns unsere Gesundheit, unser Wohlstand und unsere Bildung bereiten. Wenn wir Opfer eines Eigentumsdelikts wie Einbruch oder Autodiebstahl werden, verschlimmert sich der Verlust durch Wut und Trauma. Wenn wir Opfer von Gewalt werden, wie Kindesmissbrauch, häuslicher Gewalt oder Vergewaltigung, zerbricht unsere Freude an intimen Beziehungen, manchmal für immer. Vielleicht erwarteten unsere Großeltern nicht so viel, weil die Regierungen nicht so viel in anderen Bereichen ihres Lebens bewirkten. Aber wir erwarten von Regierungen, dass sie mit unseren Steuern haushalten und sie effektiv nutzen, um unsere Lebensqualität zu verbessern. Trotz des Glücks, dass die Kriminalität in den 1990ern fiel, gibt es keinen anderen Problembereich, in dem Regierungen mehr für marginale Verbesserungen zahlen, als für die Verbrechensbekämpfung.

Ironischerweise werden wir sehen können, dass sich das Verhältnis, in dem wir Opfer von Verbrechen wurden, in den 1960ern und frühen 1970ern fast direkt proportional mit den stetig steigenden Ausgaben für Polizei, Gerichte und Strafvollzug vergrößerte. Als die Zahl der Gewaltverbrechen in den 1990ern drastisch fiel, fuhren die Regierungen damit fort, immer mehr Gelder in Polizei, Gefängnisse und Richter zu stecken. Der vom BJS veröffentlichte Anstieg der Ausgaben zwischen 1980 und 2001 war riesig: eine Steigerung um 50% bei den Polizisten, ein Anstieg von 100% bei der Strafrechtspflege und ein kolossaler Anstieg von 300% bei der Zahl der Inhaftierten und daher bei den Ausgaben für Inhaftierung.[6] Die Steuerzahler der USA zahlen inzwischen das Doppelte von dem, was britische oder kanadische Bürger zahlen, und mehr als sie für ihr Gesundheitswesen ausgeben.

---

[6] Bureau of Justice Statistics, Justice Expenditure and Employment in the United States, 2001.

Die Ausgaben erhöhten sich selbst dann, als mehr Erkenntnisse von diesen angesehenen Organisationen aufgegriffen wurden. Es war also bekannt, dass es viel bessere Möglichkeiten gab, um allen Lebensqualität zu ermöglichen und unsere Steuern sinnvoll auszugeben. Ein Großteil dieser Untersuchungen war schon in den 1970ern bekannt, als ich die Forschungs- und Strategiegruppe gegen Kriminalität in der Kanadischen Regierung leitete. Tatsächlich hatte dies einen Einfluss auf die Entscheidung Kanadas, die Todesstrafe abzuschaffen, den Besitz von Schusswaffen einzuschränken und sich mit Forschung und Entwicklung von Präventionsmaßnahmen zu beschäftigen. Zugegebenermaßen waren die Beispiele dafür äußerst dünn gesät. Trotzdem stieg ihre Zahl über die Jahrzehnte. In den 1980ern war es uns möglich, viele neue Beispiele für zwei große internationale Konferenzen, der *United States Conference of Mayors* und die ihrer kanadischen und europäischen Amtskollegen, zusammenzubringen. Die Bürgermeister waren von den Beweisen und Beispielen so sehr beeindruckt, dass sie nach einer neuen Agenda für sichere Städte verlangten, um den städtischen Regierungen zu helfen, die sozialen und anderen Risikofaktoren, die Kriminalität verursachen, in Angriff zu nehmen, damit Kriminalitätsprobleme nicht mehr allein in den Händen von Polizei, Strafvollzug und Gerichten liegen würden. Sie verlangten ebenfalls nach der Errichtung des *International Centre for the Prevention of Crime* (ICPC), das eng mit den Vereinten Nationen zusammenarbeiten sollte, als Clearingstelle für Präventionserkenntnisse und inspirierende Beispiele. In den Mittneunzigern nutzten wir im ICPC Erfolge aus aller Welt, um die wesentlichen Bestandteile erprobter Strategien zur Kriminalprävention und Beispiele von inspirierenden Ansätzen für Regierungen in den USA, Kanada und Europa zu identifizieren.[7]

Eine Zusammenfassung dieser Fallsammlung wurde durch das *US Department of Justice* veröffentlicht, um die umfassenden Daten und Analysen zur Kosteneffizienz von Investitionen in Prävention zu verbreiten und dadurch die vielen Sprichwörter wie „Vorbeugen ist

---

7 International Centre for the Prevention of Crime, Crime Prevention Digest II, 1999; 100 Crime Prevention Programs, 1999; Urban Crime Prevention and Youth at Risk, 2005.

besser als heilen“ zu bestätigen. Regierungen sollten mit Verstand den kosteneffizienteren Ansatz wählen, statt mit dem kostspieligeren einfach weiter zu machen. Diese Berichte stellten sich als einflussreich heraus, so zum Beispiel beim südafrikanischen Minister für Sicherheit, bei der kanadischen Bundesregierung, der *British Audit Commission*, dem *Home Office* und der angesehensten britischen Behörde – *The Treasury*. Die *Audit Commission* erweiterte diese Analyse auf England und Wales, um zu zeigen, dass die Steuern, die für Polizei, Gerichte und Gefängnisse ausgegeben wurden, um Jugendkriminalität anzugehen, „verschwendet“ wurden – ein Grundkonzept dieses Buches.[8]

Wie dem auch sei, die Forschung stand in den 1990er Jahren nicht still. Immer mehr Beweise sammelten sich an, die zeigten, welche Maßnahmen wirkten, um in den USA, in England und Wales, aber auch in den Niederlanden, Australien und anderen ähnlichen Ländern, die Viktimisierung zu reduzieren. Das ICPC fügte dies in seine zweite große Publikation ein, einschließlich wichtiger Quellen in anderen Sprachen außer Englisch. Es trug zu der Arbeit der *US National Commission on Criminal Justice* in 1995 bei.[9] Im Jahr 1996 gewährten die *Centers for Disease Control* der Bedeutung von Gewaltprävention eine wichtige Anerkennung, indem sie ein Programm finanziell unterstützten, das von Del Elliott geleitet wurde und *„Blue Prints“* (Blaupausen) darüber erstellen sollte, was wirklich funktioniert, um Gewalt vorzubeugen. Kurze Zeit später bot das *Office for Juvenile Justice and Delinquency Prevention* des *US Department of Justice* Geldmittel an, um die „Blue Prints“ in anderen Orten in den USA zu wiederholen.[10] Das *National Institute of Justice* des *US Department of Justice* finanzierte außerdem im Jahr 1996 ein Team von Kriminologen an der *University of Maryland* unter der Leitung von Lawrence Sherman. Dieses Team sollte die Resultate der Wirksamkeitsstudien bezüglich der Ausgaben der US Regierung für eine Viktimisierungsreduzierung zusammentragen – zuerst herausgegeben als *What Works, What Doesn't, What's Promising.*[11]

---

8 Audit Commission, Misspent Youth, 1996.

9 National Criminal Justice Commission (U.S.), The Real War on Crime, 1996

10 www.colorado.edu/cspv/blueprints/; ncjrs.org/html/ojjdp/jjbul2001_7_3/.

11 Sherman et al., Evidence Based Crime Prevention, 2002. America's Policy on

All dies war wichtig, um eine Basis für eine wirksamere, kosteneffizientere und jugendfreundlichere Vision zu bilden, die die Wahrheit über funktionierende Kriminalprävention aufzeigt. Dann fing der angesehene *US National Research Council* an, dieselben Themen nachzuprüfen - oft tiefergehend und mit noch aktuellerem Material. Ich war besonders beeindruckt von dem Bericht, der wegweisende Arbeiten über die Effektivität der Polizei enthielt, es wurden aber auch Gewalt in der Familie, Jugendkriminalität, Gewalt in der Schule und Drogen behandelt.[12]

Diese Bewegung trat nicht nur in Kanada, England und den USA auf, sondern weltweit. Das gleiche Wissen von vielen gleichartigen Studien wurde von Ärzten aus dem öffentlichen Gesundheitswesen und anderen, die bei der Weltgesundheitsorganisation arbeiten, konsolidiert, verifiziert und in ihren umfassenden und grundlegenden weltweiten Berichten über Gewalt und Gesundheit sowie über Unfallopfer publiziert.[13] Dadurch wurde eine Gruppe namens *Campbell Collaboration* ins Leben gerufen, die Berichte über Forschungen von höchster Qualität über die Wirkung kriminologischer Interventionen für die Zukunft steuern sollte. Brandon *Welsh* und David Farrington brachten 2006 die erste Sammlung dieser Berichte heraus.[14]

Die Schlussfolgerungen dieser angesehenen Kommissionen zeigen klar, dass die Beschränkung unserer Reaktion auf die übliche Arbeit von Polizei, Gerichten und Strafvollzug nicht der Weg ist, um Verbrechen zu verhindern und zu reduzieren. „Üblich" wird von dem *National Research Council (US)* benutzt, um die meisten lokalen Polizeidienststellen zu beschreiben, die fast 65% ihrer (unserer!) Gelder

Illegal Drugs, 2001; National Research Council & Institute of Medicine, Violence in Families, 1998.

12 National Research Council (U.S.), Fairness and Effectiveness in Policing, 2004; National Research Council (U.S.), Deadly Lessons, 2003; National Research Council (U.S.), Juvenile Crime, Juvenile Justice, 2001; National Research Council (U.S.), Informing

13 World Health Organization, World Report on Road Traffic Injury Prevention, 2004; World Health Organization, Preventing Violence, 2004; World Health Organization, World Report on Violence and Health, 2002.

14 Welsh & Farrington, Preventing Crime, 2006.

verschwenden, um auf Notrufe zu reagieren, von denen die meisten weder dringend sind noch zur Festnahme eines Verdächtigen führen.[15] Ich werde „üblich“ ausweiten, so dass auch Rechtsanwälte und Richter gemeint sind, die die Rechte der Angeklagten verteidigen, während sie auf den Grundprinzipien der Gerechtigkeit für Opfer herum trampeln oder sie schlicht vergessen. „Üblich“ bedeutet beachtliche Mengen unserer Steuern zu vergeuden, um junge Erwachsene einzusperren, die in den USA überproportional afroamerikanisch oder spanisch, in Großbritannien schwarz und in Kanada Ureinwohner sind. „Üblich“ sind Besserungsprogramme in den 1970ern, von denen durch Untersuchungen immer wieder gezeigt wurde, dass sie dem Rückfall nicht vorbeugen.[16]

Die politischen Eliten gehen davon aus, dass wenn wir mehr für Strafverfolgung nach der Viktimisierung zahlen, wir auch mehr „Ordnung“ – sicherere Häuser, Schulen, Straßen und Gemeinschaften – bekommen. Aber die Gleichung, die von den angesehenen Kommissionen aufgestellt wird, lautet: Je weniger wir für herkömmliche Strafverfolgung zahlen und je mehr wir in zielgerichtete Prävention investieren, desto weniger Kriminalität bekommen wir. Die Frage lautet: *Mehr Recht und Ordnung – oder doch lieber weniger Kriminalität?* Wenn wir in Problemlösungen investieren, indem wir die Risikofaktoren, die Kriminalität bewirken, in Angriff nehmen, bekommen wir weniger Kriminalität. Wir müssen die politische Reaktion gegenüber der Kriminalität, also mehr Strafe und mehr Polizei, stoppen und sie durch eine politische Strategie ersetzen, nämlich mehr Prävention und geschicktere Nutzung der Polizei, um die Risikofaktoren, die Kriminalität bewirken, zurückzudrängen.

Die Autoren in diesen angesehenen Gremien in Wissenschaft und Regierungen würden die Hände ringen – und wir sollten es auch – wenn sie sehen müssten, wie riesige Summen von den Diensten, die Kriminalität kosteneffektiv vorbeugen, für „Recht-und-Ordnung“

---

15 National Research Council (U.S.), Fairness and Effectiveness in Policing, 2004, 58.

16 Waller, Men Released from Prison, 1974; Home Office, Reducing Offending, 1998; Sherman et al., Evidence Based Crime Prevention, 2002, 330–403.

umgeleitet werden, die nicht kosteneffektiv sind. Das heißt, unsere Steuern werden für mehr Polizei und Gefängnisse ausgegeben statt für mehr Krankenschwestern, Jugendarbeiter, Hochschullehrer, Jobtrainer usw. Dies ist kein Plädoyer für eine utopische Welt mit einem perfekten Sozialhilfeprogramm. Dies ist eine nüchterne Schlussfolgerung, dass Viktimisierung deutlich reduziert werden würde, wenn diese Arbeitskräfte eingestellt würden, um ihren Dienst für junge Erwachsene, Familien und Nachbarschaften, die am meisten gefährdet sind, zu leisten. Dies sind oft nicht nur diejenigen, die einfach nur arm sind, sondern auch auf Grund ihrer Rassenmerkmale diskriminiert werden. Wir brauchen nicht mehr Polizei, sondern eine intelligentere Nutzung der Polizei, die wir haben. Wenn wir dies täten, würden wir weniger Richter brauchen und weniger Gefangene haben. Und, was wichtiger ist, wir hätten weniger durch Kriminalität geschädigte Opfer.

Viele Zeitungsleser würden diesen Ansatz in Frage stellen. Schließlich wurden sie dazu gebracht zu glauben, dass in New York City die Kriminalität gesenkt wurde, weil Bürgermeister Rudy Giuliani viel mehr für „Recht-und-Ordnung“ ausgegeben hat und kompromisslosere Polizeipraktiken verlangte. Ja, während der 1990er ist in New York City die Kriminalität stark gesunken. Ja, er hat viel mehr Geld für „Recht-und-Ordnung“ ausgegeben und hat kompromisslosere Polizeipraktiken unterstützt. Aber der Großteil dieses Rückgangs ist nicht Giuliani zu verdanken oder der Strategie, kompromisslos bei Bagatelldelikten zu sein oder den Müll wegzuräumen. Giuliani war zur rechten Zeit am rechten Ort, denn in den 1990ern fielen die Kriminalitätsquoten überall in den USA. Tatsächlich waren sie schon vier Jahre bevor Giuliani gewählt wurde deutlich gefallen.

Diese Meinung, mehr Polizei und härtere Methoden seien der Grund für die Kriminalitätssenkung, ist weit verbreitet. Ich berate Regierungen rund um die Welt. Und bevor ich damit anfange haben sie sich schon entschlossen, dass mehr und härtere Polizei ihr Gewaltproblem lösen wird. Wie konnten so wenige Zeitungsredakteure so viele intelligente Leser beschwindeln? Enttäuschenderweise wurden Giulianis Behauptungen in den Weltmedien wiederholt und wurden von Politikern in aller Welt geglaubt. Wie Franklin Zimring uns vor 30

Jahren erinnerte, können uns schönrednerische Pressesprecher dazu bringen zu glauben, dass das Handeln von Politikern einen Trend bewirkte, wenn sich in Wirklichkeit ihre Wahl lediglich mit dem schon begonnenen Trend überschnitt.[17]

Trotzdem stimmt es: Als das *New York City Police Department* Täter kleinerer Delikte verfolgte, stoppte die Polizei auch Personen, die sie auf ausstehende Haftbefehle, Feuerwaffen und Drogen untersuchte und so Feuerwaffen beschlagnahmte, die in falsche Hände gelangt waren, und einige gesuchte Kriminelle, die für wesentlich schlimmere Straftaten gesucht wurden, festnehmen konnte. Diese "problemorientierten", oder wie ich sie nenne, klugen Strategien könnten einigen Einfluss gehabt haben. In Kapitel 5 werden wir uns ansehen, ob Giuliani einen zusätzlichen Beitrag über den nationalen Kriminalitätsrückgang hinaus geleistet hat.

Dennoch, jeglicher Erfolg, den Giuliani erzielte, geht beunruhigenderweise zu Lasten der Steuerzahler und einer immer höher werdenden Zahl junger Männer hinter Gittern – was ich Hyper-Inhaftierung nenne. Solche Strategien setzen die Inhaftierung fort, besonders von den üblichen unterdrückten Randgruppen. Über zwei Millionen Menschen sind derzeit in den USA hinter Gittern – 22 Prozent aller auf der Welt inhaftierten Menschen - eine Quote pro 100.000, die höher ist als in jedem anderen Land.[18] Diese Strategien erhöhen die Steuern und sie ziehen Ressourcen von Programmen ab, die - wie dieses Buch zeigen wird – bekannterweise wesentlich effektiver in der Kriminalitätsreduzierung sind, und dies bei weniger menschlichen und finanziellen Kosten. Diese Strategien bieten keine positive Zukunft für die Menschen - meist junge Männer - die die Hauptlast der Inhaftierung tragen.

Das Charisma und die Public-Relations-Maschinerie Giulianis sind eine Sache, aber verrückte Ideen eine andere. Sogar wenn in einem Buch mit dem Titel *Freakonomics* berichtet wird, dass ein Ab-

---

17 Zimring, Perspectives on Deterrence, 1971, 13–18.

18 Walmsley, World Prison Population List, 2004; Waller & Chan, Prison Use, 1977.

treibungsurteil des *US Supreme Court* der Grund dieses drastischen Kriminalitätsrückgangs sei, für den Giuliani schon die „Vaterschaft" beansprucht, glauben einige Politiker dies (und kaufen das Buch). Wir werden sehen, dass die Trends der Kriminalitätsquoten wenig Ähnlichkeit mit dem aufweisen, was als Ergebnis einer *Supreme Court* Entscheidung in den Mittachzigern erwartet werden würde.

Aber in diesem Buch geht es nicht nur um Kriminalprävention und Viktimisierung, sondern auch darum, Gerechtigkeit zu garantieren und Opfer von Verbrechen zu unterstützen. Ja, Viktimisierung vorzubeugen sollte ein Grundrecht für Opfer sein. Aber wenn Strategien zum Eliminieren von Verbrechen versagen, müssen die politischen Eliten Hilfen bereitstellen, um den Bedürfnissen der Opfer zu entsprechen. Ebenso müssen sie sicherstellen, dass die Kooperation zwischen den Opfern und der Polizei, den Gerichten und dem Strafvollzug das Trauma der Opfer nicht verschlimmert. Sie müssen garantieren können, dass ein Opfer Entschädigung bekommt, dass seine Sicherheit gewahrt, die Wahrheit gesucht wird und seine berechtigten Interessen in der Strafjustiz berücksichtigt werden.

Diesen Anliegen der Unterstützung und Gerechtigkeit für Opfer wird von Politikern immer noch nicht die Priorität gegeben, die sie verdienen. Die angesehenen Kommissionen in den USA und in anderen Ländern wie Kanada und England übergehen die Opfer. Die Weltgesundheitsorganisation ist eine Ausnahme mit ihrem Bemühen, Gewalt und Todesfälle auf den Straßen zu reduzieren, und zielt damit auf eine direkte Verringerung der Viktimisierung. Ihre Ärzte beziehen viele Empfehlungen mit ein, um Gewaltopfern zu helfen. Glücklicherweise sprach die *US President's Task Force on Victims of Crime* schon im Jahr 1982 umfassende und beeindruckende Empfehlungen aus, die weitreichender und grundlegender waren als alle anderen Berichte in anderen Ländern.[19] Im Namen der US Regierung unterstützte die Vorsitzende dieser Arbeitsgruppe aktiv die Verabschiedung der Grundprinzipien für Opferrechte durch die Vereinten Nationen im Jahr

19 United States, President's Task Force on Victims of Crime, 1982.

1985.[20] Ja, die USA haben mehr als alle anderen Länder getan, um diesen Rechten nachzukommen, hauptsächlich durch den *Victims of Crime Act* im Jahr 1984. Sie haben auch mehr getan, um einschätzen zu können, wie diese Rechte verbessert werden können. 1998 machte das *Office for Victims of Crime* des *US Department of Justice* eine eigene Einschätzung, was noch getan werden muss, dies werden wir in Kapitel 6 anschauen.[21]

Es wird mehr und mehr von denen, die mit Opfern arbeiten, anerkannt, dass Menschen wie du und ich, die Verlust, Verletzung und Trauma durch einen Straftäter erlitten haben, oft weiter durch Polizei, Anwälte und Richter traumatisiert werden, die die Bedürfnisse der Opfer ignorieren, entweder in ihrem Streben nach „Recht-und-Ordnung“ oder dem nach Gerechtigkeit für den Täter. Wenn Sie ein Zeuge in der Strafverfolgung des Verbrechens gegen Sie sind, werden Sie schnell herausfinden, dass es der Prozess für „Recht-und-Ordnung“ ist, und nicht Ihrer. Ihnen wird abverlangt auszusagen, zu einer Zeit und in einer Art und Weise, die Ihrem Trauma, Ihren Ängsten oder Ihrer Frustration kaum Beachtung schenkt. Selbst wenn das Gericht ernsthaft Entschädigung vom Täter verlangt, können Sie sich glücklich schätzen, wenn sie Ihnen gezahlt wird.

Die Bewegung für Opferrechte hat überall in Nordamerika gesetzliche Richtlinien erwirkt, so dass Opfer anscheinend Informationen, Unterstützung, Entschädigung und Vertretung bekommen, aber in den meisten Fällen ist dies nur eine Mogelpackung, da die Rechte nicht respektiert werden und nicht durchgesetzt werden können. Ein im Jahr 2004 von beiden Parteien getragener Antrag im US Senat, der von den Präsidenten Clinton und Bush unterstützt wurde, konnte die 67 nötigen Stimmen nicht erreichen, um die Verfassung zu ändern und diese Rechte anzuerkennen. Ironischerweise kam der Widerstand von Senatoren mit einer Ausbildung in Menschenrechten, aber diese Ausbildung ist auf einem Auge blind – dem für die Menschenrechte der Opfer.

---

[20] United Nations General Assembly, Declaration of Basic Principles of Justice for Victims of Crime and Abuse of Power, 1985.

[21] U.S. Office for Victims of Crime, New Directions from the Field, 1998.

„Populistische" Politiker hinterlassen den Eindruck, dass „Recht-und-Ordnung" – mehr Polizei, mehr Gerichte und mehr Strafvollzug – das ist, was Verbrechensopfer verlangen. Manche Opfer wollen tatsächlich härtere Strafen für den Täter, während andere dies nicht wollen. Alle Opfer wollen aber mehr Schutz, Anerkennung und Rücksichtnahme. Die Opfer wollen sicher sein, dass sie nicht wieder Opfer werden und dass sie mit Respekt vom Strafrechtssystem behandelt werden, welches für sie nur ein Rechtssystem für Verbrecher ist, ein System, das blind ist für die Grundrechte der Opfer. Sie wollen weniger Recht, aber mehr Aufmerksamkeit für ihre Bedürfnisse – mehr Ordnung für sich.

Mit einigen wenigen neueren Ausnahmen betreiben Regierungen Strafrechtsreformen sowohl für Erwachsene als auch für Jugendliche, ohne Rücksicht auf das, was wahrscheinlich effektiv ist, um Verbrechen zu reduzieren. Sie befassen sich mit einer merkwürdigen Berechnung darüber, wie viel Zeit hinter Gittern ein bestimmtes Maß an Schuld wert ist, die für die Vorbeugung von Viktimisierung irrelevant ist. Vor einer Wahl schlagen sie noch härtere Strafen und Mindeststrafmaße vor, ohne sich darum zu kümmern, was dies die Steuerzahler und Verbrecher kosten wird, oder wie wenig dies helfen wird, Viktimisierung zu reduzieren. Irgendwie nehmen sie an, dass Strafrahmen zu erhöhen und Gerichte zu bevollmächtigen, diese auszuschöpfen, Verbrechen verringern würde. Nichts ist weiter von der Realität entfernt, und das muss sich ändern. Wenn Abschreckung funktionieren würde, hätte es nicht den schnellen Anstieg der Gefangenenzahlen gegeben, der zu zwei Millionen Inhaftierten in den USA geführt hat, denn sie wären von Verbrechen abgeschreckt worden. Dieses Buch zieht die Effektivität der üblichen Rollen von Polizisten, Staatsanwälten und Richtern in Zweifel, ebenso wie deren Kosteneffizienz, und daher den Nutzen der Inhaftierung einer großen Anzahl von gewöhnlichen Verbrechern. Die Informationen und Schlussfolgerungen in diesem Buch sind kontrovers und hinterfragen die Besessenheit von dem antiquierten Konzept des freien Willens, auf dem unser modernes Strafrechtssystem beruht.

Aber warum sollte man über Gewalt und Verbrechen schreiben, wenn doch der Terrorismus die größte Herausforderung zu sein scheint, die sich der Welt stellt. Es war eine Tragödie, als knapp 3000 Menschen starben und viele mehr in dieser entsetzlichen Katastrophe vom 11. September 2001 verwundet und traumatisiert wurden. Mit dem Chaos, das sich innerhalb weniger Stunden an einem einzigen Tag ereignete, muss man sich auseinandersetzen, aber jedes Jahr werden in den USA fünfmal so viele Menschen ermordet und fünfmal so viele sterben in Autounfällen, die unter Alkoholeinfluss verursacht werden. Gewöhnliche Verbrechen und Gewalt können Sie und Ihre Familie mit sehr viel größerer Wahrscheinlichkeit treffen als Terrorismus. Wie die meiste zwischenmenschliche Gewalt sind diese Todesfälle vermeidbar, wenn wir nach den Erkenntnissen und dem gesunden Menschenverstand handeln würden, die in diesem Buch vorgestellt werden. Während es also wichtig ist, Terrorismus zu verhindern, ist es ebenso wichtig, Gewalt vorzubeugen. Außerdem, wenn wir Gewalt und Kriminalität stoppen könnten, in dem wir das anwenden, was bekanntermaßen funktioniert, würde dies Polizei und Sicherheitsdienste davon befreien, auf Verbrechen reagieren zu müssen, um stattdessen Terrorismus zu bekämpfen.

Manche meinen es sei Zeit, sich auf Wirtschaftsverbrechen zu konzentrieren – um härtere Strafen für die Reichen zu bekommen, die ihre Macht missbrauchen, um tausende Opfer um ihre Ersparnisse zu betrügen. Ich bezweifle, dass Kriminalstrafen kosteneffektive Lösungen sind für gewöhnliche Gewalt- und Vermögensdelikte. Ich bin mir sicher, dass die Lösung für Wirtschaftsverbrechen nicht lautet, die Reichen und Mächtigen statt der Armen und Benachteiligten hinter Gitter zu stecken. Ja, Wirtschaftskriminalität ist eine wichtige Art der Viktimisierung, aber eine, die andere angehen müssen.

Wie dem auch sei – Hauptthema dieses Buches ist, wie unsere Steuern genutzt werden können, um das hartnäckige Problem der Viktimisierung durch zwischenmenschliche Verbrechen zu verringern. Ich bin durch den theoretischen und statistischen Jargon von vielen wissenschaftlichen Berichten gegangen, um überzeugende Beweise zu präsentieren, die sich über die letzten 20 Jahre angesammelt haben.

Ja, das Buch zeigt Erkenntnisse auf, die manchmal offensichtlich sind. Aber die erwähnten angesehenen Kommissionen sind zu diesen Erkenntnissen gekommen, nachdem sie sorgfältig hunderte von wissenschaftlichen Studien durchgesehen haben, die in den letzten 30 Jahren abgeschlossen wurden. Ich habe ihre Schlussfolgerungen in Kapitel 1 genutzt, um eine Anklageschrift zusammenzustellen gegen die kostspieligen Misserfolge und außerordentlich teuren Erfolge der üblichen Vorgehensweisen von Polizei, Gerichten und Strafvollzug – auf Notrufe zu reagieren, deren Ursache sie nicht beeinflussen können, Anwälte und Richter zu bezahlen, die die Opfer ignorieren, junge Erwachsene einzusperren, die in der Schule lernen oder arbeiten sollten, um Steuern zu zahlen.

Dieses Buch fängt mit dem an was falsch ist, aber größtenteils geht es darum, wie dies zurecht gerückt werden kann. Es befähigt den Leser zu wissen, was die Opferzahlen reduziert, wie Opfer Gerechtigkeit erfahren können und was von der Regierung verlangt werden muss, um sicherzustellen, dass wir diese Veränderungen bekommen. Kapitel 2 zeigt die beachtlichen positiven Effekte der Strategien und Programme, die gefährdete Kinder in Schulen und in der Gemeinschaft halten, statt sie hinter Gitter zu stecken. Kapitel 3 zeigt, wie Maßnahmen, die Gewalt in unseren Häusern und Straßen ächten, die Viktimisierung stärker reduzieren als „Recht und Ordnung“ es tun. Deswegen müssen wir die explosive Mischung aus häuslicher Gewalt, Feuerwaffen, Alkohol und Drogen besser kontrollieren. In Kapitel 4 wird untersucht, wie unsere nächsten Nachbarn uns helfen können, besser auf uns und unser Eigentum aufzupassen und wie Alarmanlagen und Sicherheitskräfte dasselbe für die tun können, die sie sich leisten können. Trotzdem rufe ich zur Vorsicht gegen blindes Vertrauen auf diese auf, besonders da sie sich als Bumerang erweisen können. Kapitel 5 wendet sich einer Analyse zu, die zeigt, wie Polizei und Strafvollzug Kriminalität verhindern können, einschließlich einer Einschätzung der Untersuchungen, die deren Auswirkungen in New York City, Boston und Chicago betrachten. Ich werde untersuchen, ob die Polizei für Opfer soviel bedeutet, wie die Notruf-Befürworter uns glauben machen wollen. Kapitel 6 konzentriert sich auf das, was funktioniert um Verbrechensopfer fair zu behandeln, in wieweit die Strafrechtspflege die Opfer braucht und wie es ihre Rechte auf Schadenersatz, auf persönliche Sicherheit und auf Wahrheitsfindung schützen würde, wenn man ihnen im Strafverfahren eine andere Stellung einräumen würde. Diese Kapitel kommen alle zu dem Schluss, dass eine Abkehr von mehr „Recht-und-Ordnung“ nötig ist, um Viktimisierung zu verringern, um mit unseren Steuern hauszuhalten, und um Opfer und junge Erwachsene fair zu behandeln. In Kapitel 7 wird erklärt, warum die Städte die dünne Linie sind, die uns und unsere Brieftasche schützen können. Ich werde zeigen, was Bürgermeister vor zehn Jahren gefordert haben, wie Gelder woanders hin gingen und wie andere Länder uns überholt haben. In Kapitel 8 konzentriere ich mich auf Strategien, die Politiker übernehmen können, um den Wechsel weg von zu viel „Recht-und-Ordnung“ einleiten zu können. Ich rufe nach einem ständigen Büro für Verbrechensvorbeugung auf der höchsten Ebene jeder örtlichen, bundesstaatlichen und nationalen Regierung, um Probleme zu erkennen, Lösungen zu planen und zu realisieren, und um zu zeigen ob diese kosteneffizienter sind als die übliche Vorgehensweise.

In diesem Buch zeige ich, wie erschwingliche Regierungsstrategien die Hauptgrundrechte der Bürger, den Schutz ihres Lebens, ihrer Freiheit und ihres Besitzes, gewährleisten können. Ich stelle die Behauptung auf, und bestätige sie, dass bewährte Strategien zur Prävention und Reduzierung von Kriminalität uns helfen können, Viktimisierungsraten deutlich zu verringern, während in eine positive Zukunft für unsere gefährdete Jugend investiert und Steuerverschwendung verhindert wird. Basierend auf Projektevaluationen ist eine weitere 50%ige Verringerung von Eigentums- und Gewaltverbrechen erreichbar, wenn die sozioökonomischen Trends stabil bleiben. Kluges Vorgehen unserer politischen Eliten wird viele durch Trauma und unsinnige Justiz zerstörte Leben schützen, eine überhöhte Steuerlast im Namen der öffentlichen Sicherheit vermeiden und eine bessere Zukunft für unsere gefährdeten jungen Männern begünstigen.

1. Hart sein gegen Verbrechen heißt hart sein gegen uns

Viele von uns reagieren auf Nachrichten über ein außergewöhnliches Verbrechen mit Frustration und dem reflexartigen Ruf „Bestraft die Verbrecher!“. Wenn wir Zeitungsüberschriften über das neueste spektakuläre Verbrechen lesen, ist unsere Reaktion „Bestraft sie härter!“. Wir glauben, dass Verbrecher einzufangen, zu verurteilen und einzusperren die Übeltäter angemessen bestraft und uns – irgendwie – vor Schaden schützt; eine Meinung, die durch Recht-und-Ordnung Sendungen im Fernsehen, Rambo-artige Polizei im Kino und Berichterstattung über Verbrechen in den Zeitungen bestätigt wird. Schlimmer noch, diese Meinung wird von den politischen Eliten vor den Wahlen bestärkt, wenn sie gedankenlos in einen Wettstreit darüber gehen, wer mehr Polizei und Bestrafung statt weniger Verbrechen und weniger Steuern versprechen kann.

Wie auch immer die verlockende Fantasiewelt Hollywoods aussieht, die Realität ist völlig anders. Wie dieses Buch zeigen wird, hat hart gegen Verbrechen zu sein in den meisten Fällen nicht zu bedeutsamen Reduzierungen von Kriminalität geführt, und wird auch nicht dazu führen, außer mit enormen Kosten für den Steuerzahler oder Streichungen bei Sozialprogrammen, die Verbrechen wesentlich effektiver verringern würden. Erstens, verbrechensbekämpfende Strategien kosten uns mehr Steuern, da die Regierungen auf allen Ebenen mehr Polizei einstellen, mehr Arbeit für Anwälte schaffen und für mehr Inhaftierungen zahlen. Zweitens haben diese verschwenderischen Strategien und Programme wenig Erfolg, Verbrechen zu verhindern oder Verbrecher abzuschrecken, geschweige denn Täter zu rehabilitieren oder ihnen eine Lehre zu erteilen. Drittens werden grundlegende Prinzipien der Gerechtigkeit für Verbrechensopfer in diesem Prozess mit Füßen getreten, sowohl von der Polizei, die vorrangig die Verbrecher fassen will, als auch von den Staatsanwälten, die vorrangig Beweisstücke haben wollen, und von den Richtern, die vorrangig Entscheidungen wollen. Dies wird durch Reporter und Moderatoren, die vorrangig Schlagzeilen haben wollen, noch verschlimmert.

Lasst uns also sehen, ob hart gegen Verbrechen zu sein effektiv ist, Verbrechen zu reduzieren. Wir fangen damit an, die tatsächlichen Risiken der Kriminalität für uns als Mitglieder der Öffentlichkeit zu betrachten, dann sehen wir uns an, was Verbrechen uns als Opfer und Steuerzahler kostet, dann das Phänomen der weiteren Viktimisierung von Opfern, die Suche nach Ursachen von Verbrechen und von Lösungen dafür, und was wirklich Kriminalitätsraten beeinflusst.

Kriminalität ist hart für viele

Stellen sie sich acht durchschnittliche Familien in den Vereinigten Staaten, dem Vereinigten Königreich oder Kanada vor. Jedes Jahr wird eine dieser Familien die Polizei rufen, weil sie Opfer von Einbruch, Autodiebstahl, Überfall oder anderer gewöhnlicher Verbrechen wurde. Die nationalen Verbrechensraten sind in jeder Hinsicht überraschend ähnlich in Westeuropa und Nordamerika, bis auf Gewalt mit Feuerwaffen – bei denen sind die Vereinigten Staaten immer noch der unglückliche Champion.

Laut Polizeistatistiken, die vom *Federal Bureau of Investigation* (FBI) für die USA herausgegeben wurden, war 2004 das durchschnittliche Risiko eines Bürgers, durch ein gewöhnliches Verbrechen geschädigt zu werden, doppelt so hoch wie 1962. Ja, die Verbrechensraten sind in den 1990ern gesunken, aber dies war nicht genug, um den stetigen und hohen Anstieg, der in den 1960ern und 1970ern auftrat, auszugleichen.

Diejenigen, die nicht Opfer von Verbrechen wurden, hinterfragen diese Statistiken recht schnell. Sie sagen, dass es weder ihnen noch den Leuten die sie kennen passiert ist, wie kann also die Quote so hoch sein? Unglücklicherweise liegen sie jedoch falsch. Staatliche Behörden wie das FBI bestätigen diese Quoten, indem sie Statistiken nutzen, die ihnen von den örtlichen Polizeikräften gemeldet wurden.

Tatsächlich ist die Lage viel schlimmer, weil viele Opfer ihre Viktimisierung nicht bei der Polizei anzeigen. Das *Bureau of Justice Statistics* (BJS) des *US Department of Justice* führt großangelegte wissenschaftliche Umfragen durch, um die Quote zu messen, in der

Erwachsene Verbrechensopfer werden. Eine dieser Umfragen ist als *National Crime Victimization Survey* bekannt. Die Umfragen sind unabhängig von der Polizei und daher nicht von Entscheidungen der Polizei beeinflusst, die möglicherweise ihre Statistiken besser aussehen lassen möchte – oder schlechter. Diese Umfragen sind unabhängig von Entscheidungen der Polizei, ob mehr oder weniger Ressourcen für Kriminalbeamte oder Reaktionen auf Notrufe bereitgestellt werden. Diese Umfragen gehen direkt an die Erwachsenen in den Haushalten, genauso wie eine Volkszählung oder die jährlichen Umfragen zur Arbeitslosigkeit. Tatsächlich wählt das *Census Bureau* die repräsentativen Stichproben aus und führt die Umfragen für das *US Department of Justice* durch.

Diese Umfragen messen die Viktimisierungsraten durch gewöhnliche Verbrechen wie Einbruch, Autodiebstahl, Körperverletzung, Raubüberfall und sexuelle Nötigung. Diese Umfragen wurden jedes Jahr seit 1972 gemacht – das heißt seit mehr als 30 Jahren. Sie werden in einem beeindruckenden Umfang gemacht. Im Jahr 2004 wurden in den USA fast 150.000 Einzelpersonen im Alter von 12 Jahren und darüber in 84.000 Haushalten interviewt. Ähnliche Umfragen sind heute in anderen industrialisierten Ländern gang und gäbe. Zum Beispiel wird das *British Crime Victim Survey* alljährlich mit 60.000 zufällig ausgewählten Haushalten durchgeführt und ist ein Maßstab dafür geworden, den Erfolg der britischen Kriminalpolitik zu messen. Kanada steht hinten an, da es seine Umfragen nur alle fünf Jahre durchführt und nur mit einer vergleichsweise kleinen Stichprobe von 25.000 Haushalten. Jedoch hat Kanada mit einer ähnlichen Umfrage zur Erfassung von Gewalt gegen Frauen einen Weg bereitet, der langsam von andern Ländern übernommen wird. Des Weiteren gibt es eine internationale Verbrechensopferumfrage, die einen Vergleich von Quoten zwischen verschiedenen Ländern ermöglicht.

Diese Umfragen bestätigen, dass Viktimisierung viel häufiger vorkommt, als der Polizei bekannt ist. Die schlechte Nachricht ist, dass die wahre Viktimisierungsrate fast doppelt so hoch ist, wie die, die die Polizei vorliegen hat. Sie müssen sich nur vier – nicht acht – Familien in ihrer Nachbarschaft vorstellen, um eine zu finden, die Opfer eines gewöhnlichen Verbrechens wurde. Die gute Nachricht lautet, dass die Rate von Gewalt- und Eigentumsverbrechen in den USA ihren niedrigsten Stand seit 1972 erreicht hat. Wie in der Graphik des *Bureau of Justice Statistics* (Abb. 1.1) zu sehen ist, ist die Eigentumsdeliktsrate seit 1972 stetig gesunken: Von einem von zwei Haushalten im Jahr 1972 auf einen von vier im Jahr 2003. Dieser Rückgang ist teilweise eine Folge des Rückgangs des Anteils von männlichen Jugendlichen und jungen Erwachsenen in der Bevölkerung. Aber selbst mit diesem Rückgang bleiben geschätzte 24 Millionen Viktimisierungen auf ungefähr 105 Millionen Haushalte – das ist eine je vier Haushalte. Für jeweils 100 Haushalte beinhaltet dies einen Fahrzeugdiebstahl und drei Einbrüche pro Jahr.

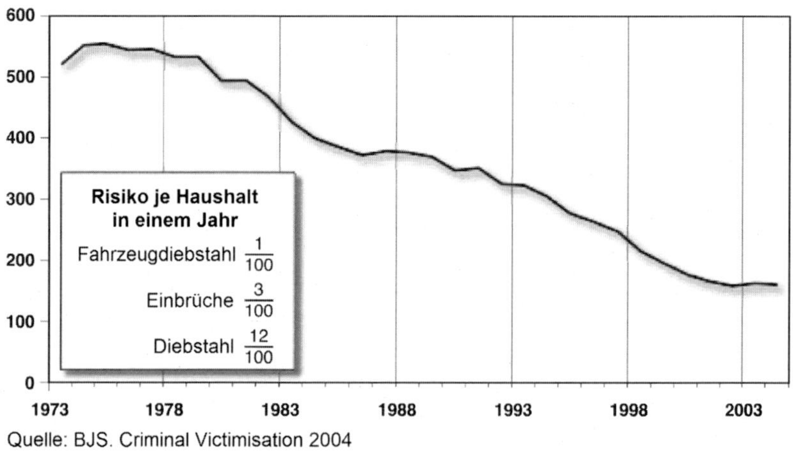

Abbildung 1.1 Eigentumsdeliktsraten in den USA, 1973 bis 2004

Wie in einer anderen Graphik des BJS gezeigt wird, fiel bis zum Jahr 1994 der Trend in der Gewaltviktimisierungsrate nicht dramatisch. Die Rate lag bis 1994 bei 1:20, wonach sie rapide auf 1:50 fiel. Aber selbst mit diesem Rückgang finden sich auf 1.000 Personen im Alter von 12 und darüber je eine sexuelle Nötigung, zwei Körperverletzungen und zwei Überfälle. Der Beginn des Rückgangs fiel mit der Wahl Giulianis in New York zusammen. Mit anderen Worten, dieser signifikante Rückgang an Verbrechen in New York war Teil eines nationalen Trends, nicht etwas von Giuliani selbst Eingefädeltes. Landesweit gibt es ungefähr sechs Morde pro 100.000 Personen – dieselbe

Quote wie in New York City. Diese Quote ist viel höher als die in Kanada oder Westeuropa. Also sind die viel höheren Ausgaben für die Polizei und die unglaublich hohen Inhaftierungsquoten nicht genug, um die Mordraten auf dieselbe Höhe wie von Kanada und Westeuropa herunterzudrücken. Darüber hinaus werden viel mehr Personen in Verbrechen getötet, die keine absichtliche Tötung beinhalteten – Totschlag. Es werden auch mehr Personen in Verkehrsunfällen getötet, in die betrunkene oder rücksichtslose Fahrer involviert sind, als ermordet werden.

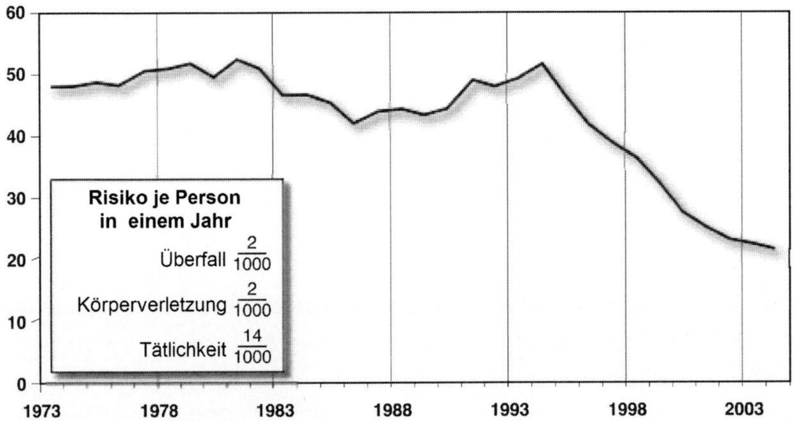

Quelle: BJS. Crime Victimisation 2004

Abbildung 1.2 Gewaltdeliktsraten in den USA, 1973 bis 2004

Die vom *Bureau of the Census* durchgeführten Umfragen sind auch ernüchternd für alle, die sich für „Recht-und-Ordnung“ einsetzen, weil sie den weit verbreiteten Verzicht des Einschaltens der Polizei durch Opfer zeigen. Im Jahr 2004 wurden 50% aller gewalttätigen Viktimisierungen und 61% der Eigentumsschädigungen nicht bei der Polizei gemeldet. Stellen Sie sich vor, die Hälfte der Kranken wäre nicht zum Arzt gegangen. In Kanada und England ist es schlimmer, da im Laufe der Jahre sich immer weniger Opfer entscheiden sich zu melden. Wenn Sie versichert sind, müssen Sie sich melden, wenn Ihr Auto gestohlen wurde, um den Versicherungsanspruch zu erheben. Wenn in Ihr Haus eingebrochen wurde, beurteilen Sie, ob der Verlust einen Versicherungsanspruch rechtfertigt. Wenn Sie sich dafür entscheiden, dies zu tun, müssen Sie das Verbrechen bei der Polizei melden. Aber wenn Sie in Ihrem Haus durch ein Familienmitglied Gewalt erleiden oder sexuell missbraucht werden, werden Sie zögern, dies der Polizei zu melden, aus vielen verschiedenen Gründen.

Diese Umfragen zeigen ebenfalls, dass manche Familien wiederholt Opfer werden – das heißt, sie werden mehr als einmal in dem untersuchten Jahr Opfer. Ungefähr 40% der Überfallopfer werden ein zweites Mal innerhalb eines Jahres überfallen. Mehr als 10% der Autodiebstahl- und Einbruchsopfer werden in demselben Zeitraum nochmals viktimisiert. Frauen sind besonders durch Gewalt in ihren intimen Beziehungen gefährdet; viele dieser Verbrechen wiederholen sich und kommen der Polizei nie zur Kenntnis. Obwohl weniger als 3% aller Frauen innerhalb eines Jahres von einem Partner geschlagen werden, werden viele mehrmals von demselben Partner innerhalb eines Jahres geschlagen. Alles in allem werden mehr als 25% aller Frauen im Laufe ihres Lebens in ihren intimen Beziehungen geschlagen.

Aber diese Umfragen richten den Blick nur auf Personen über 12 Jahre. Es ist viel schwieriger, verlässliche Statistiken über die Viktimisierung von Kindern zu finden. Jugendhilfebehörden bestätigen, dass mehr als eines von sieben Kindern misshandelt wird. Allein in den USA bestätigte die *Child Welfare League*, dass mindestens 900.000 Kinder als Opfer von Misshandlungen ermittelt wurden, die oft von den Eltern oder Betreuern begangen wurden. Von diesen Kindern wurden 1.200 ermordet. Kindesmisshandlung ist als eine Erfahrung bekannt, die die Wahrscheinlichkeit erhöht, dass das Kind später selbst gewalttätig sein wird.

Aber das ist nur zu Hause. Umfragen in den Vereinigten Staaten schätzen, dass pro Jahr eines von 14 Schulkindern gemobbt wird; aber es gibt keine guten Umfragen dazu. Dies sind vermutlich Unterschätzungen, da Umfragen unter 25.000 kanadischen Schulkindern, die von der nationalen Statistikbehörde gemacht wurden, zeigen, dass einer von 20 Jungen und eins von 14 Mädchen in der Schule gemobbt wird. Mobbing ist nicht nur für das Opfer unangenehm, sondern es ist auch einer der Faktoren, von denen man denkt, dass sie zu Gewalt im späteren Leben des Opfers führen und es ist sicherlich ein Schlüsselfaktor bei bekannten Amokläufen in Schulen, wie in Columbine.

Hart für Opfer

Zu lange wurden diese Statistiken als Rate interpretiert, wie oft Kriminelle Verbrechen verüben. Tatsächlich konzentriert sich der Strafvollzugs- und Strafrechtskomplex auf Gerechtigkeit für den Verbrecher, statt auf die Rechte der breiten Öffentlichkeit und des Opfers. Aber diese Statistiken repräsentieren auch die Rate, zu der Menschen wie du und ich Verlust, Schaden und Trauma erleiden. Wenn ein Einbrecher in ein Haus einbricht, mag der Eigentümer den Fernseher oder Computer verlieren, aber das Opfer verliert auch das Gefühl, dass das Zuhause ein sicherer Ort ist. Der am Haus entstandene Schaden wird oft als Schädigung der Person empfunden. Wenn wir Opfer eines Verbrechens sind, erleiden wir sicherlich Verlust und sind geschockt und wütend. Der Verlust, der durch ein Verbrechen entsteht, ist wesentlich mehr als nur der finanzielle Verlust eines Fernsehers, eines Fahrrads oder eines wertvollen persönlichen Gegenstands. Das Opfer erleidet viele weitere Verluste, weil der Gegenstand ideellen Wert als Erbstück hatte oder als photographisches Andenken an schöne Zeiten diente, oder das Verbrechen zerstörte das Vertrauensgefühl des Opfers. Die Auswirkung eines Gewaltverbrechens geht weit über die augenblickliche physische Verletzung hinaus, weil das Verbrechen ein psychisches Trauma bewirkt, dass inzwischen als posttraumatische Belastungsstörung in dem *Diagnostic Statistical Manual of Mental Health Disorders* der *American Psychiatric Association* aufgelistet ist.

In ungefähr der Hälfte der Fälle rufen wir als Opfer die Polizei nicht an, aber wenn wir das tun, kann dies die Sache noch verschlimmern. Unglücklicherweise finden wir erst nachdem wir die Polizei gerufen haben heraus, dass sie die Verbrecher kaum identifizieren wird, es sei denn, wir können ihr die notwendigen Einzelheiten liefern. Und in dem statistisch unwahrscheinlichen Fall, dass es eine strafrechtliche Verfolgung gibt, verschlimmert sich die Sache, weil wir aus erster Hand lernen, dass das Strafrechtspflegesystem um Polizeibeamte, Richter und Anwälte herum organisiert ist. Wir – die Opfer des Verbrechens werden oft für den Grund der Ermittlungen gehalten – bekommen aber keine Vertretung, um unsere Sicherheit zu wahren, die Wahrheit oder Entschädigung zu bekommen, oder auch nur um unsere

Sorgen zu äußern. Im Extremfall können wir sogar bestraft werden, wenn wir nicht zum Gericht kommen, wenn der Richter es verlangt – selbst wenn unser Erscheinen unser Leben in Gefahr bringen würde, uns erhebliche Umstände machen würde oder uns unser Einkommen kosten könnte. Die Richter können uns auffordern über die Viktimisierung zu sprechen, ohne sich um die emotionalen Konsequenzen des erneuten Durchlebens des Traumas des Verbrechens zu kümmern. Richter und Anwälte können aufdringlich mit ihren Fragen bei der Verhandlung sein, die uns unnötigerweise traumatisieren.

Im Jahr 1982 gründete ich mit einer neuen internationalen Nichtregierungsorganisation – der *World Society of Victimology* – eine Initiative, um dies zu ändern. Im Jahr 1979 bin ich eingeladen worden, dem Ausschuss der *National Organization for Victim Assistance* (NOVA) in den USA beizutreten. NOVA setzte sich schon erfolgreich für Reformen in vielen verschiedenen Staaten ein. In Staaten wie Wisconsin, Kalifornien und New York sind Gesetze eingeführt worden, um die Rechte von Verbrechensopfern klarzustellen. So brachte ich eine kleine Gruppe aus verschiedenen Ländern zusammen, um einen Vorschlag an die Vereinten Nationen zu entwickeln, um Grundprinzipien für Opferrechte beschließen zu können. Nach drei stürmischen Jahren voller Verhandlungen mit verschiedenen Regierungen und Nichtregierungsorganisationen verabschiedete die UN Vollversammlung eine Resolution, die die *Declaration of Basic Principles of Justice for Victims of Crime and Abuse of Power* übernahm. Diese Deklaration erkennt den Schaden, der Opfern und deren Familien durch Verbrechen angetan wird, an und legt Prinzipien für Opferrechte fest, wonach das Opfer Informationen und Hilfe von der Polizei, dem Gesundheitswesen und anderen Einrichtungen bekommen muss, sowie Entschädigung vom Täter, Wiedergutmachung vom Staat und das Recht, seine Privatinteressen zu wahren.

Die USA sind traditionell zurückhaltend, UN Standards zu unterstützen. Jedoch wurde im Jahr 1982 eine redegewandte kalifornische Staatsanwältin namens Lois Haight Herrington zur Vorsitzenden der *US President's Task Force on Victims of Crime* ernannt. Ihre Arbeitsgruppe produzierte 68 Empfehlungen, um das zu verbessern, was sie als schockierenden Mangel an Balance bezüglich der Opferrechte im US Strafrechtspflegesystem ansah. Ihrem Bericht folgte recht schnell im Jahr 1984 ein Bundesgesetz namens *Victims of Crime Act*, welches ein hochrangiges Amt für Verbrechensopfer im *US Department of Justice* einführte und es ermöglichte, von Bundesgerichten verhängte Geldstrafen zu nutzen, um seine Aktivitäten zu finanzieren. Lois Haight Herrington wurde als erste Direktorin dieses Amtes berufen.

Im Jahr 1985 kam sie zum 7. UN-Kongress über Verbrechensvorbeugung und Straftäterbehandlung in Mailand, auf dem die vorgeschlagene UN-Deklaration diskutiert wurde, und hielt im Auftrag der US-Regierung eine charismatische Rede, die den Ausschlag gab, diese Deklaration zu verabschieden. Kurz danach verabschiedete die UN Vollversammlung die *Declaration on Basic Principles of Justice for Victims of Crime and Abuse of Power* und rief dazu auf, diese nach Kräften umzusetzen.

Es wäre möglich, dass es, wenn das Polizei- und Justizsystem umgestaltet würde, um die Opferbetreuung zu verbessern, einen Anstieg bei der Anzeige von Verbrechen und damit der Zahl der der Polizei bekannten Verbrechen gäbe. Letztendlich fordern die Prinzipien für Opferrechte viel bessere Wege, den Bedürfnissen der Opfer nach einem Verbrechen entgegenzukommen, als Strafverschärfungen, wie wir später in Kapitel 6 genauer sehen werden.

Es ist auch möglich, die kumulativen Kosten bestimmter Verbrechensarten zu schätzen. Da die Mordrate pro 100.000 in den USA so hoch ist (fast dreimal so hoch wie die in anderen westlichen Demokratien), ist diese ein Hauptfaktor der Kosten der Gesamtverbrechensraten dort. In allen Ländern tragen Sexualstraftaten besonders stark zu diesen Kosten bei, obwohl die Größenordnung bedeutend steigt, wenn man die Daten der oben besprochenen Viktimisierungsumfragen benutzt statt der Daten der Polizei, da so viele Opfer Sexualstraftaten nicht der Polizei melden.

Hart für Steuerzahler

Nach den Statistiken des BJS (Abbildung 1.3) sind die Ausgaben für Reaktionen gegen Kriminalität im Sinne von „Recht und Ordnung“ über die letzten 20 Jahre unaufhaltsam gestiegen.[1] Im Wahlkampf erhöhen Ihre Politiker Ihre Steuerlast, wenn sie versprechen härter gegen Verbrechen vorzugehen, indem sie mehr Polizisten einstellen, Mindeststrafen festlegen oder Wiederholungstäter länger hinter Gittern lassen. Abbildung 1.3 zeigt, wie hart das für Sie als Steuerzahler würde. Selbst wenn man die Zahlen der Preissteigerung anpasst, indem man sie im Sinne der Wirtschaftswissenschaftler „inflationsbereinigt", haben sich in den USA die Ausgaben für die Polizei mehr als verdoppelt, während sich die Inhaftierungskosten mehr als verdreifacht haben. Der durchschnittliche US Steuerzahler zahlt heutzutage für die Strafrechtspflege das Doppelte von dem, was der durchschnittliche britische oder kanadische Steuerzahler zahlt, obwohl vor 30 Jahren die Beträge ähnlich waren. Die verblüffende Ironie ist, dass die US Steuerzahler diejenigen sind, die den Ruf haben, am Ehesten ihrer Regierung die Mittel zu beschneiden. Warum sollte weniger Regierung mehr „Recht-und-Ordnung" bedeuten? Es macht keinen Sinn.

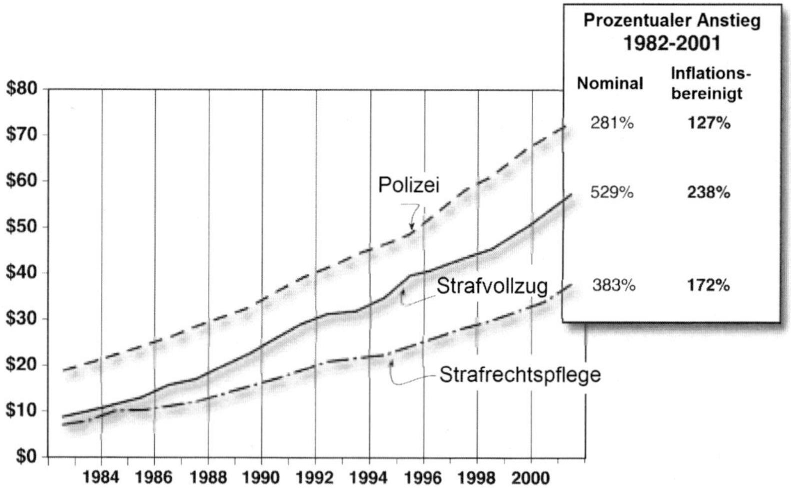

Quelle: BJS. Justice Expenditure and Employment in the United States, 2001

Abbildung 1.3 Ausgaben für Strafverfolgung in den USA, 1982 bis 2001

[1] Bureau of Justice Statistics, Justice Expenditure and Employment in the United States, 2001.

Die US Steuerzahler zahlen heute mehr für Folgendes: Sie zahlen $83 Milliarden pro Jahr für 708.000 Vollzeit-Polizeibeamte auf Staats- und Kommunalebene.[2] Von 1980 bis 2000 stieg diese Zahl um atemberaubende 54% - viel mehr als jeglicher Bevölkerungs- oder Verbrechensanstieg rechtfertigen könnte. Der Anstieg um 230.000 Beamte, bei durchschnittlichen jährlichen Kosten von $90.000 pro Beamten, entspricht mehr als $25 Milliarden Steuern. Im selben Zeitraum wuchs die Anzahl der Polizisten in Kanada um nur 6% und in England und Wales um nur 12%. Diese Statistiken kommen aus dem Jahr 2003, aber es wurden noch viel mehr Beamte eingestellt, im Bemühen der Regierung auf die Bedrohung des Terrorismus nach 9/11 zu reagieren.

Die Steuermittel, die für Strafrechtspflege bereitgestellt werden, übersteigen inzwischen $41 Milliarden pro Jahr. Der Anstieg selbst beträgt schon fast $24 Milliarden. In diesem Fall lag der Anstieg des Arbeitspensums bei relativ bescheidenen 9 % in der allgemeinen Strafjustiz, wo der Großteil der Mittel aufgewendet wird. Wie es aussieht, haben die Juristen besser für sich gesorgt als Polizei und Strafvollzug.

Aber die zusätzlichen Steuern, die der Polizei und der allgemeinen Strafrechtspflege zugeteilt werden, verblassen im Vergleich zu der Eskalation, die die Inhaftierung in den Vereinigten Staaten erfahren hat. Dies kann nur als „Hyper-Inhaftierung“ beschrieben werden, da es die Nutzung dieser begrenzten Ressourcen so weit übertreibt, dass die Vereinigten Staaten weltweit zum Gefängniswärter Nummer eins wurden. Innerhalb der zwei Dekaden von 1980 bis 2000 stieg die Anzahl der inhaftierten Erwachsenen in den Bundes-, Staats- und Kommunalgefängnissen in den USA um unglaubliche 290% auf mehr als 2 Millionen. Dieser Anstieg von 1980 bis 2000 beträgt 1,5 Millionen mehr als die Gesamtbevölkerung Philadelphias und übersteigt die Einwohnerzahl von 13 Bundesstaaten.

---

[2] Im Jahr 2004 verzeichnete das BJS 800,000 Polizeibeamte, das ist ein Anstieg von 73%.

Vergleiche zwischen den Vereinigten Staaten und anderen Ländern zeigen, wie viel sich verändert hat.[3] Wenn wir diese 2 Millionen auf die derzeitige Bevölkerung der USA beziehen, bekommen wir eine Quote von 700 Inhaftierten pro 100.000 Einwohner. Diese Quote ist jetzt höher als die von Russland oder China, die normalerweise als die repressivsten Gesellschaften gelten, fünfmal so hoch wie die von England und Wales und siebenmal so hoch wie die von Kanada und der Europäischen Union. Die Vervierfachung in den USA lässt den Anstieg um 33 % in Kanada und um 53 % in England und Wales dürftig aussehen.

Nicht überraschend, dass die jährliche Steuerrechnung für Inhaftierung im Jahr 2003 astronomische $61 Milliarden erreichte. Auf der Grundlage von durchschnittlich $28.500 Kosten pro Häftling und Jahr entspricht der Anstieg um 1,5 Millionen Gefangene einer Steigerung der ausgegebenen Steuern um mittlerweile $43 Milliarden pro Jahr. Dies sagt noch nichts über die Kosten für den Gefängnisbau aus: Zusätzliche Zellen mussten mit einem Kostenaufwand von je $50.000 bis $100.000 gebaut werden. Selbst wenn nur eine halbe Million zusätzlicher Zellen gebaut wurden, würden die Baukosten zwischen $25 und $50 Milliarden liegen.

Die Gesamtausgaben für Polizei, Gerichte und Strafvollzug in den Vereinigten Staaten lagen im Jahr 2003 bei $186 Milliarden – das letzte Jahr, von dem die Ausgaben für die Öffentlichkeit verfügbar waren – und müssen daher jetzt bei über $200 Milliarden liegen, bei einem jährlichen Anstieg von nur 5%. Der Anstieg zwischen 1980 und 2003 lag schon, die Inflation mit eingerechnet, bei 165%, das heißt, der durchschnittliche Steuerzahler zahlt jetzt mehr als zweieinhalb Mal soviel wie vor 20 Jahren. Im Jahr 2003 lagen die Kosten, relativ zu 1982, allein für die zusätzlichen Polizeibeamten, Inhaftierten und Juristen bei $91 Milliarden pro Jahr - $25 Milliarden für mehr Polizei, $24 Milliarden für die Justizausgaben und $42 Milliarden für die zusätzlich inhaftierten Gefangenen. Für 2006 schätze ich – das BJS hat die offiziellen Zahlen noch nicht veröffentlicht – dass US Steuerzahler mehr als $100 Milliarden für den Anstieg der Zahl von Polizeibeam-

[3] Waller & Chan, Prison Use, 1977.

ten, Inhaftierten und die damit in Verbindung stehenden zusätzlichen Kosten, die seit 1980 entstanden sind, zahlen.[4]

Während die meisten Steuern auf Länder- und kommunaler Ebene eingezogen werden und die meisten Ausgaben auf diesen Ebenen anfallen, wurden diese riesigen Erhöhungen von Strategien der Bundesregierung angetrieben, die ihre eigenen Ausgaben verdoppelte, um andere Regierungsebenen zu ermuntern mehr auszugeben. Die Clinton-Regierung zum Beispiel erhöhte landesweit die Zahl der Polizeibeamten um 20% oder 100.000 Beamte, indem die anfänglichen Mittel für die Länder- und Kommunalregierungen bereitgestellt wurden, die, wie wir in Kapitel 5 sehen werden, hinters Licht geführt wurden, um sie anzunehmen.

Dem BJS zufolge gehen 8% der Länder- und Kommunalsteuern an Polizei, Gerichte und Strafvollzug, etwas mehr als für das Gesundheitswesen. Zugegebenermaßen viel weniger als die 30% der Steuern, die für Bildung genutzt werden und die 14% für Sozialhilfe. Aber ich mag besonders den Vergleich mit dem Gesundheitswesen und den Krankenhäusern, weil er besagt, dass Politiker handeln als ob Polizei, Gerichte und Strafvollzug wichtiger sind als unsere Gesundheit. Des Weiteren sind die Ausgaben für Polizei, Gerichte und Strafvollzug nicht von denselben Kontrollen abhängig wie die Ausgaben für das Gesundheitswesen, welches vielen Kontrollen der Regierung bezüglich der Effektivität der Behandlung unterliegt. Die Ärzte, Krankenschwestern und andere Berufsgruppen müssen sich in Examen qualifizieren, die von ihnen verlangen, dass sie wissen, was die Krankheit heilt und nicht, wie sie einfach nur darauf reagieren sollen. Des Weiteren fanden erhebliche Rationalisierungen – Einsparungen von Steuergeldern – im Gesundheitswesen statt, als die Regierungen merkten, dass sie es sich nicht leisten können die Bettenzahl in den Kranken-

[4] Die meisten dieser Anstiege erfolgten, nachdem die Gewaltverbrechen sanken. Das heißt, je weniger Gewaltverbrechen begangen wurden, desto mehr stiegen die Ausgaben an – nicht umgekehrt. Wir werden sehen, dass nach den besten Schätzungen 27% des Gesamtrückgangs der Kriminalität dem 300 prozentigen Anstieg der Gefangenenzahl zugeschrieben werden kann. Vergleiche Spelman in Blumstein & Wallman, The Crime Drop in America, 2000, 123.

häusern ständig zu erhöhen. Im Justizbereich haben die Regierungen die Zahl der Zellen fast ohne Überprüfungen ständig erweitert und das sicherlich, ohne die Belege und den gesunden Menschenverstand bezüglich der Alternativen zu berücksichtigen.

Aber dies ist nicht das Ende der Kosten für Steuerzahler, von denen manche für private Sicherheitsdienste zahlen, entweder als Einzelperson oder über Firmen. In den Vereinigten Staaten gibt es mehr als 2 Millionen Angestellte in der privaten Sicherheitsbranche – die vermutlich nochmals \$100 Milliarden kosten. Als Privatleute zahlen die Steuerzahler auch noch für Alarmanlagen und andere Sicherheitsgeräte sowie Versicherungen gegen Diebstahl und andere Verbrechen. Unglücklicherweise gibt es keine verlässlichen Schätzungen dieser Summen. Bezogen auf die Bevölkerung sind diese nicht so verschieden von denen in Kanada oder England und Wales.

Viele Amerikaner kaufen sich zu ihrem Schutz Feuerwaffen, anders als die Briten oder Kanadier. Also zahlen die Amerikaner mehr Steuern für Polizei, Gefangene und Richter, dann zahlen sie für private Sicherheit und dann bewaffnen sie sich. Macht das irgendeinen Sinn, wenn das Wissen vorhanden ist, Viktimisierung erheblich zu reduzieren?

Hart, Ergebnisse zu erzielen

Trotz dieser gewachsenen Ausgaben ist es aus verschiedenen Gründen schwierig, Resultate durch das übliche System von Polizei, Gerichten und Strafvollzug zu bekommen, wie verschiedene vom Präsidenten eingesetzte Kommissionen und Berichte des *Surgeon General* und des *National Research Council* dargelegt haben. Nach den Attentaten auf Präsident John Kennedy, Senator Robert Kennedy und den Bürgerrechtler Martin Luther King Jr. in den 1960ern ordneten die USA bedeutende Untersuchungen der jeweiligen Verantwortlichkeiten an. Der lesenden Bevölkerung waren diese Ermittlungen vertraut, da sie echte Detektivgeschichten beschrieben. Der Bevölkerung weniger bekannt, aber für Politiker leicht verfügbar, sind die bahnbrechenden Berichte der *Presidential Commissions*, die erarbeitet wurden, um

Empfehlungen für Aktionen zu identifizieren, die auf Wissen basieren und auf den besten Ideen für die Ursachen und Lösungen für Gewaltprobleme. Diese Kommissionen produzierten sehr ähnliche Empfehlungen, die wichtig sind, um zu verstehen warum mehr Polizei, Gefängnisse und Richter kaum einen Unterschied für Verbrechens- und Viktimisierungsraten machen.

Die Kommissionen hatten Verbrechen, deren Täter und Opfer, sowie was dagegen getan werden könnte, zum Thema.[5] Ihre Schlussfolgerungen zielten genauso darauf ab, Polizeiarbeit und Strafrechtspflege zu verbessern, wie auch die Risikofaktoren, die Verbrechen verursachen, in Angriff zu nehmen, bevor Bürger viktimisiert werden. Sie verstanden Verbrechen und Gewalt als Resultat von Risikofaktoren, verstärkt durch Armut, Diskriminierung, unbefriedigende Ausbildung und Wohnungen, sowie eines schlecht ausgerüsteten und desorganisierten Strafrechtspflegesystems. Sie machten Empfehlungen, wie diese „Ursachen" für Verbrechen und Gewalt angegangen werden könnten, was Polizei, Gerichte und das Strafvollzugssystem machen müssten und welche Wege es gibt, die Verbrechensbekämpfung zu modernisieren.

Die größte Anstrengung, die Empfehlungen umzusetzen, kam im Jahr 1968, als der US Kongress sein großes, umfassendes Gesetz verabschiedete, um die *Law Enforcement Assistance Administration* (LEAA) zu gründen. Dieses stellte in erster Linie bundesstaatliche Mittel bereit, um Staats- und kommunale Initiativen zu unterstützen, mehr für Polizei – „Recht-und-Ordnung" – zu zahlen und half wenig, die eigentliche Gründe oder die Risikofaktoren für Kriminalität in Angriff zu nehmen.

Das Einkommen der Polizei- und Strafvollzugsbeamten wurde von einem Einkommen unter dem durchschnittlichen Haushaltseinkommen in den USA auf ein Einkommen darüber erhöht. Die Arbeitsbedingungen von Polizei, Justiz- und Vollzugspersonal haben sich deutlich durch Training, berufliche Innovation und viele neue Gebäude verbessert.

---

5 United States. President's Commission on Law Enforcement and Administration of Justice, 1968.

Der Ruf nach einem wissenschaftlicheren Ansatz wurde teilweise durch Investitionen in neue Computertechnologie in den Polizeiautos, bei der Verwaltung der Fälle in den Gerichten sowie Schlösser, Überwachungskameras und elektronische Überwachung von Gefangenen und Tätern befolgt. Ein kleiner Teil der Mittel ist sogar in die Untersuchung der Effektivität von Polizei, Gerichten und Strafvollzug gegangen. Die Mittel wurden zur Verbesserung der Datensammlung ausgegeben, so dass wir Daten vom *Bureau of Justice Statistics* haben, die in diesem Kapitel bezüglich Verbrechensraten, der der Polizei gemeldeten Viktimisierungsquoten und der Ausgaben für Polizei, Gerichte und Strafvollzug genutzt wurden.

Unglücklicherweise wurde der Aufruf, die Risikofaktoren von Kriminalität in Angriff zu nehmen, größtenteils ignoriert. Es stimmt, dass viele allgemein-sozialpolitische Strategien aus anderen Gründen als Kriminalprävention eingeführt wurden, um Armut, Diskriminierung und anderes zu bekämpfen. Aber sie gehen am Wesentlichen vorbei, dass nämlich nicht Armut Verbrechen hervorruft, auch wenn sie manche Jugendliche stärker gefährdet, Verbrechen zu verüben.

Diese Kommissionen, und das Entstehen der Kriminologie als Fachgebiet, haben in den folgenden Jahren einige nützliche – aber kaum genutzte – Untersuchungen über Kriminalität ausgelöst. Das Problem ist, dass dieses Wissen nur ein Flickwerk von Pilotprojekten in Gang setzte, von denen viele, nachdem sie Erfolg gezeigt hatten und ihre Mittel ausgegangen waren, wieder verschwanden. Kriminologie als Fachgebiet konzentrierte sich mehr auf wissenschaftliche Studien als darauf, Erkenntnisse in die Tat umzusetzen. Trotzdem hat dies zu einem wachsenden Forschungsbereich bezüglich der Effektivität der Polizei-Strategien in den Vereinigten Staaten, im Vereinigten Königreich und in Australien geführt, und letztendlich auch zu dem Bericht des *National Research Council* im Jahr 2004 über *Fairness and Effectiveness in Policing*, der uns in Kapitel 5 helfen wird, die Wahrheit zu ermitteln.[6] Die allgemeine Schlussfolgerung ist, dass das „Standardmodel" von reaktiver Polizeiarbeit keinen Einfluss auf

---

[6] National Research Council, Fairness and Effectiveness in Policing, 2004

Verbrechen hat. Das Standardmodel ist eins, bei dem die Polizei ihre Ressourcen – 65% vor Ort – vorrangig für Reaktionen auf Anrufe bei einer Notrufnummer – 911 – nutzt und in zweiter Linie für Kriminalbeamte. Das Standardmodell beinhaltet keine bedeutsamen Mittel dafür, dass die Polizei versucht Verbrechensprobleme zu lösen, indem sie bei den Risikofaktoren ansetzt, die Verbrechen verursachen. Die besten Polizeichefs in England und Wales werden in Anspruch genommen, um die Regierung zu beraten, wie reaktive Polizeiarbeit verbessert werden kann. 1998 untersuchten sie in *Beating Crime*[7] ob die Polizei Verbrechen besiegte und kamen zu dem selben Schluss wie die Forscher in den Vereinigten Staaten, dass der Einsatz der Polizei selten einen Einfluss auf das Verbrechensniveau hatte.

Ihre Schlussfolgerungen stellen, in aller Kürze, eine Anzahl von Realitäten der reaktiven Polizeiarbeit dar, die es dem Standardmodell schwer machen, bei der Kriminalprävention Erfolg zu haben:

- Viele Verbrechensopfer melden sich nicht bei der Polizei und daher weiß die Polizei von vielen Verbrechen nichts
  - Polizeibeamte entdecken selten Straßenkriminalität – eine Schätzung zeigt, dass ein Polizist nur einmal in 8 Jahren weniger als 100 m von einem Einbruch entfernt ist.
  - Polizeibeamte sind höchst selten in der Nähe, um häusliche Gewalt und Kindesmissbrauch zu verhindern, da diese hinter geschlossenen Türen geschehen, wenn die Polizei nicht zugegen ist.
  - Ermittlungsbeamte sind so mit Akten überflutet, dass sie bei ihren meisten Erfolgen darauf bauen, bekannte Täter zu überführen, statt die herauszufinden, die unbekannt sind.

Aber wie sieht es damit aus, das Verhalten der verurteilten Täter zu korrigieren? Im Strafvollzugsbereich wurden Untersuchungen in viel größerem Ausmaß und über längere Zeit durchgeführt. Schon Mitte der Siebziger Jahre hatten sich in England und Kalifornien wissenschaftliche Untersuchungen angesammelt, die die Effektivität von

[7] Her Majesty's Inspectorate of Constabulary, Beating Crime, 1998.

Standard-Gefängnisprogrammen, Bewährungshilfe und innovativen Interventionsstrategien beobachteten. Das *British Home Office* hatte wissenschaftliche Evaluationen von *Borstals* – einer dreijährigen Gefängnisstrafe für junge Erwachsene – und Jugendstrafanstalten – einem dreimonatigen Erziehungslager – in den 1960ern beendet. Meine eigene, von der *Ford Foundation* finanzierte Untersuchung in Kanada beurteilte, ob Inhaftierung Rückfälligkeit nach der Freilassung reduzierte.

Diese Evaluationen zeigten, dass mehr als die Hälfte der Absolventen dieser Standarderziehungsprogramme innerhalb von drei Jahren wieder verhaftet wurden. Sie zeigten auch, dass die Täter, die wieder verurteilt wurden, im Allgemeinen jünger waren, eine längere kriminelle Karriere und weniger Bindungen an die Gemeinschaft hatten. Die Evaluationen schlossen daraus nicht nur, dass Inhaftierung Rückfälligkeit nicht verringerte, sondern auch, dass das Resultat nach der Entlassung größtenteils von der Lebenserfahrung dieser Männer vor der Verhaftung bestimmt war.[8] Die Implikationen dieser Schlussfolgerungen sind übersehen worden. Sie weisen auf, dass, wenn man Kriminalität vorbeugen will, es besser ist die Gründe aus denen Personen straffällig werden in Angriff zu nehmen, als zu warten bis sie straffällig werden und dann zu versuchen sie zu korrigieren.

Mehr als alles Andere zeigten diese umfangreichen und anspruchsvollen Evaluationen, dass Programme wie Gefängnisse und Erziehungslager nicht funktionieren. Interessanterweise zeigten sie, dass Sanktionen ohne Freiheitsentziehung, wie z.B. Geldstrafen, besser funktionieren. Wie in den Untersuchungen zu reaktiver Polizeiarbeit zeigten sie, dass gut ausgerichtete Programme, die die nachgewiesenen Risikofaktoren in Angriff nehmen, die Wahrscheinlichkeit eines verurteilten Täters verringern, in ein Verbrecherleben zurückzukehren.

Heutzutage geht immer noch die riesige Mehrheit der Ressourcen für den Strafvollzug in übliche Inhaftierungsprogramme, deren Einfluss auf Verbrechen nichts anderes ist, als die Verbrecher eine

[8] Waller, Men Released from Prison, 1974.

Zeit lang von den Straßen zu halten. Die US Staaten mit den höchsten Inhaftierungsquoten sind auch die mit den höchsten Raten an Eigentums- und Gewaltverbrechen und nicht umgekehrt. Texas und Louisiana, zum Beispiel, haben die höchsten Inhaftierungsraten in den USA und sind zugleich in den *Top Six* der Mordraten. Also, je mehr man inhaftiert, desto höher ist die Eigentums- und Gewaltverbrechensrate. Allgemein geht mehr Inhaftierung mit mehr Verbrechen einher, nicht mit weniger.

Dennoch bietet Inhaftierung einen wichtigen, wenn auch kleinen Schutz vor Verbrechen, weil Täter hinter Gittern keine Verbrechen in der Gemeinschaft begehen können. Ich stimme der anspruchsvollen Analyse über den Einfluss der Inhaftierungsraten auf den Rückgang von Gewaltverbrechen in den USA zu, die von Spelman für das *National Consortium on Violence Research* durchgeführt wurde. Diese zeigt, dass der 290 prozentige Anstieg der Zahl der durchschnittlich pro Tag Inhaftierten die Verbrechensraten um insgesamt 27% verringert haben könnte.[9] Trotzdem ist der $43 Milliarden hohe Kostenanstieg dieser Hyper-Inhaftierungsstrategie gigantisch für den Steuerzahler – genug nach der Forschungsgruppe des *National Consortium on Violence*, um jedem arbeitslosen Jugendlichen einen Job zu bieten oder den Armen Kinderbetreuung. In den folgenden Kapiteln werde ich zeigen, dass die angesehenen Kommissionen Beweise und einleuchtende Ideen erbringen, wie diese Mittel viel besser genutzt werden könnten, mit einer größeren Reduzierung bei Verbrechen und Viktimisierung.

Aber es gibt noch einen weiteren Faktor, der es für Polizei, Gefängnisse und Gerichte schwer und teuer macht, Verbrechen vorzubeugen. Es gibt eine dramatische Schwundquote der Fälle von der ursprünglichen Viktimisierung bis zur Verurteilung im Gericht. Selbst das BJS hat diese Informationen nicht zusammen gebracht. Also wird dies mit einer Abbildung aus einem weitverbreiteten Bericht des *British Home Office* illustriert (Abbildung 1.4).[10]

---

9 Spelman in Blumstein & Wallman, The Crime Drop in America, 2000, 97–125.

10 Home Office, Digest 4, 1999, 29.

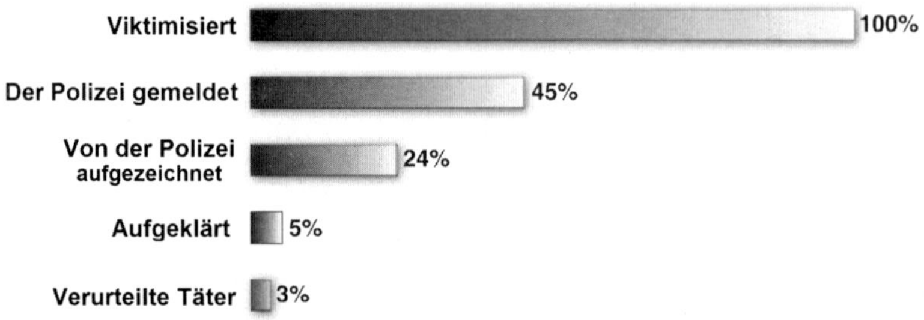

Abbildung 1.4 Anteil angezeigter, registrierter, aufgeklärter und abgeurteilter Viktimisierungen in England und Wales, 1999

In England werden durchschnittlich 45% der Viktimisierungen der Polizei gemeldet – eine ähnliche Quote wie in den Vereinigten Staaten. Studien haben gezeigt, dass nicht alle der Polizei gemeldeten Viktimisierungen aufgenommen werden, und es lässt sich schätzen, dass nur 24% der ursprünglichen Viktimisierungen erfasst werden. Die Aufklärungsrate ist in England genau so niedrig wie in den USA, so dass die Polizei bei nur 20% dieser Verbrechen weiß, wer der Täter war. Von diesen wird angenommen, dass nur 50% mit einer Verurteilung vor Gericht enden. Das Endresultat ist also, dass nur 3% der Viktimisierungen bis zu einer Verurteilung kommen. Dabei wird übersehen, dass Gewohnheitsverbrecher, die viele Verbrechen in einem Jahr begehen, ein viel höheres Risiko haben verurteilt zu werden als 3%. Einige Untersuchungen legen nahe, dies könne bis zu 50% bei Eigentumsverbrechen gehen. Wenn die Polizei Verdächtige sucht, die viele vorherige Verurteilungen hatten, erhöhen sie ihre Chancen, einen Gewohnheitstäter zu fangen. Das Endergebnis ist, dass man eine riesige Anzahl von Viktimisierungen untersuchen muss, um eine Chance zu haben, ein paar Verbrecher einzusperren.

Aber der von der Forschungsgruppe aufgezeigte 27%ige Rückgang von Verbrechen und Viktimisierungen wurde nicht nur durch die um $43 Milliarden erhöhten Ausgaben für Gefangene erreicht, er erforderte auch einen starken Anstieg bei Polizei und Strafjustiz. Kurz gesagt, der 27%ige Rückgang der Verbrechen kam von den $100 Milliarden zusätzlicher Steuergelder, wie ich im vorherigen Abschnitt aufgezeigt habe. Man braucht mehr Polizeibeamte, um mehr bekannte

Verbrecher zu fangen und mehr Richter und Anwälte, um festzustellen, ob sie schuldig sind oder nicht.

Nur „Härte gegen Ursachen“ ist härter gegen das Verbrechen

Was hätten wir sonst mit $100 Milliarden machen können, um eine höhere Viktimisierungsreduzierung für Alle zu erreichen, mit mehr Nutzen für benachteiligte junge Männer? Wäre es besser, gefährdeten Jugendlichen zu helfen, Frauen und Kinder zu befähigen Gewalt zu vermeiden, Nachbarschaftsgruppen zu unterstützen, um Verbrechen zu stoppen, die Polizei in problemorientierten Taktiken zu trainieren oder sicherzustellen, dass Opfer Rechte haben?

Das Frustrierende ist, dass Wissenschaftler und sogar angesehene Kommissionen zustimmen, dass wir das Wissen haben, wie diese $100 Milliarden zu nutzen sind, um die Kriminalität auf die Quoten der frühen 1960er zu reduzieren. Wir müssen das Trauma und den Verlust als Opfer nicht erleiden, wenn wir dieses Wissen verwenden. Unglücklicherweise waren Kriminologen zu sehr mit der Wissenschaft beschäftigt und nicht genug damit, das Wissen anzuwenden. Die politische Elite hat weiterhin „mehr desgleichen“ getan, ohne Rücksicht auf dessen Ineffizienz. Einige Pioniere jedoch haben dieses Wissen angewendet. Die folgenden Kapitel dieses Buches werden zeigen, wie einige Verantwortliche dies schon tun, und wie dies Realität für uns alle werden könnte, ohne irgendeine Steuererhöhung.

Was ist die Wissensgrundlage, diese Mittel umdisponieren zu können, um Verbrechen zu reduzieren? Nach der ökonomischen Expansion der 1970er und dem damit zusammenhängenden Wachstum des Regierungsapparats begannen in den 1980ern Politiker sich über das Ausmaß Gedanken zu machen, in dem ihre Ausgaben Ergebnisse hervorbrachten. Verschiedene Berichte über Staatsausgaben begannen, ihre zentralen Ausgaben in Frage zu stellen. Der beeindruckendste von diesen Berichten im Bezug auf Verbrechen und Justiz ist zweifellos der der *British Audit Commission* über *Misspent Youth* im Jahr 1996, welcher sich eine Ansammlung von Wissen zu Nutze machte, besonders aus den USA, aber auch eine wachsende Erkenntnis von

Bürgermeistern in Europa und den USA, dass Kriminalität nicht einfach durch mehr Polizei, Gefängnisse und Richter bewältigt werden kann, sondern eine Investition benötigt, die die Risikofaktoren, die Kriminalität verursachen, in Angriff nimmt, bevor Menschen viktimisiert werden.

Gilbert Bonnemaison, ein Politiker auf nationaler Ebene und Bürgermeister aus Frankreich, war der Initiator, der Bürgermeister auf beiden Seiten des Atlantiks erkennen ließ, dass dieser breitere und ausgewogenere Ansatz nötig war und Erfolg haben würde. Er leitete mit meiner Hilfe zwei internationale Konferenzen, in Montreal im Jahr 1989 und in Paris im Jahr 1991, die die Art und Weise, wie manche Regierungen Kriminalitätsprobleme und deren Lösungen ansahen, radikal verändern sollte. Die bewegende Kraft für diese Konferenzen kam von Bürgermeistern großer Städte in Europa, Kanada und den USA, die durch das schnelle und fortwährende Wachstum der Kriminalität beunruhigt waren. Sie hatten das Gefühl, dass das Begrenzen der Ansätze auf „Recht und Ordnung" ein Hauptgrund für das Fehlen von Lösungen sei. Sie meinten auch, dass zentralisierte „Recht und Ordnung"-Ansätze an dem vorbeigingen, was vor Ort getan werden könnte. Sie wollten verschiedene Behörden zusammenbringen, die im Schulwesen, Wohnungsbau usw. arbeiten.

Vor jeder der beiden Konferenzen wurde Material über verschiedene Projekte zusammengebracht, von denen bekannt war, dass sie funktionierten – oder auch nicht – wie zum Beispiel ein Vorschulprogramm namens *Perry Preschool* in Michigan und das landesweite Arbeitsbeschaffungsprogramm namens *Job Corps*.[11] Bei der Konferenz in Paris hielt ich die Eröffnungsansprache darüber, Kriminalprävention bekanntzumachen und in Gang zu bringen, während Philippe Robert – der französische Spitzenkriminologe zu der Zeit – einen internationalen wissenschaftlichen Bericht über Prävention und was bei der Kriminalitätsreduzierung geholfen hatte, vorlegte.[12]

---

[11] Vergleiche International Centre for the Prevention of Crime, 100 Crime Prevention Programs, 1999.

[12] Die Schlussfolgerungen dieser Konferenzen sind im International Centre for the Prevention of Crime verfügbar, Crime Prevention Digest II, 1999.

Diese Konferenzen äußerten eine „hart gegen Ursachen, hart gegen Verbrechen"-Vision und mobilisierten beträchtliches Wissen darüber, was funktioniert, Risikofaktoren in Angriff zu nehmen. Ich habe mit Gilbert Bonnemaison und Anderen daran gearbeitet, ein permanentes internationales Zentrum zu gründen, um die besten Methoden und Praxiserfahrungen zusammenzubringen und die überzeugendsten Argumente, in Prävention zu investieren, zur Sprache zu bringen. Nur drei Jahre nach der Pariser Konferenz waren die französische und die kanadische Regierung überzeugt worden, das innovative International *Centre for the Prevention of Crime* (ICPC) zu gründen, dessen erster Chef ich wurde und Gilbert Bonnemaison der Vorstandsvorsitzende. Heute ist das ICPC mit der UNO verbunden und wird von einem Konsortium westeuropäischer, nordamerikanischer, lateinamerikanischer und afrikanischer Regierungen unterstützt.

Das ICPC hat beträchtliches Wissen darüber zusammengetragen, was funktioniert und wie es in die Praxis umgesetzt werden kann. Die Materialien der beiden Konferenzen bildeten den Kern der Bibliothek und der Legitimation des ICPC, welches gebeten wurde, seine Informationen und Visionen mit vielen verschiedenen Kommissionen zu teilen. Das ICPC brachte inspirierende Erfolgsbeispiele in vielen verschiedenen Sprachen von beiden Seiten des Atlantiks zusammen und erarbeitete die Argumente, warum Regierungen in Prävention investieren sollten. Es hob die Untersuchungen hervor, die zeigten, dass Prävention in der Gemeinschaft, die die Risikofaktoren in Angriff nimmt, wesentlich kosteneffizienter ist als die übliche reaktive Polizeiarbeit und Gefängnisse.

Die Schlussfolgerungen des ICPC zeigten eindeutig, dass bedeutende Anstiege oder Rückgänge des Ausmaßes der üblichen Polizei, Gerichte und Strafvollzugprogramme keinen wesentlichen Einfluss auf Kriminalität haben, wohl aber viele Präventionsprojekte, die in gefährdete Jugend investieren oder die die Umwelt zu Lasten von kriminellen Gelegenheiten verändert haben. Ferner zeigten Evaluationen dieser Projekte oft, dass sie kosteneffizienter waren als gewöhnliche reaktive Polizeiarbeit, Gerichte und Strafvollzug. Zudem zeigten sie, dass die Lösung von Kriminalitätsproblemen darin lag, kommunale

Einrichtungen wie Schulen, Wohnungsamt, Sozialamt und Polizei dazu zu bekommen, die Risikofaktoren, die Verbrechen verursachen, zu identifizieren und gemeinsam an Lösungen zu arbeiten. Das ICPC-Material war in unveröffentlichten und veröffentlichten Berichten vorhanden, die schließlich als *100 Crime Prevention Programs from Across the World und Digest II: Comparative Analysis of Successful Community Safety* herausgegeben wurden.[13]

Das ICPC und sein Netzwerk nutzten dieses Wissen, um Einfluss auf einige andere Kommissionen zu nehmen, die die Schlussfolgerungen überprüfen sollten. Die erste und strategisch wichtigste Kommission, die die Fakten und auch die Vision belegte, war die unabhängige englische *Audit Commission*, die in einer Studie die herkömmliche Arbeitsweise von Polizei, Gerichten und Strafvollzug bezüglich junger Straftäter untersuchte, um festzustellen, ob Steuern für regionale Regierungen auf die beste Art genutzt wurden, um Ergebnisse zu erzielen. Auf Grund des Materials und der *Kontakte* des ICPC konnte die *Audit Commission* sich eine beachtliche Menge an Untersuchungen ansehen, die sich auf beiden Seiten des Atlantiks angesammelt hatte. Ihre Schlussfolgerungen wurden in dem bahnbrechenden Bericht unter dem Namen *Misspent Youth* (vergeudete Jugend) im Jahr 1996 veröffentlicht.[14] Dieser treffende Titel spiegelt ihre Schlussfolgerungen wider, dass nämlich die Ausgaben viel zu spät erfolgten. Die Beweise zeigen, dass Ausgaben, die tatsächlich Wirkung haben, jene sind, die auf gefährdete Jugendliche konzentriert werden, bevor diese Straftaten begehen.

Nur einige Jahre später, 1997, beeinflusste das ICPC eine gemeinsame Arbeitsgruppe von *Treasury* und *British Home Office*, als letzteres entschied, wo und wie Mittel zur Verringerung von Kriminalität in England investiert werden sollten.[15] Das *Home Office* hatte ein großes Team erfahrener Forscher, die die Aufgabe bekamen, all die Untersuchungen aus verschiedenen Bereichen wie Kinderfürsorge, Teenager, Wohnbaudesign, reaktive Polizeiarbeit und Strafvollzug

---

[13] Vergleiche z.B., Waller & Sansfacon, Investing Wisely in Prevention, 2000.

[14] Audit Commission, Misspent Youth, 1996.

[15] Home Office, Reducing Offending, 1998.

durchzusehen. Diese sorgfältige Auswertung wurde einem Spezialtest in einem Workshop unterzogen, der von internationalen Experten und Schlüsselfiguren aus dem *Prime Minister's Office* und dem *Treasury* besucht wurde. Ihre Schlussfolgerungen waren in vielerlei Hinsicht dieselben wie die der *Audit Commission*, obwohl ihr Beharren darauf, Forschungsergebnisse nutzen zu wollen, bedeutete, dass sie die Rolle der zwischenbehördlichen Ansätze für Kriminalprävention herunterspielte, da diese nicht so leicht mit klassischen Forschungsmethoden beurteilt werden können. Sie brachten auch Untersuchungen zusammen, die zeigten, wie Verbrechen durch CCTV (*closed-circuit television*), Autoalarme usw. durch entsprechendes Design der Umwelt reduziert werden können.

Im Jahr 1996 startete Professor Del Elliot ein „Blue Prints" genanntes Programm für Gewaltprävention.[16] Das *Center for the Study and Prevention of Violence wurde von den Centers for Disease Control* (CDC) und der *Colorado Division of Criminal Justice* (und später von der *Pennsylvania Commission on Crime and Delinquency*) finanziert. Es ist kein Zufall, dass so viele erfolgreiche Initiativen zur Nutzung vorhandenen Wissens aus Bereichen außerhalb der Kriminologie kamen, die zwar Wissen beigesteuert hat, aber allzu oft nicht handelte. Die „Blue Prints" sind nur eine der Initiativen des CDCs, eine öffentliche Gesundheitsperspektive in die Bemühungen, Verletzungen zu verhindern, einzuführen. Allgemein konzentriert sich die Arbeit der „Blue Prints" auf Verletzungen und Todesfälle durch Gewalt, aber mit dem Blick darauf, was der beste Weg wäre, diese Verletzungen und Todesfälle zu verhindern, statt darauf, wie viel Bestrafung in welcher Form auferlegt werden sollte. Heutzutage zeigt ihre Webseite Informationen über Epidemiologie und Prävention, um Kindesmisshandlung, häusliche Gewalt, sexuelle Gewalt und Jugendgewalt zu beeinflussen. Obwohl sie auf Strafverfolgungsstrategien verweisen, befasst sich das Meiste des von ihnen hervorgehobenen Materials mit Bildung und der Rolle der Krankenschwestern im öffentlichen Gesundheitswesen sowie der Notwendigkeit einer ganzheitlichen Analyse des Problems.

---

16 www.colorado.edu/cspv/blueprints/; ncjrs.org/html/ojjdp/jjbul2001_7_3/.

Das Ziel der *„Blue Prints"* war, zehn Gewaltpräventionsprogramme zu finden, die einen sehr hohen wissenschaftlichen Effektivitätsstandard erreichen – Programme, die einen Anfangskern für eine nationale Gewaltpräventionsinitiative bereitstellen könnten. Ihre Zielvorgabe war, wirklich außergewöhnliche Programme zu finden, und diese Interventionen in einer Serie von „Blaupausen" zu beschreiben. Auf ihrer Webseite findet man praktische Beschreibungen dieser ausgesuchten Programme, die theoretische Begründung, die Kernkomponenten des Programms und wie sie ausgeführt wurden, die Evaluationsdesigns und -resultate sowie die praktischen Erfahrungen, die man mit den Programmen machte, wenn sie an verschiedenen Orten durchgeführt wurden. Die „Blue Prints" ermöglichen es Staaten, Gemeinschaften und einzelnen Behörden zu ermitteln, ob das Programm für sie geeignet ist und welche organisatorischen Kapazitäten und Mittel es erfordert. Es schließt auch einige Hinweise auf potenzielle Schwierigkeiten ein, die den Erfolg des Programms verringern können. *Das Office of Juvenile Justice and Delinquency Prevention des US Department of Justice* wollte Wiederholungen von *„Blue Prints"* Programmen in anderen US-Staaten finanzieren.

Diesen Berichten wurde eine Stellungnahme beigefügt, die von einer Gruppe von Kriminologieprofessoren geschrieben worden war. Das *US Department of Justice* war aufgefordert worden, dem US Kongress eine unabhängige Überprüfung seiner finanziellen Hilfsprogramme für Staats- und örtliche Kriminalprävention vorzulegen – was sowohl „Recht und Ordnung" bedeutete, als auch Prävention „Vor der Tat". Dies war vom *National Institute of Justice* (NIJ) organisiert worden – einem Überbleibsel des Forschungsteils des früheren LEAA Programms. Das NIJ vereinbarte mit Larry Sherman, einem schwungvollen Forschungskriminologen, und seinen Kollegen an der *University of Maryland*, diese Analyse durchzuführen.[17] Sherman ist ein großer Befürworter experimenteller Forschung, in der Wissenschaftler „randomisierte kontrollierte Studien" (Experimente) nutzen, um herauszufinden, ob eine Intervention funktioniert. In einem Ex-

---

17 Sherman et al., Evidence Based Crime Prevention, 2002.

periment werden Versuchspersonen für eine innovative Intervention (z.B. ein Programm, das verhindern soll, dass gefährdete Jugendliche die Schule abbrechen) zufällig aus einer Gruppe von für das Programm in Frage kommenden Personen ausgewählt, während der Rest der Gruppe nicht (oder erst später) an dem Programm teilnimmt, so dass die Wissenschaftler feststellen können, ob die Intervention die einzige für spätere Unterschiede zwischen Gruppen verantwortliche Erfahrung war, wie zum Beispiel die Zahl der begangenen Straftaten. Dies ist so ähnlich wie die Methode, die im Gesundheitswesen genutzt wird, um herauszufinden ob ein Medikament wirkt. Sherman ist auch ein überzeugender Redner, der später Präsident sowohl der *American Society of Criminology* als auch der *International Society of Criminology* wurde. Die Schlussfolgerungen von Sherman und seinen Kollegen sind besonders wichtig, weil sie bestätigen, dass die große Mehrheit der gewöhnlichen Polizei-, Gerichts- und Strafvollzugsprogramme nicht funktionieren, oder zumindest keinen Nachweis führen können, dass sie geeignet sind, Kriminalität zu verringern. Wo aber wissenschaftliche Vergleiche zwischen Innovationen, die die vermutlichen Risikofaktoren von Verbrechen in Angriff nehmen, und Standardprogrammen gemacht wurden, konnten die Innovationen nachweislich die Kriminalitätsraten reduzieren. Wenn Evaluationen der Standardprogramme gemacht wurden, konnten diese keine bedeutenden Reduzierungen vorweisen.

Um die wissenschaftliche Forschung einzuschätzen, entwickelten Sherman und seine Kollegen eine Fünf-Punkte-Skala, um die Zuverlässigkeit der Ergebnisse bestimmter Evaluationen zu beurteilen. Ihnen zufolge sind die Schlussfolgerungen bezüglich der Wirksamkeit eines Programms umso beweiskräftiger, je größer die Zahl der Personen (z.B. gefährdete Jugendliche) ist, die durch das Programm gingen, je öfter die Programme an verschiedenen Orten getestet wurden, und je mehr Ergebnisse von einem unabhängigen Experten evaluiert wurden, der die Ergebnisse für die Gruppen, die durch das Programm gegangen waren, mit den Ergebnissen ähnlicher oder identischer Gruppen verglich. Die Schlussfolgerungen Shermans und seiner Kollegen spiegeln die Schlussfolgerungen der Überprüfung von vor 20 Jahren wider, die schon gezeigt hatten, dass Standardstrafvollzug nicht funktioniert, aber dass Programme, die auf Risikofaktoren abzielen, funktionieren können, wenn ihnen genügend Ressourcen gegeben werden.[18]

Shermans Berichte, wie die des ICPC und *Misspent Youth*, die ihnen vorangingen, waren sich sicher, was funktionierte. Der ursprüngliche Titel, *„What Works, What Doesn't, What's Promising"*, zeigt die Realität, dass viele innovative Programme tatsächlich funktionieren, wie jene für Jugendliche, die Risikofaktoren, wie z.B. die Schule abbrechen, in Angriff nehmen. Trotzdem rief Sherman in seiner unnachahmlichen Art nach größeren Investitionen für Forschung und Entwicklung, die Experimente nutzen, statt nach größeren Investitionen in das, was funktioniert und Sinn macht. Welch ein Verlust für Opfer und Steuerzahler!

Dieses Wissen von *Misspent Youth*, ICPC, *„Blue Prints"* und Sherman wird noch gewichtiger durch seine Konsolidierung und Übernahme durch eine größere Gruppe angesehener Organisationen, von denen viele um das Jahr 2000 Berichte veröffentlichten. Die folgende Liste zeigt die angesehenen Organisationen, die solche Berichte herausgaben. Wir würden in anderen Bereichen Vertrauen zu diesen Organisationen haben – warum also nicht bei Verbrechen. Darunter sind

- der *US Surgeon General* zu Jugendgewalt
- die *US National Association of Attorneys General* zu Gewalt an Schulen
- die *US Centers for Disease Control* zu guten Verfahren (*Best Practice*) zur Prävention von Jugendgewalt
- das *Institute of Public Policy for the State of Washington* zu den relativen Kosten und Nutzen von Programmen zur Reduzierung von Kriminalität.

---

[18] Sarre, Beyond what works? 2001.

Ebenso wichtig sind die von den genauso angesehenen Organisationen in England und Wales veröffentlichten Berichte, darunter *Her Majesty's Inspectorate of Constabulary* (HMIC), das *Home Office* und andere Berichte der *Audit Commission*. Das HMIC ist besonders interessant, da es aus den angesehensten Polizeichefs Englands besteht, und häufig den Leiter von Scotland Yard mit einschließt. Dennoch folgerten sie, wie wir in Kapitel 5 genauer sehen werden, dass reaktive Standardpolizeiarbeit keine Belege für ihre Effektivität hatte, während bestätigt wurde, dass Polizeiarbeit einen größeren Einfluss auf Verbrechen haben könnte, wenn sie sich mehr auf die Risikofaktoren konzentrierte.

Die *World Health Organization* (WHO) – eine Behörde, der wir vertrauen – veröffentlichte 2002 ihren Bericht zu Gesundheit und Gewalt, dem ein weiterer Bericht bezüglich der Umsetzung des Berichtes folgte. Im Jahr 2004 veröffentlichte die WHO einen weiteren Bericht über Verkehrstote und -verletzte.[19] Diese Berichte nutzen ähnliche Materialien und kommen zu den klaren Schlussfolgerungen, dass Gewalt kein Zufall ist; man kann ihr vorbeugen. Ihre Empfehlungen betonen die Wichtigkeit besserer Planung und Daten über Verbrechen und Gewalt. Im Jahr 2002 führte das *United Nations Office on Drugs and Crime* (UNODC) Leitlinien für die Kriminalprävention ein, die einen Schritt weitergehen, indem sie aufzeigen, was auf allen Regierungsebenen getan werden muss, um eine echte Verringerung bei Verbrechen und Viktimisierung zu erreichen.

Als wäre dies nicht genug, gab der *National Research Council* (US) verschiedene größere Berichte über Gewalt in Familien, Jugendkriminalität, schulische Gewalt und Effektivität der reaktiven Polizeiarbeit heraus. Diese Einrichtung besteht seit 1916. Ihre Hauptrolle besteht darin, alle Untersuchungen in einem Bereich – nicht nur Kriminalität – durchzusehen und dann Empfehlungen für Politik, Praxis und Forschung zu machen. Sie wählte ein vielseitiges Komitee von 20 ausgezeichneten Akademikern in den USA als Mitglieder einer Exper-

---

19 World Health Organization, World Report on Violence and Health, 2002; World Health Organization, World Report on Road Traffic Injury Prevention, 2004.

tengruppe zu Themen wie Recht und Justiz aus. Diese Gruppe wählte dann spezialisierte Komitees aus, so wie das jüngste über Polizeiarbeit, um Untersuchungen zu Polizeipolitik und –praxis auszuwerten.

Alle diese Kommissionen kommen zu deutlichen und sogar ausführbaren Schlussfolgerungen, die wir uns nun in den folgenden Kapiteln ansehen werden. Es gibt viele positive Schlussfolgerungen über Kriminalpräventionsprogramme, das Erschweren von Straftaten durch die Gestaltung von Produkten oder der Umwelt und Nutzung der Polizei als Problemlöser. Es gibt Empfehlungen darüber, wie Städte eine Rolle spielen können durch das Ausführen effektiverer Kriminalprävention bei niedrigeren Kosten für die Steuerzahler. Es gibt Empfehlungen dazu wie Opfer, übereinstimmend mit den bei der UN vereinbarten Prinzipien, behandelt werden können.

Unglücklicherweise fahren die Regierungen damit fort, unsere Steuern mit teuren und größtenteils ineffektiven Wegen zur Reduzierung von Kriminalität zu vergeuden, statt sie für das zu nutzen, was Kriminalität nachhaltig reduzieren würde. Die genannten Berichte stellen einen ausgiebigen Wissensfundus über die Risikofaktoren von Kriminalität dar, sowie über Interventionen, die diese Risikofaktoren in Angriff genommen haben und so verhinderten, dass Menschen Gewohnheitsverbrecher oder Verbrechensopfer wurden. Dieser Wissensfundus wird uns helfen zu sehen, wie Steuern effektiver genutzt werden können, um Viktimisierung zu verhindern. Er zeigt besonders, wie Programme, die auf Hoch-Risikobereiche zielen, Kriminalität reduzieren konnten. Unglücklicherweise haben kriminologische Forscher oft die Möglichkeiten verpasst, Wissen in die Praxis umzusetzen. Dieses Buch handelt davon, wie dieses Wissen zu nutzen ist, um Viktimisierungen zu verringern.

Zusammenfassung

In den 1990ern gab es in den Vereinigten Staaten, Kanada sowie in England und Wales einen schnellen Rückgang bei gewalttätiger Viktimisierung. In den USA lösten diese Trends eine Welle von Behauptungen von Giuliani und anderen Politikern aus, dass sie Wunder vollbracht hätten. Trotzdem beeinträchtigen Verbrechen und Viktimisierung einen von vier Erwachsenen pro Jahr und bleiben ein gravierendes und kostspieliges Problem für die Opfer.

In den Vereinigten Staaten zahlen die Steuerzahler inzwischen wesentlich mehr für Strafverfolgung und Inhaftierung als 1980. Der Anstieg wird für zusätzliche Polizeibeamte und zusätzliche 1,5 Millionen Inhaftierte genutzt. Die zusätzlichen Kosten alleine übersteigen $100 Milliarden im Jahr.

Es ist schwierig, mit diesen Ausgaben eine bedeutende Wirkung zu erzielen, da so viele Verbrechen der Polizei nicht gemeldet werden und so wenige gemeldete Verbrechen aufgeklärt werden. Dennoch könnte der 300%ige Anstieg beim Inhaftieren zu einem 27%igen Rückgang der Verbrechensraten geführt haben.

Eine Vielzahl angesehener Kommissionen hat sich mit den Risikofaktoren befasst, die Verbrechen verursachen, und den Erfolgen, die durch präventive Interventionen gemacht wurden. Die Berichte dieser Kommissionen bilden die Grundlage für die nächsten sechs Kapitel, in denen effektivere Wege für das Ausgeben dieser $100 Milliarden diskutiert werden. Wege, die nicht nur Viktimisierung reduzieren und eine bessere Zukunft für gefährdete Jugendliche, Frauen und Kinder bereitstellen, sondern auch weitere Steuererhöhungen für „Recht und Ordnung“ überflüssig machen.

2. Bezahlen, um Kinder vor Verbrechen zu bewahren, nicht um sie zu verwahren

Den Schlagzeilen nach zu urteilen werden Verbrecher immer härter und jünger. Es sind nicht nur Jungen, inzwischen sind es auch Mädchen. Sie schließen sich gewalttätigen Banden an, die gegeneinander Krieg führen. Sie bekommen Zugang zu Feuerwaffen, die sie nutzen, um sich gegenseitig zu töten. Sie stehlen Autos, die für Hochgeschwindigkeitsrennen und tödliche Verfolgungsjagden mit der Polizei genutzt werden. Sie mobben, bis ihre Opfer aufbegehren. Sie vergewaltigen.

Die Befürworter von „Recht-und-Ordnung“ bezeichnen diese Kinder als böse. Sie weisen auf den Mangel an Disziplin zu Hause und auf die Schwächung der Lehrer hin, die keine Disziplin mehr durchsetzen können, weil sie die Prügelstrafe nicht mehr nutzen dürfen. Sie rufen nach härteren Strafen durch die Gerichte und nach mehr kurzen, drastischen Schockstrafen. Tatsächlich haben sie in den Vereinigten Staaten und in einigen Fällen auch andernorts ihren Wunsch erfüllt bekommen. Staatsregierungen haben in militärähnliche Bootcamps investiert, in denen widerspenstige Jugendliche diszipliniert werden. Zehntausend Jugendliche werden in den USA vor ein Erwachsenengericht gestellt, weil ihr Verbrechen so schwerwiegend war. Weitere 90.000 oder mehr sind durchschnittlich inhaftiert.

Schon im Jahr 1961 romantisierte das Broadwaymusical *West Side Story* die Gewalt zwischen rivalisierenden Gangs in der Bronx. Obwohl die Waffen Messer statt Feuerwaffen waren und die Gangs aus Latinos statt aus Schwarzen bestanden, waren die Einblicke überraschend genau. Die Worte in der Unterhaltung mit dem örtlichen Polizeibeamten in *„Gee, Officer Krupke“* repräsentieren die Debatte über Jugendverbrechen. Das Stück diskutiert, ob die Straffälligkeit des Kindes darauf zurückzuführen ist, dass es böse ist, von seinen Eltern nicht gewollt ist, von betrunkenen und zügellosen Eltern aufgezogen wird, oder es gerade durch ein schwieriges Alter geht. Es diskutiert Lösungen, die unter anderem Sozialarbeit, Psychiatrie oder einen Job einbeziehen- und ein Jahr im Gefängnis.

Während das Stück in Frustration endet, indem alle Lösungen abgelehnt werden, haben die Untersuchungen seit 1961 es den angesehenen Kommissionen ermöglicht, zu eindeutigen Schlussfolgerungen zu kommen, welche frühen und späten Entwicklungserfahrungen ein Kind zu beständigem Verbrechen tendieren lässt. Sie sind sich auch einig über die Evaluationen von Projekten, die die Folgen dieser Entwicklungserfahrungen erfolgreich in Angriff genommen haben, um Verbrechen zu verhindern. In diesem Kapitel werden wir uns zuerst ansehen, was Kinder in Gefahr bringt, Verbrechen zu begehen, und dann, welche Projekte diese Risikofaktoren erfolgreich in Angriff haben nehmen können.

Familien- und Schulerfahrungen, die Risikofaktoren beeinflussen

In den letzten 30 Jahren war es uns möglich, eine beachtliche Menge an wissenschaftlichen Erkenntnissen darüber zusammen zu tragen, welche Erfahrungen zu Hause und in der Schule die Wahrscheinlichkeit beeinflussen, dass eine junge Person Verbrechen begeht.[1] Es gibt verschiedene Erfahrungen, Risikofaktoren oder Gründe. Es gibt keinen allein ausschlaggebenden Grund. Die auf diesen Fakten basierenden Prognosen über spätere Delinquenz sind ungefähr so genau wie die Prognosen der Epidemiologen, die basierend auf Gewicht, Einkommen oder Rauchgewohnheiten vorhersagen, wer Lungenkrebs bekommt.[2] Diese Zuversicht, zu wissen, was Menschen dazu bringt Verbrechen zu begehen, stammt von beeindruckenden, umfassenden Umfragen, die sehr sorgfältig von Wissenschaftlern in England, den Vereinigten Staaten und anderenorts gemacht wurden. Diese Umfragen wurden als „Längsschnitte" bekannt, weil sie die Entwicklung tausender Kinder im Längsschnitt von der Geburt bis zur Adoleszenz erforschen. Diese Umfragen werden sowohl von Wissenschaftlern aus Regierungsbehörden als auch von Universitätszentren durchgeführt.

---

1 National Research Council (U.S.), Juvenile Crime, Juvenile Justice, 2001, 3–4 und 66–104.

2 National Research Council (U.S.), Juvenile Crime, Juvenile Justice, 2001, 3–4.

Die Experten, die diese Längsschnittuntersuchungen durchführen und auswerten, sprechen mit Zehntausenden von Kindern und Jugendlichen in derselben systematischen Art und Weise – sammeln dieselben Daten und stellen dieselben Fragen. Sie nehmen die verschiedenen Entwicklungserfahrungen der Kinder auf, in allen Stadien der Kindheit, Grundschule, weiterführenden Schule und im späteren Leben. Bei Einverständnis werden auch die Daten von Ärzten und Krankenhäusern eingeholt, bei denen die Kinder medizinische Versorgung bekamen. In ihren Schulen werden Daten über ihre Leistungen, ihre Schulkameraden und ihre Disziplin gesammelt und von ihren Eltern Angaben über Erziehung und Einstellungen. In ihrer Jugend werden Nachforschungen bei der Polizei gemacht, ob sie verhaftet oder wegen einer Straftat angeklagt wurden. Manche Wissenschaftler verfolgen auch ihre Leistungen und Schwierigkeiten im Erwachsenenleben. Die Daten werden dann genutzt, um statistisch zu sehen, welche Erfahrungen ihrer Beteiligung bei Verbrechen vorausgingen, besonders wenn es gewohnheitsmäßige Verbrechen waren.

Eine der aktuellsten und größten dieser Umfragen war in den 1990ern in Chicago im Gange, unter der Leitung von Felton Earls, einem Professor an der *School of Public Health* der Harvard Universität. Sie hatte den Namen *„Project on Human Development in Chicago Neighborhoods"* und beobachtete 7000 Kinder und Jugendliche über acht Jahre hinweg. Die Studie untersuchte nicht nur die Entwicklungsverläufe, die manche Kinder dazu tendieren lassen, sich fortgesetzt in Straftaten zu verwickeln, sondern auch, wie Bindungen und Beziehungen in der Nachbarschaft diese Verläufe beeinflussen. Ein besonderer Schwerpunkt lag darauf, wie sich Gewalterfahrungen auf die weitere Entwicklung auswirken.

Die verlässlichste Wissensquelle für die Entwicklung von Strategien ergibt sich aus dem Analysieren der Schlussfolgerungen von mehreren dieser Längsschnittuntersuchungen. Diese Methode hat den anspruchsvollen Namen Meta-Analyse. Wenn ein Wissenschaftler sich mehrere Studien ansieht, wächst das Vertrauen in die Schlussfolgerungen. Statt auf einer Studie mit 25.000 zu basieren, wird es von mehreren Studien mit mehreren hunderttausend Befragten unterstützt.

Da der Ursprung dieser Erfahrungen, die einen Menschen zu Verbrechen tendieren lassen, in den Studien ähnlich ist, stellen die Schlussfolgerungen eine gute Wissensgrundlage für das dar, was in Angriff genommen werden muss, um Verbrechen zu reduzieren.

Das wichtigste Ergebnis dieser Längsschnittumfragen ist, dass eine kleine Gruppe von Kindern, die pro Jahr geboren werden, für eine überproportionale Anzahl von Straftaten verantwortlich ist – 5 bis 10% der Kinder sind verantwortlich für 50 bis 70% aller von Kindern begangenen oder der Polizei bekannten Taten, während die Kinder aufwachsen und junge Erwachsene werden. Diese Untergruppe wird häufig Wiederholungstäter genannt, da sie wegen ihres Verhaltens sehr oft mit der Polizei in Konflikt gerät.[3]

Die Kinder, die Wiederholungstäter werden, wachsen häufig mit mehr negativen Familien- und Schulerfahrungen auf, zum Beispiel:

- in eine Familie mit relativer Armut und unzureichender Wohnung geboren zu werden;
- inkonsequenter und gleichgültiger oder auch gewalttätiger Erziehung ausgesetzt zu sein;
- mit begrenzten sozialen und kognitiven Fähigkeiten;
- mit Verhaltensproblemen, die schon in der Grundschule identifiziert wurden;
- von der weiterführenden Schule ausgeschlossen zu werden oder Abbruch der Schulausbildung;
- in einer Kultur von Gewalt im Fernsehen und in der Nachbarschaft zu leben;
- als junge Erwachsene häufig arbeitslos und mit einem relativ geringen Einkommen zu sein.

Dies soll nicht das Verhalten entschuldigen, da viele mit genau den gleichen Benachteiligungen keine Straftaten begehen, und andere ohne diese Nachteile es tun. Trotzdem zeigen diese Studien nicht, dass

---

[3] International Centre for the Prevention of Crime, Crime Prevention Digest II, 1999; National Research Council (U.S.), Juvenile Crime, Juvenile Justice, 2001.

Recht-und-Ordnungs-Interventionen, wie Verhaftung oder Inhaftierung, Verbrechen kosteneffektiv reduzieren. Tatsächlich ist es so, dass, je öfter eine Person verhaftet wird, sie desto eher auch in Zukunft verhaftet wird. Strafverfolgung ist keine gesicherte Methode, sie von Verbrechen abzuschrecken. Aber es ist eine aussagekräftige Art aufzuzeigen, wer Verbrechen begeht, nachdem er dies vorher schon wiederholt getan hat. Ja, die Inhaftierung dieser Verbrecher verringert das Begehen von Straftaten während sie inhaftiert sind, aber sie folgt erst auf die vielfachen Viktimisierungen die nötig sind, damit die Strafverfolgungsbehörden die Täter fassen. Eine bessere Art und Weise wäre es, die nachgewiesenen Risikofaktoren in Angriff zu nehmen und so mehr Kindern zu helfen aufzublühen. Das wird die Viktimisierungen verhindern.

In Erziehung und Kindesentwicklung investieren

Allein in den Vereinigten Staaten werden mindestens 900.000 Kinder Opfer von Misshandlung, oft durch ihre Eltern oder Betreuer. Diese unglaubliche Zahl in dem reichsten und mächtigsten Land der Welt verlangt nach größerer Aufmerksamkeit. Zusätzlich wissen wir, dass Kinder, die Opfer oder Zeugen von häuslicher Gewalt werden, viel wahrscheinlicher später selbst gewalttätig werden als andere Erwachsene.[4]

In den 1980ern benutzte ich das Beispiel des *Perry Preschool Program*, weil es ein wissenschaftliches Experiment entwickelte um zu zeigen, dass Kinder, die dieses Programm absolvierten, wenn sie 3 bis 4 Jahre alt waren, später als Jugendliche wesentlich seltener Verbrechen verübten. Das Programm selbst bestand aus erweiterter Kinderbetreuung, die den Kindern helfen sollte, sich ohne die Benachteiligungen von inkonsequenter und gleichgültiger Kindererziehung zu entwickeln. Die Kinderbetreuung wurde von qualifizierten Betreuern geleistet – viele mit einem Universitätsabschluss – die sich auf höchstens acht Kinder für mindestens zweieinhalb Stunden pro Tag konzentrierten. Sie stellten selbstinitiierte Lernaktivitäten bereit, die eine solide intellektuelle und soziale Entwicklung fördern.

---

[4] National Research Council (U.S.), Juvenile Crime, Juvenile Justice, 2001.

Das Experiment fing mit 123 afroamerikanischen Kindern aus einkommensschwachen Familien an, bei denen ein hohes Risiko von Schulversagen bestand. Die eine Hälfte der Kinder wurde zufällig dem Programm zugewiesen und die andere wurde als Kontrollgruppe belassen. Der wissenschaftliche Evaluator verglich dann die Erfahrungen der Kinder, die das Vorschulprogramm durchliefen, mit denen der Vergleichsgruppe jeweils bis in ihr Jugendalter und auch jetzt noch, bis sie 40 Jahre alt sind.[5]

Diese leistungsstarke, wissenschaftliche Methode zeigte, dass nur 36% derjenigen, die das Programm absolvierten, mit 40 Jahren fünfmal oder öfter verhaftet worden waren, verglichen mit 55% der Vergleichsgruppe. Das heißt, dass das Programm für Kinder im Alter von 3 und 4 Jahren eine Verringerung von gut einem Drittel bei häufigen Verhaftungen bis zum Alter von 40 Jahren bewirkt ((55 – 36) / 55). Dieses unglaublich gute Ergebnis deutet darauf hin, dass eine Strategie Verbrechen und Viktimisierung deutlich senken kann, wenn sie die Anzahl dieser Vorschulprogramme in Vierteln mit vielen gefährdeten Kindern erhöhen – gefährdet im Sinne der durch die Längsschnittuntersuchungen identifizierten Risikofaktoren. Der Verbrechenspräventionseffekt war ähnlich stark in der Jugend und im jungen Erwachsenenalter bis zu 27 Jahren. Diese Verringerung in Verhaftungen erspart landesweit $ 15 pro ursprünglich investiertem Dollar bei den Kosten für Polizei, Gefängnisse und Richter. Eine Unze Prävention bewirkte hier fast ein Pfund (16 Unzen) an Ersparnissen für die Strafverfolgung – ebenfalls ein unglaublich gutes Ergebnis. *(Anmerkung des Übersetzers: Anspielung auf das englische Sprichwort: „An ounce of prevention is worth a pound of cure“.)*

Für Statistiker ist diese wissenschaftliche Studie mehr als genug, um zu beweisen, dass erweiterte Kinderbetreuung der Kriminalität vorbeugt. Die Abweichung in den Verhaftungsquoten zwischen denen, die das Programm durchliefen und denen, die es nicht durchliefen, wäre nach dem Zufall weniger als einmal pro 1000 Studien zu erwarten. Als ich jedoch diese Resultate mit einem Beamten disku-

[5] Schweinhart, The High/Scope Perry Preschool Study through Age 40, 2005.

tierte, der Prime Minister Blair beraten sollte, war er nicht überzeugt, dass eine Gruppe von 58 Kindern eines Vororts von Detroit, das eine 20 Mal so hohe Mordrate hat wie London ausreicht, um darauf eine nationale Strategie aufzubauen.

Ich teile die Vorsicht, aber die wirkliche Folgerung aus der *Perry Preschool* ist, dass wenn man einen bekannten Risikofaktor in Angriff nimmt, Kriminalität reduziert werden kann. Die Studien, die die Bedeutung der Risikofaktoren zeigen, stützen sich auf Stichproben von Zehntausenden. Daher lautet meine Schlussfolgerung: Identifizieren Sie den Risikofaktor und arbeiten Sie dann an einer Lösung, aber lassen Sie sich von den unglaublichen Ergebnissen der *Perry Preschool* inspirieren.

Um die politische Elite zu unterrichten bevorzuge ich das Beispiel des *Chicago Child Parent Center*, welches keine streng wissenschaftliche Studie (Experiment) nutzte, aber eine weit größere Anzahl von Kindern einbezog. Es ist ebenfalls ein Beispiel eines erfolgreichen Projekts, den Einfluss inkonsequenter und gleichgültiger Kindererziehung bei jungen Kindern zu verringern. Der Leiter des *Chicago Public School Board* gründete 1967 das *Child-Parent Center Program*, um benachteiligten Kindern zu helfen, sich auf die Grundschule vorzubereiten. Es ist eines der ältesten vom Bund finanzierten Vorschulprogramme in den USA. Es ist ein frühes Interventionsprogramm, das umfassende bildungs- und familienunterstützende Dienste für ökonomisch benachteiligte Kinder bereitstellt, von der Vorschule bis zur frühen Grundschule. Das Programm ist konzipiert worden, um Familien in Vierteln mit hoher Armut, die nicht durch andere Programme für Kleinkinder Hilfe bekommen, zu unterstützen. Das Gesamtziel des Programms ist, den schulischen Erfolg der Kinder zu fördern und die Mitwirkung der Eltern in der Bildung der Kinder zu erleichtern.

Das *Child-Parent Center Program* hatte drei Komponenten. Erstens: Ausgebildete Experten besuchten benachteiligte Familien, indem sie zu ihnen nach Hause gingen und Treffen organisierten, zu denen die Eltern kommen konnten, um über das Programm informiert zu werden. Diese *„Outreach“* Strategie erreicht Familien, die normalerweise diese Dienste nicht nutzen würden. Zweitens stellten sie erweiterte

Kindergartenprogramme bereit, mit kleinen Gruppen und dem Ziel, den Kindern zu helfen, Sprachkompetenz zu erwerben. Die Kinder nahmen zweieinhalb Stunden pro Tag daran teil. Drittens bestand man darauf, dass die Eltern zu dem Zentrum kamen, um zu lernen, wie sie ihre Kinder besser erziehen können.

Professor Arthur Reynolds und seine Kollegen verglichen die Kinder aus den schlimmsten Armutsvierteln Chicagos, die zu diesem Projekt eingeladen wurden, mit einer ähnlichen Gruppe von 550 Kindern, die zu einem anderen Kindergarten-Programm gingen. Seine finanziellen Mittel kamen vom *US Department of Education* und der *University of Wisconsin*. Siebzehn Prozent derjenigen, die das Programm besucht hatten, waren bis zum Alter von 20 Jahren verhaftet worden, verglichen mit 25% in der Vergleichsgruppe. Also könnte das *Child-Parent Center Program* zu einer Reduzierung von knapp einem Drittel bei Verhaftungen beigetragen haben ((25-17)/25). Die Kinder, die zu dem Zentrum gingen, schlossen auch die Schule mit einer viel höheren Quote ab und bekamen später öfter eine Arbeit.

Professor Reynolds und seine Kollegen errechneten auch die Durchschnittskosten des Programms pro Kind als $6.730 im Jahr und zeigten, dass der Gewinn bei $47.759 lag. Das bedeutet einen Gewinn von $7 für jeden investierten Dollar in der Lebenszeit des Teilnehmers – sieben auf einen Streich, sozusagen. Die Hälfte dieser Gewinne ist ein Unterschied im Lebenszeit-Einkommen von $20.000, einschließlich $7.000 Steuern. Weitere identifizierte Ersparnisse sind $7.000 im Justizsystem, $6.000 für Verbrechensopfer und $4.000 für Förderschulbesuch.

Die Studie wurde mit 989 Kindern gemacht. Also liegen die Gesamtgewinne bei $47 Millionen, was schon beeindruckend ist. Aber für die Gesamtanzahl von 100.000 Kindern, die insgesamt durch das *Chicago Child-Parent Center* gingen, bedeutet dies einen beeindruckenden Gewinn von $4,7 Milliarden. Allein die zusätzlichen Steuern von all diesen Personen über ihr ganzes Leben ergeben $700 Millionen – ironischerweise knapp ausreichend, das Budget des *Chicago Police Department* zu bezahlen, das bei $1 Milliarde pro Jahr liegt.

Die Strategie zum Verhindern von Kindesmisshandlung, die im Sinne von wissenschaftlichen Beweisen am besten etabliert ist, besteht darin, eine Krankenschwester aus dem öffentlichen Gesundheitswesen oder gleichwertige Experten auszusenden, um die Haushalte von Familien mit hohem Risiko zu besuchen, besonders erstmalige Eltern. Im Jahr 1977 leitete Dr. Olds, ein Professor für Pädiatrie, Psychiatrie und vorbeugende Medizin an der *University of Colorado* in Denver, eine beeindruckende wissenschaftliche Studie, die zeigte, dass Krankenschwestern aus dem öffentlichen Gesundheitswesen effektiver beim Reduzieren von Kriminalität waren als mehr Polizei und Gefängnisse. Er startete die Studie in Elmira, New York, einer ländlichen Gemeinde mit ca. 30.000 Einwohnern. Seine Versuchspersonen waren 400 junge Frauen, die das erste Mal schwanger waren. Sie waren Teenager oder unverheiratet oder kamen aus einer einkommensschwachen Familie. Er kam seiner Sorgfaltspflicht nach, indem er die Literatur daraufhin auswertete, wodurch schlechte Folgen für die Kinder verursacht werden. Es wurde beschlossen, Krankenschwestern aus dem öffentlichen Gesundheitswesen zu nutzen, die die Frauen besuchten, um sie hinsichtlich Erziehungspraktiken, psychischer Störungen und des Konsums von Tabak und Alkohol zu beraten.

Die Studie war nicht nur ein Aktionsprojekt, um diesen Frauen und ihren Kindern zu helfen, sondern auch eine experimentelle Studie. Also wurden nur 200 dieser Frauen von den Krankenschwestern des öffentlichen Gesundheitswesens besucht. Die anderen 200 mussten mit der Hilfe der Standarddienste in den Vierteln zurechtkommen und waren so eine Vergleichsgruppe. Die Analyse der Ergebnisse wurde bis 15 Jahre nach dem Experiment fortgeführt, indem verglichen wurde ob die Kinder misshandelt und ob sie in ihren Teenagerjahren verhaftet wurden.

Während des Experiments besuchten die Krankenschwestern die Frauen alle zwei Wochen. Ihre Aufgabe war es, den Frauen zu helfen, die Entwicklung des Fötus und des Kindes zu verstehen sowie Familie und Freunde einzubinden, der Mutter Unterstützung zu geben. Beeindruckenderweise gab es 79% weniger Berichte über Kindesmisshandlung oder Vernachlässigung in den Familien, bei denen die

Besuche gemacht wurden, als in der Vergleichsgruppe. Die Ergebnisse der Vorbeugung von Jugendkriminalität 15 Jahre später waren ähnlich beeindruckend. Im Alter von 15 Jahren waren die Kinder der Mütter, die besucht wurden, um 56% seltener verhaftet worden als die in der Kontrollgruppe.

Das Programm wurde in einer afroamerikanischen Nachbarschaft in Memphis, Tennessee und einer mexikanisch-amerikanischen Gemeinschaft in Denver, Colorado, repliziert. Diese Wiederholungen bestätigten ebenfalls die präventiven Effekte der Besuche durch die Krankenschwestern. Der Staat Hawaii ist bekannt dafür, sich diese Daten zu Herzen genommen und entsprechend gehandelt zu haben. Dessen *„Healthy Start"* Programm konzentrierte sich auf eine noch viel größere Gruppe von 1.353 Familien, die eine ähnliche Besuchsserie durch Krankenschwestern aus dem öffentlichen Gesundheitswesen bekamen, was eine 62% niedrigere Quote bei Kindesmisshandlung und -vernachlässigung bewirkte.

Das ursprüngliche Projekt von Olds kostete schätzungsweise $7.733 pro Familie, mit einem Nettogewinn von $15.916 ohne die Einsparungen dadurch, dass Kinder nicht misshandelt wurden. Die Kosten des Programms für die ersten zweieinhalb Jahre pro Familie in Hawaii lagen wegen des größenbedingten Kostenvorteils darunter – bei nur $3.200. Zum Vergleich: Die durchschnittlichen jährlichen Kosten für einen Polizeibeamten liegen bei $90.000. Also könnten für die Kosten eines einzigen Polizeibeamten 30 Familien in Risikobereichen die Vorteile des Programms bekommen. In Kapitel 5 werden wir sehen, dass der *National Research Council* annimmt, dass weitere Polizeibeamte überhaupt nicht für Verbrechensreduzierung gerechtfertigt werden können, wenn sie für die üblichen Polizeistrategien genutzt werden. Wenn aber Polizeibeamte die Risikofaktoren für Kriminalität in Angriff nehmen, können sie unmittelbar Kriminalität reduzieren. Wie auch immer die Berechnungen aussehen, es ist klar, dass alle Regierungen in diese Art von Programmen investieren sollten, besonders für gefährdete Mütter.

Olds ist nur einer von vielen Pionieren, die praktische Projekte entwickelt haben, die durch Experimente ihre Effektivität bewiesen haben, um Kindern, die diese negativen Erfahrungen durchlebten, zu helfen, mit ihrem Leben erfolgreich weiterzukommen. Viele Präventionsprogramme stellen nicht nur Nutzen im Sinne von Kriminalitätsreduzierung bereit, sondern produzieren auch sozial-ökonomischen Nutzen, da die Kinder aus den Projekten häufiger die Schule abschließen und Arbeit finden – und gedeihen. Unglücklicherweise verschwinden die erfolgreichen Projekte manchmal nach ihrem Erfolg, weil Politiker keine neuen Mittel für sie zur Verfügung stellen. Selbst wenn das Projekt weitergeht, ist es selten, dass Politiker auf dem Erfolg aufbauen, indem sie Zentren in ihrem Einflussbereich ausweiten. Es ist ein immer wiederkehrendes Thema dieses Buches, dass diese Erfolge ein reiches Arsenal an Programmen bereitstellen, das Politiker nutzen könnten, um große Verbrechensreduzierungen mit unseren Steuern zu erreichen. Sehen wir uns Übersichten dieser Erfolge genauer an.

Die wissenschaftlichen Beweise wurden von vielen angesehenen Kommissionen geprüft. Sie verlassen sich oft auf die Arbeit von Professor Del Elliot an der *University of Colorado* in Boulder, dessen Team sich auf die Überprüfung von Ergebnissen solcher Projekte, wie das von Olds und der *Perry Preschool*, spezialisiert hat, um erfolgreiche Projekte, die *„Blue Prints"* für Prävention von Jugendgewalt werden könnten, zu identifizieren.[6] Inzwischen gibt es elf Modellprogramme, die die strengen Auswahlkriterien der Arbeitsgruppe erfüllt haben. Darüber hinaus haben einige Programme nur manche Kriterien bestanden und wurden zu erfolgversprechenden Programmen erklärt. Die *„Blue Prints"* Projekte der frühen Kindheits- und Vorschulebene beinhalten das von Olds entwickelte Besuchsprogramm durch Krankenschwestern, da es in anderen Bezirken reproduziert wurde. *Perry Preschool* wurde nur als erfolgversprechendes Programm akzeptiert, da es nicht wiederholt wurde. Das *Chicago Child-Parent Center* kam nicht in die *„Blue Prints"* Liste, weil die Evaluation kein Experiment nutzte.

---

[6] Elliott, Blue Prints for Violence Prevention, 2005, www.colorado.edu/cspv/blueprints.

Das *„Blue Prints"* Projekt beinhaltet auch die Nutzung von Vorschul- und anderen Programmen, um die kognitiven und sozialen Fähigkeiten der Kinder zu erhöhen, besonders in unterprivilegierten sozio-ökonomischen Umgebungen, und ein weiteres Programm, das Unterstützung und Ruhepausen für Eltern erhöht, so dass es ihnen möglich ist, eine beständige und fürsorgliche Disziplin aufrecht zu erhalten. Andere konzentrieren sich auf die Entwicklung emotionaler Fähigkeiten für Grundschulkinder, so dass sie ihre Emotionen verstehen, ausdrücken und lenken können. Auch wenn diese Programme abstruse Akronyme wie PATHS (in Deutschland: PFADe) oder Disneynamen wie *Incredible Years* haben, sind sie praktische Programme, die es sehr jungen Kindern ermöglichen, besser mit Wut und Frustration umzugehen.

Trotz der wissenschaftlichen Gewissheit, der Anerkennung durch angesehene Kommissionen wie dem *National Research Council*, und der Leichtigkeit, diese Informationen zu bekommen, sind diese kosteneffektiven Lösungen für Probleme der Jugendkriminalität immer noch nicht weit verbreitet. Stattdessen werden die Steuermittel immer noch primär für die Standardlösungen genutzt, die, wie wir im ersten Kapitel sahen, nicht funktionieren.

Investieren, um Kindern zu helfen, Erfolg zu haben

Dasselbe gilt für Programme für Teenager. Ein Großteil des Lebens von Kindern und Jugendlichen wird in der Schule verbracht. Eltern können verschiedene Dinge tun, die die Chancen reduzieren, dass ihr Kind später viele schwere oder auch nicht so schwere Straftaten begeht. Als Erstes steht auf der Liste, dass sie sich für ihr Kind interessieren, dann schließen die Kinder mit höherer Wahrscheinlichkeit die Schule ab und überstehen Schwierigkeiten mit Gleichaltrigen, Alkohol und anderen Substanzen. Die Eltern können schon in frühen Jahren Hilfe bekommen, um konsequent und liebevoll zu erziehen und können die Vorschulprogramme, wie wir oben gesehen haben, nutzen. Sie können die Schulverwaltung ermutigen, alles zu tun, den Kindern und Jugendlichen zu helfen, die Schule in sicherer Umgebung abzuschließen, und auch mit ihrem Kind und der Schule zusammenarbeiten, um Mobbing zu bekämpfen.

Das *„Blue Prints"* Projekt hat einige wichtige Interventionen auf der Teenagerebene – Sekundarstufe I – identifiziert, die Straftaten reduzieren. Die Erschwinglichste ist, Jugendlichen zwischen 6-18 Jahren, die in Familien unter der Armutsgrenze mit nur einem Elternteil leben, erwachsene Mentoren zur Seite zu stellen. Der *„Blue Prints"* Status basiert auf dem *Big Brothers, Big Sisters* Programm. Die Hauptaktivität besteht darin, dass der Mentor sich mit dem Jugendlichen für ungefähr vier Stunden dreimal im Monat trifft und so eine fürsorgende Beziehung und Vorbildfunktion bietet. Die Treffen sind um Aktivitäten konzentriert, die Kommunikationsfähigkeiten und Beziehungen fördern.

Die Beweise der Effektivität des Mentoring stützen sich auf den Vergleich zwischen Jugendlichen, die an dem Programm teilnahmen, und denen, die auf der Warteliste standen. Dieser Vergleich zeigte, dass die Betreuten zu 46% seltener anfingen Drogen zu nutzen und zu 32% seltener jemanden schlugen. Dennoch sind dies schwache Befunde, da sie keine Experimente sind. Das *Washington State Institute for Public Policy* (WSIPP) – ein Hybrid zwischen einem Rechnungshof und einer Forschungsbibliothek für Politiker im Staat Washington – unternahm eine Überprüfung von über 400 Evaluationen der Kosteneffektivität verschiedener Präventions- und Behandlungsprogramme, die für gefährdete Jugendliche und jugendliche Straftäter konzipiert waren. Es zeigte sich, dass die für das Mentoring ausgegebenen $1.054 pro Fall einen Nettogewinn von $4.524 an reduzierten Kosten für Opfer und die Gemeinschaft erzielen konnten. Daher ist Mentoring wesentlich günstiger als Inhaftierung.

Die stärksten Beweise für kriminalitätsverringerndes Mentoring kommen von dem Vorzeigekind „Experiment", in dem die Effektivität eines Programms getestet wird, das gefährdeten Jugendlichen helfen soll, die Schule abzuschließen. Dieses beinhaltete Mentoren als einen der Schlüsselbestandteile. Dr. Hahn, ein Dozent an der *School of Management and Social Policy* an der Brandeis Universität, hat das Programm evaluiert, das ursprünglich von den *Opportunities Industrialization Centers of America* (OIC), oft *Quantum Opportunities* genannt, gegründet worden war. OIC selbst wurde 1964 in einer aufgegebenen Polizeistation in Philadelphia gestartet. Es hat über 40 Jahre daran gearbeitet, Jugendlichen aus Minderheiten zu helfen, sich für den Arbeitsmarkt zu qualifizieren. Hahn wollte herausfinden, in welchem Ausmaß ein intensives Programm, das Jugendliche davon abhält, die Schule abzubrechen, Erfolg hat und zugleich Kriminalität reduziert. Das Programm fing 1989 an. Es wurde als wissenschaftliches Experiment ausgeführt, in dem jeweils 25 Jugendliche aus Oklahoma City, Philadelphia, Saginaw und San Antonio zufällig für dieses Programm ausgesucht wurden. Die Ergebnisse im Sinne der Festnahmequote wurden mit einer Kontrollgruppe von Jugendlichen verglichen, die nicht für das Programm ausgewählt worden waren.

Das Programm fing mit Jugendlichen aus der 9. Klasse an. Es hatte drei Teile, in denen jeweils 250 Stunden Aktivitäten angeboten wurden. Erstens wurden schulische Fertigkeiten durch Nachhilfe und Hausaufgabenhilfe verbessert. Zweitens wurden lebenspraktische Kenntnisse verbessert, wie Lebensplanung und Berufsvorbereitung. Drittens wurden Freiwilligeneinsätze organisiert. Alle Teilnehmer hatten jeweils einen fürsorglichen Mentor, der sie während der vier Jahre des Projekts begleitete. Finanzielle Anreize in Höhe von $1 pro Stunde wurden genutzt, um die Teilnahme an den Programmen zu fördern, aber es gab auch Boni von $100 für das Abschließen einiger Aktivitäten, und der gleiche Betrag wurde zur Seite gelegt für Aktivitäten nach dem Programm, wie Ausbildung oder Studium. Das Primärziel war, die Lebenschancen der Teilnehmer zu fördern, wobei beeindruckende Ergebnisse zeigen, dass viel mehr Teilnehmer als Nicht-Teilnehmer die Schule abschließen, Auszeichnungen bekommen und auf weiterführende Schulen gehen. Der Anteil derer, die verhaftet wurden, nachdem sie das Programm abgeschlossen hatten, lag um 70% unter dem der Vergleichsgruppe. Die Kosten des Programms für die vier Jahre lagen bei $10.600 je Teilnehmer. Dieses Programm war ursprünglich als ein *„Blue Prints"* Programm eingestuft worden, aber dies ist inzwischen nicht mehr der Fall. Dennoch wurde das Programm von angesehenen Kommissionen überprüft und analysiert und muss also als ein wichtiges inspirierendes Beispiel verbleiben.

Es gibt andere Programme, die bisher nur den Status „erfolgversprechendes Programm" bei den *„Blue Prints"* Programmen bekommen haben. So zum Beispiel ist das *„Families and Schools Together"* (FAST, in Deutschland FUN – Familien und Nachbarschaft) ein Programm, das viele Auszeichnungen bekommen hat und vom *Office for Juvenile Justice and Delinquency Prevention* des US Department of Justice sowie dem *US Center for Substance Abuse* als erfolgversprechendes Programm bewertet wurde. Es wurde entwickelt, um Familienfunktionen zu fördern, indem die Eltern-Kind-Beziehung gestärkt wird, und um Eltern zu befähigen, primäre Prävention für ihre Kinder zu leisten. Es beugt auch Erfolglosigkeit der jungen Menschen vor, indem die Leistung der jungen Menschen in der Schule verbessert wird, und befähigt die Eltern, diesen Prozess zu unterstützen. Es verringert den negativen Stress, den Familien erleben, durch das Entwickeln einer Unterstützungsgruppe für Eltern und gefährdete Kinder.

In diesem Modellprogramm suchen Schulen Familien aus, die von diesem Programm profitieren könnten. Experten suchen diese Familien auf und laden sie ein, an einer 8- bis 14-wöchigen Reihe von Aktivitäten teilzunehmen, die auf theoretischer Grundlage zusammengestellt wurde, um die Ziele zu erreichen. Es beteiligt Eltern, die schon früher an dem Programm teilgenommen haben, ebenso wie die Programmteilnehmer selbst als Schlüsselfiguren des Prozesses.

Die Kosten des Programms pro Familie sind $800 – dies ist nicht nur erschwinglich, sondern es könnten auch gut 100 Familien unterstützt werden, statt die Kosten eines Polizisten zu zahlen. Die Beteiligten, die das Programm verbreiten, glauben, dass es Gewalt, Alkohol- und Drogenmissbrauch sowie Kindesmissbrauch und -vernachlässigung verringert. Das scheint möglich zu sein. Jedoch gibt es zur Zeit keine wissenschaftlichen Evaluationen, die dies bestätigen.

Investieren, um Schulen sicherer für Kinder zu machen

Ein weiteres *„Blue Prints"* Programm zeigt, wie Mobbing in Schulen reduziert werden kann. Es ist das einzige der *„Blue Prints"*, das auf einer ausländischen Erfolgsgeschichte basiert. In diesem Fall wurde ein nationales Programm in Norwegen zur Reduktion von Mobbing als Beispiel genommen. Die Ironie dieses Modellprogramms ist, dass es durch die Einstufung als *„Blue Prints"* Programm durch die *University of Colorado* in Boulder weltweit bekannt wurde. Dennoch wurde es nicht an der *Columbine High School* genutzt, die nur eine Stunde mit dem Auto entfernt ist und wo eine der schrecklichsten Amok-Schießereien an einer Schule stattfand. Diese Ironie bestätigt mehr als alles andere, wie wichtig es ist, *„Blue Prints"* und andere Empfehlungen der angesehenen Kommissionen auszuführen.

Am 20. April 1999 brachten zwei gemobbte Jugendliche Feuerwaffen in die *Columbine High School* in einem Vorort von Denver und massakrierten mehrere ihrer Mitschüler. Das Columbine-Massaker wäre vielleicht nicht passiert, wenn die Schule das *„Blue Prints"* zur Vorbeugung von Mobbing genutzt hätte. Mehr als alle anderen Vorfälle in Nordamerika und Europa feuerte die Schießerei in Columbine die Fantasie der Presse an. Tatsächlich gab es in 99,9% der US Schulen keinen Mordfall irgendeiner Art. Weniger als 1% der Morde durch Jugendliche geschehen in Schulen. Dennoch gibt es immer noch ein echtes Mobbingproblem, wenn bis zu 7% der Achtklässler mindestens einmal im Monat von der Schule zu Hause bleiben, aus Angst vor anderen Schülern.

Das *„Blue Prints"* zur Vorbeugung von Mobbing basiert auf dem Erfolg, den die norwegische Regierung beim Reduzieren von Gewalt an Schulen hatte. In einfachen Worten baute das Programm auf Lehrern auf, die eingriffen um Mobbing zu stoppen. Sie arbeiteten sowohl mit dem Mobbenden als auch mit dem Gemobbten, um sie zu überzeugen, aufzuhören. Beim ersten Mal gab es eine Verwarnung und ein Gespräch. Beim zweiten Mal wurde versucht, mit den Eltern den Grund zu finden und die Familienverantwortung zu unterstützen. Beim dritten Mal wurde das Opfer oder der Mobbende zu einem professionellen Sozialarbeiter geschickt. Das Resultat war eine 50 prozentige Verringerung des Mobbens in Norwegen.

Nach den Geschehnissen in Columbine hörte die *National Association of Attorneys General* (NAAG) auf die Experten für Schulsicherheit und Jugendgewalt.[7] Ihnen wurde gesagt, dass Jugendliche eher gewalttätig sind, wenn sie Zeugen von häuslicher Gewalt waren, keine angemessene Unterstützung bekamen, oder gemobbt wurden. Als nationale Gruppierung von Gesetzgebern und Strafverfolgern ist es ganz besonders erstaunlich festzustellen, wie wenig Gewicht sie auf „Recht-und-Ordnung" legten und wie sehr sie Aktionen von Eltern hervorhoben – selbst wenn sie sich nicht nur auf das konzentrierten, was als wirksam bewiesen worden war. Zum Beispiel riefen sie Eltern auf, ihre Kinder aufzuziehen indem sie ihnen zuhören, Zeit mit ihnen verbringen, ihnen Grenzen setzen und ihnen Werte vermitteln, unter anderem, andere zu respektieren. Sie wollten Eltern dazu bringen mit anderen Eltern über Probleme der Schuldisziplin zu reden und ihre erzieherischen Fähigkeiten zu erweitern. Sie wollten, dass Eltern auf Filme, Fernsehen, Musik und Internet Acht geben, die ihre Kinder sehen oder hören und über die Botschaften dieser Medien diskutieren. Sie wollten, dass die Eltern als Mentoren, Trainer und Freiwillige in der Gemeinschaft teilnehmen, um Unterstützung für Kinder bereitzustellen. Sie wollten, dass Jugendliche gleichaltrige und jüngere Jugendliche gegen Gewalt beeinflussen, indem sie sich als Mentoren, Bürgerrechtler und Mediatoren für Gleichaltrige engagierten, um Streitigkeiten an ihren Schulen zu schlichten.

Aus Verzweiflung reagieren die Richter in den USA auf Jugendliche, die ihre Mitschüler erschossen haben, indem sie diese Jugendlichen für lange Zeit ins Gefängnis schicken. Es macht keinen Sinn, Jugendliche, die bereit sind, ihr eigenes Leben zu riskieren, zu nehmen und sie zu bestrafen, wenn es so viele sinnvolle Empfehlungen gibt, diese Probleme von vorn herein zu vermeiden. Stellen Sie sich nur einmal vor, was passieren würde, wenn das „Blue Prints" um Mobbing zu stoppen übernommen werden würde, oder die sinnvollen Empfehlungen der NAAG.

---

7 National Association of Attorneys General, Bruised Inside, 2000.

Investieren, um Jugendliche in der Gemeinschaft zu halten

Das vorhandene Wissen geht über das hinaus, was als verbrechens- und viktimisierungsreduzierend gezeigt wurde. Wir haben auch nützliche Informationen über die relativen Kosten und Nutzen verschiedener Strategien, und einige dieser Informationen werden genutzt, um über hohe Investitionen für Strategien zur Verringerung von Kriminalität durch Regierungen zu entscheiden.

In den 1980ern war das *Job Corps* eines der Beispiele, die ich immer wieder nutzte, um zu zeigen, dass Investition in Prävention Gewinne im Sinne von Verbrechensreduzierung und dem Zahlen zusätzlicher Steuern hervorbringt. *Job Corps* wurde erfolgreich, indem Ausbildung für gefährdete Jugendliche bereit gestellt wurde, wodurch Arbeit attraktiver wurde als Kriminalität. Es beinhaltete eine gemeinsame Unterbringung, die dabei half, Sozial- und Bildungsunterstützung für die Jugendlichen bereitzustellen.[8] Obwohl die Gewinne nicht groß waren, ergaben sie sich in einem weitläufigen Programm des *US Department of Labor*, das entworfen worden war, um gefährdeten Jugendlichen Ausbildung und soziale Unterstützung zu geben, so dass sie Arbeit bekommen und behalten. Die Anzahl der durch das Programm gehenden Jugendlichen ist wichtig, da politische Eliten bei Projekten mit kleinen Teilnehmerzahlen zu Recht vorsichtig sind, selbst wenn der Effekt auf die Kriminalität relativ groß ist.

Die Kriminologengruppe an der *University of Maryland* bezeichnete *Job Corps* als ihr Musterkind, weil es Kriminalität in der Weise reduziert, wie sie glaubten, dass Arbeitslosigkeit zu bekämpfen Kriminalität reduziere. Seitdem ist *Job Corps* Gegenstand einer aktuelleren Evaluation gewesen, die zeigt, dass hochgefährdete Jugendliche Arbeit durch dieses Programm bekommen und zu 15% weniger in Verbrechen involviert sind.[9] Angesichts des Gesamtnutzens des Programms ist es zweifellos wichtig, es weiter zu betreiben. Die Analysen der Gründe für den Rückgang von Gewaltverbrechen in den 1990ern

---

8 Sherman et al. Evidence Based Crime Prevention, 2002, 215–217 und 232.

9 McConnell, National Job Corps Study, 2001.

weisen ebenfalls auf Arbeitsplätze hin, die für ungelernte Arbeiter geschaffen wurden, besonders wenn die Gewinne aus illegaler Arbeit ebenfalls reduziert wurden.[10]

Eine weitere Erfolgsgeschichte, die sich den Titel *„Blue Prints"* Programm verdiente, konzentrierte sich auf Familien mit gefährdeten Jugendlichen. James Alexander, ein Psychologieprofessor, und Bruce Parsons, ein Sozialarbeitsprofessor an der *University of Utah*, erkannten vor 30 Jahren, dass es nicht ausreicht, nur mit den gefährdeten Jugendlichen zu arbeiten, sondern dass Reduzierung von Verbrechen und anderem problematischen Verhalten Arbeit mit der ganzen Familie erfordert. Im Laufe der Jahre wurde eine systematische Herangehensweise entwickelt, die systematisches Training für Therapeuten, Supervision der Therapeuten und eine Einschätzung der Ergebnisse, die sie erreichen können, umfasst. Auch wenn der Name der Herangehensweise – Funktionale Familientherapie – etwas kompliziert klingt, sind die Ergebnisse beeindruckend. Das Programm fängt damit an, den Jugendlichen und ihren Familien zu helfen, das Gefühl zu bekommen, ihre Situation verbessern zu können. Dies wird dann genutzt, um herauszufinden, wie die Jugendlichen und die Familie ihre Situation verändern können. Des Weiteren hilft es den Jugendlichen und der Familie diese Veränderung aufrecht zu erhalten. Das Programm kann innerhalb von 90 Tagen abgeschlossen werden, inklusive 10 bis 20 Stunden Soforthilfe, die zwischen $1.000 und $4.000 kosten. Wenn die Anteile der jugendlichen Verhafteten, die vorher durch das Programm gegangen waren, mit dem Anteil der Verhafteten in der Vergleichsgruppe verglichen werden, können Wissenschaftler einen Rückgang von über 25% aufweisen. Dies ist besonders beeindruckend, da es mehr als 13 verschiedene Vergleichsstudien gab. In manchen wurde ein Rückgang von 60% erreicht. Wie viele dieser vorbeugenden „Blue Prints" sind die Programme außerordentlich kostengünstig. Neueste Vergleiche der Programmkosten zeigen, dass es möglich ist, die Programme für nur $1.000 pro Familie in der Gemeinschaft verfügbar zu machen, im Vergleich zu einem Kostenpunkt von $6.000 bis $13.500

[10] Blumstein & Wallman, The Crime Drop in America, 2000, 9–10.

bei stationären Gefängnisprogrammen. Für diese niedrigen Kosten ist es zusätzlich möglich, eine um 50% niedrigere Verhaftungsquote zu erreichen, als mit den herkömmlichen Wegen, mit diesen Jugendlichen umzugehen. WSIPP zeigte, dass Funktionale Familien Therapie pro Dollar einen Reingewinn von $20 durch verringerte Täter- und Opferkosten erzielte.

Andrew Karmen ist der New Yorker Soziologieprofessor, der die einzige umfassende Analyse der wahren Gründe für die Verringerung der Kriminalität in New York City in den 1990ern durchführte. Er ermittelte vier Faktoren, von denen er zeigte, dass sie besonders wichtig für die Erklärung der Verringerung sind. Einer von ihnen ist Alkoholkonsum, welchen wir im nächsten Kapitel untersuchen werden. Ein anderer ist der Anteil der Familien mit starken Familien- und Arbeitswerten, besonders bei neuen Einwanderern. Dies stimmt überein mit dem, was schon über Schulabschlüsse, Ausbildung und Arbeit gesagt wurde. Er schloss daraus, dass der Arbeitsmarkt besonders wichtig ist, um Kriminalität zu verringern, besonders wenn Gehälter gezahlt werden, die illegale Aktivitäten weniger interessant machen. Das ist ziemlich übereinstimmend mit meinen Schlussfolgerungen zu *Job Corps*. Er unterstrich ebenfalls, dass mehr junge Männer zur Universität zu schicken Kriminalität verringere. Im Fall von New York City passierte dies unabhängig von Kriminalpräventionsinterventionen, aber er möchte, dass wir uns ansehen, was getan werden kann, um Einschreibungen an den Universitäten zu erhöhen, weil sie besseren Zugang zu so vielen Erfahrungen ermöglichen, die die Lebenschancen erhöhen.[11]

Im *International Centre for the Prevention of Crime* entwickelten wir in den 1990ern ein Diagramm (Abbildung 2.1), um den Regierungen die finanziellen Vorteile bestimmter Kriminalpräventionsstrategien durch soziale Entwicklung verständlich zu machen. Ich habe es erfolgreich bei einigen Finanzbehörden wie der *British Audit Commission*, dem *South African Department of Finance* und dem *Canadian Treasury Board* nutzen können, um sie zu überzeugen, in Kriminalprävention zu investieren. Es zeigt die beachtlichen

[11] Karmen, New York Murder Mystery, 2000, 194–216 und 265.

Gewinne von Investitionen in Kriminalprävention durch soziale Entwicklung im Vergleich mit Inhaftierung. Es basiert auf Daten, die die *Rand Corporation* in Kalifornien zusammentrug.[12] Wenn ein Politiker Kriminalität in Kalifornien um 10% reduzieren wollte, müssten $220 der von einer Durchschnittsfamilie gezahlten Steuern genutzt werden, um dieses Ziel durch Inhaftierung zu erreichen. Im Gegensatz dazu könnte dasselbe Ziel erreicht werden, indem $45 der von einer Durchschnittsfamilie gezahlten Steuern für besseres Elterntraining für junge Familien ausgegeben werden oder nur $30 pro Familie um gefährdeten Kindern zu helfen, die Schule abzuschließen. In der Summe kostet es den Steuerzahler siebenmal so viel, Kriminalität durch Inhaftierung zu reduzieren, als wenn dies durch Förderung des Schulabschlusses geschieht.

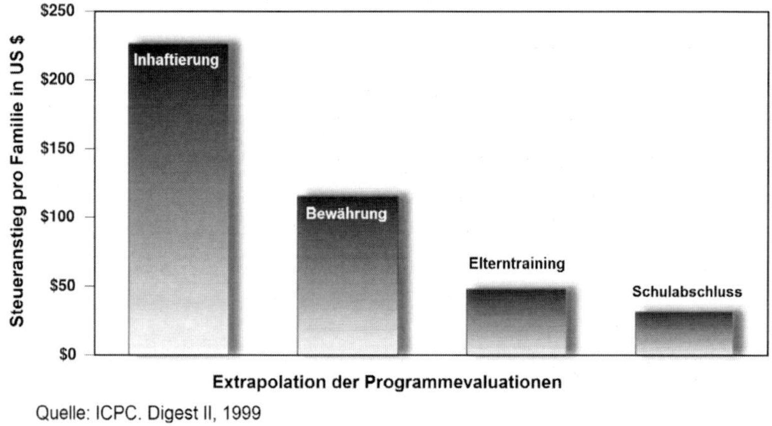

Abbildung 2.1 Kostenvergleich präventiver und reaktiver Kriminalpolitik

Viel von diesem Wissen wird von den Politikern ignoriert, wenn sie über Budgets entscheiden. Richter in Jugend- und Strafgerichten brauchen diese Budgetfragen nicht zu berücksichtigen, wenn sie entscheiden, ob der Verurteilte Gefängnis oder Bewährung bekommt. Anders als Ärzte, die herausfinden müssen, ob ein Bett im Krankenhaus frei ist, müssen Richter nicht herausfinden, ob ein Haftplatz da

12 International Centre for the Prevention of Crime, Crime Prevention Digest II, 1999.

ist. Anders als Ärzte, die Prioritäten für teure Behandlungen setzen müssen, müssen Richter nicht die Täter bestimmen, deren Verbrechen die schwersten und gefährlichsten waren, um sicherzustellen, dass sie inhaftiert werden.

Viele der Programme, die sich bedeutende öffentliche Mittel im Namen der Kriminalprävention einverleiben, wurden nie evaluiert. Daher gibt es Bedarf daran, viel umfangreichere Kosten-Nutzen-Analysen von Programmen zu machen. Das *Washington State Institute on Public Policy* hat schon gezeigt, dass einige übliche Programme bekanntermaßen schlechte Investitionen sind, die erhöhte Rückfälligkeit bewirken, so zum Beispiel Jugendliche in *boot camps* zu schicken, wo Teenager wie neue Armeerekruten behandelt werden, oder Ersttäter in Hochsicherheitsgefängnisse zu schicken, um sie „zurechtzuschrecken" (scare straight). *Boot Camps* verschwenden regelmäßig $19.011 pro Teilnehmer. Das WSIPP verlangt, dass die Ressourcen dieser Programme den Programmen zugewiesen werden, die positive Ergebnisse hervorbringen.

Einrichtung eines Amtes, um Vergeudung von Steuergeldern an gefährdeten Jugendlichen zu stoppen

Im Jahr 1996 gab die *British Audit Commission* einen Bericht mit dem treffenden Titel *Misspent Youth* (vergeudete Jugend) heraus. Der Bericht war eine Analyse der Gegenleistungen, die die britischen Steuerzahler dafür bekommen, dass sie für die üblichen Dienstleistungen von Polizei, Gerichten und Strafvollzug als Reaktion auf Kriminalität junger Menschen zahlen. Der Bericht folgerte, dass die Ressourcen besser genutzt werden können, weil Vorsorge viel besser ist als Nachsorge. In anderen Worten, die Steuern werden vergeudet, um straffälligen Jugendlichen hinterherzurennen, und als Resultat wird das Leben der Jugendlichen vergeudet. Straftaten ergeben sich nach den Ergebnissen von Längsschnittuntersuchungen viel häufiger nach Lebenserfahrungen, wie zum Beispiel einem problematischen Familienleben mit mangelhafter Kindererziehung, einem kriminellen Familienmitglied und Gewalt durch Misshandlung. Des Weiteren wurden Gruppenzwang, schlechte Leistungen in der Schule, Schulschwänzen,

Unterrichtsausschluss, Nervenkrankheit, Missbrauch von Alkohol oder anderen Drogen und Entbehrungen, wie schlechte Wohnsituation oder Obdachlosigkeit, aufgelistet. Der Bericht machte einige Empfehlungen, wie das Geld ausgegeben werden sollte, von Hilfe bei der Erziehung bis zur Unterstützung für Lehrer, die sich mit ungezogenen Schülern auseinander setzen müssen, sowie guten Freizeitmöglichkeiten.

Nur zwei Jahre später, als die Blair-Regierung in England an die Macht kam, handelte sie und rief ein ständiges *Youth Justice Board* (YJB) ins Leben, um auf die Empfehlungen des Berichts der *Audit Commission* zu reagieren. Das YJB hat einen unabhängigen Vorstand aus Führungspersonen von Polizei, Sozialdiensten, Bildungseinrichtungen usw. Ursprünglich hatte Norman Warner, Blairs Strategieberater für Kriminalität in der Oppositionszeit, den Vorsitz. Später hatte Rod Morgan den Vorsitz – ein Kriminologe, der eine ansehnliche Publikationsliste über Jugendrecht, Kriminologie, Inhaftierung usw. aufweisen kann, Verwaltungserfahrung als Hauptkommissar für Bewährungshilfe hat, kombiniert mit dem Vorsitz einer kommunalen Sicherheitspartnerschaft, und ein Aktivist gegen Folter ist. Das Ergebnis ist, dass England einen Vorsprung vor anderen Ländern hat, indem es ein gutes Jugendrecht geschaffen hat, aber viel wichtiger, es hat erfolgreiche *pre-crime* Präventionsprogramme innerhalb schwieriger Stadtviertel vervielfacht.

Das YJB hat schon die Wartezeiten zwischen Verhaftung und Verurteilung in Jugendgerichten um die Hälfte verringert und hat Programme angefangen, die weniger Wiederholungstaten bei den jugendlichen Tätern bewirken. Es hat sich zur Aufgabe gemacht, junge Menschen mit den Konsequenzen ihrer Taten und mit der Wiedergutmachung für die Opfer zu konfrontieren, sowie die Risikofaktoren in der Familie, beim Wohnungsbau und in Schulsituationen in Angriff zu nehmen. Letzteres nennt es *pre-crime* Prävention und die Ressourcen, die für Prävention zugeteilt sind, werden genutzt, um verschiedene Strategien zu identifizieren und zu fördern, die bekannt für ihren Erfolg bei der Verbrechensreduzierung sind. Dies wird durch Qualitätskontrollen der vom YJB finanzierten Arbeit gemacht. Ähnliche Programme in den Vereinigten Staaten und Kanada, und selbst im britischen *Home Office*, stellen Mittel bereit, für die die Gemeinden sich bewerben können. Wie zu erwarten, werden diese Mittel oft nicht sehr gut zur Verbrechensreduzierung genutzt. Stattdessen beabsichtigt das YJB, bestimmte Ziele bezüglich der Verringerung der Jugendkriminalität zu erreichen. Es investiert außerdem einen Teil seiner Mittel in die Qualität der Durchführung und in die Evaluation der Kriminalpräventionsbemühungen.

Das *Youth Inclusion Program* ist eines der besten Beispiele für die wissensbasierten *pre-crime* Präventionsprogramme des YJB. Für dieses nationale Programm unterstützte das YJB eine unabhängige Gruppe namens *Crime Concern*, die eine beachtliche Bilanz erfolgreicher Realisierungen hat. *Crime Concern* konzentrierte sich auf die jeweils 50 am meisten gefährdeten Jugendlichen im Alter von 13 bis 16 Jahren in den 70 schwierigsten Stadtvierteln von England und Wales. Den Jugendlichen werden Aktivitäten für zehn Stunden pro Woche angeboten, einschließlich Sport, Schulung in IT, Mentoring und Hilfe bei Lese-, Schreib- und Rechenproblemen. Das Programm beinhaltet des Weiteren Hilfe im Umgang mit Gewalt, Drogen, Gangs und der eigenen Gesundheit.

Eines der Ziele von YJB ist eine insgesamt 30 prozentige Verringerung der Jugenddelinquenz in mindestens zwei Dritteln der Viertel, in denen das *Youth Inclusion Program* läuft. Das YJB hat 8% der Mittel für das *Youth Inclusion Program* vorgesehen, um die Qualität der Umsetzung zu sichern und 6% für die Evaluation des landesweiten Programms. Eine vorläufige Evaluation des *Youth Inclusion Programs* weist eine erstaunliche Reduzierung von 65% bei den Verhaftungen Jugendlicher auf, eine 27 prozentige Verringerung bei den von der Schule verwiesenen Jugendlichen und eine 16 prozentige Verringerung der Gesamtkriminalität. Das *Youth Inclusion Program* verdeutlicht klar die Reduzierung von Kriminalität und Viktimisierung, die sich durch die Führungsfunktion eines staatlichen Zentrums mit Verantwortung für Kriminalprävention, das sich effektiver Praxis widmet, ergeben kann. Das Programm kostet $5.000 pro Platz und Jahr. Zufälligerweise sind das genau die Kosten, die ein junger Straftäter das Jugendgerichtssystem für eine Straftat kostet.

Das YJB nutzte die Ergebnisse der Evaluation, um das Programm auf mehr als 100 Stadtviertel auszuweiten und ein ähnliches Programm für 8-13jährige anzufangen. Das YJB weist ein starkes Modell auf, um die Art und Weise, wie die Regierung arbeitet, zu verbessern. Das Ziel des YJBs ist sicherzustellen, dass Ministerien und Behörden auf allen Ebenen effektive Aktionen einsetzen, um Kinder und Jugendliche vor dem Begehen von Straftaten zu bewahren.

Zusammenfassung

Die Analyse der Längsschnittuntersuchungen bestätigt, dass die Delinquenzneigung junger Menschen durch Erfahrungen wie inkonsequente und nachlässige Erziehung oder Schulabbruch erhöht wird. Des Weiteren werden ihre Straftaten umso eher zur Gewohnheit, je mehr sie diesen negativen Lebenserfahrungen ausgesetzt sind.

Viele kleine Projekte und ein paar der umfangreichen haben gezeigt, dass es möglich ist, einen bestimmten Risikofaktor in Angriff zu nehmen, so dass Kinder nicht so straffällig aufwachsen wie erwartet. Wenn wir uns zum Beispiel auf gefährdete Kinder konzentrieren, indem ein erweitertes Vorschulprogramm ermöglicht wird oder mehr Krankenschwestern des öffentlichen Gesundheitswesens Müttern helfen, verringern wir die Chancen, dass das Kind in seinen Teenagerjahren ein Wiederholungstäter wird, ebenso wie Kindesmisshandlung verringert wird. Wenn wir gefährdete Jugendliche mit Mentoren, Hilfen zum Schulabschluss, oder verbessertem Familienleben unterstützen, viktimisieren sie weniger in ihren Teenagerjahren. Desgleichen haben Programme Mobbing und Jugendkriminalität in der Gemeinschaft verringert.

Der Erfolgsgrad dieser Projekte, die sich auf einen Risikofaktor nach dem andern konzentrieren, variiert zwischen 30 und 75%, und die Programme sind außergewöhnlich kostengünstig, mit $4 bis $20 Gewinn für jeden investierten Dollar. Aber wir wissen auch: Je mehr Risikofaktoren im Leben eines Jugendlichen vorhanden sind, desto eher wird die Person zum Gewohnheitstäter. Je eher wir also im Stande sind, eine Reihe von Programmen aufzubringen, die verschiedene Risikofaktoren in Angriff nehmen, desto eher bekommen wir eine größere Viktimisierungsverringerung. Es scheint realistisch, eine Reduzierung von über 50% zu bekommen, indem mehrere dieser effektiven Programme genutzt werden. Stellen Sie sich nur vor, was $100 Milliarden, die in diese Programme investiert würden, an Verbrechensverringerung erreichen könnten.

3. Gewalt ächten, nicht Männer

Gewalt, die auf eine junge Frau in ihren besten Jahren abzielt oder sich im öffentlichen Nahverkehrssystem ereignet, ist am nächsten Tag in den Schlagzeilen. Die Berichterstattung über solche Ereignisse ängstigt Millionen. Viele Frauen werden sich außerstande fühlen, alleine aus dem Haus zu gehen. Verkehrsmittelnutzer werden verängstigt. Weil die Massenmedien vorrangig über das Außergewöhnliche und Sensationelle berichten und Blut immer in die Schlagzeilen kommt, dominiert diese öffentliche Gewalt unsere Fantasien und Ängste. Aber es sind nicht die Schießereien aus fahrenden Autos, Schüler die ihre Mitschüler umbringen, Sexualverbrecher oder Londoner Selbstmordattentäter, die die häufigsten oder verheerendsten Gewalttaten begehen, es sind die Eltern und Intimpartner, die hinter geschlossenen Türen Verbrechen begehen die sehr häufig ihre Angehörigen ins Krankenhaus oder in die Leichenhalle schicken.

Gewalt ist alltägliche Realität. Teenager kämpfen, manchmal in Gangs. Eltern missbrauchen und misshandeln ihre Kinder. Ehepartner greifen ihre Partner an. Personen vergewaltigen andere. Kinder mobben andere. Menschen töten. Die vorherrschende Tatsache über Gewalt ist, dass sie häufiger von Männern, besonders von jungen Männern, begangen wird. Wenn sie hinter geschlossenen Türen geschieht, richtet sie sich vorwiegend gegen Frauen.

Aber dies sind nicht die einzigen vorherrschenden Fakten über Gewalt. Die politischen Eliten reagieren darauf, anstatt ihr vorzubeugen. Sie reagieren mit Strafrecht, das entworfen wurde, um die Täter einzusperren – junge Männer, oft benachteiligt durch ihre Rasse oder Klasse. Die politischen Eliten verstehen die Logik nicht, dass junge Männer, die bereit sind ihr Leben in Kämpfen und Schießereien zu riskieren, nicht durch Drohung mit Inhaftierung, und in manchen Fällen mit der Todesstrafe, von Gewalt abgehalten werden. Die politische Elite übersieht auch die Notwendigkeit, die Probleme der häuslichen Gewalt zu lösen.

Das Endergebnis ist, dass durch die Gewalt junge Männer, Frauen und Kinder weiter zu Opfern von Verbrechen werden. Viele Menschen, besonders Frauen, leben mit der Angst vor einem zufälligen Angriff. Wir als Steuerzahler zahlen für Polizei und Justiz, um unsere jungen Männer zu inhaftieren – sie zu ächten. Wie wir in Kapitel 2 gesehen haben, sind angesehene Kommissionen zu dem Schluss gekommen, dass Gewalt eher durch Krankenschwestern des öffentlichen Gesundheitswesens und Programme, die gefährdeten Kindern helfen die Schule abzuschließen, durch Ausbildung, Jugendzentren usw. reduziert werden kann. Die Ärzte des Gesundheitswesens der *World Health Organization* (WHO) haben dies in ihren Bemühungen, Verletzungen, Todesfälle und Traumata von Gewalt zu reduzieren, sogar einen Schritt weitergeführt. Sie betonen, dass Gewalt kein Zufall, sondern vermeidbar ist. Deshalb müssen unsere politischen Eliten die Risikofaktoren angehen, die Gewalt begünstigen.

Die WHO veröffentlichte einen umfassenden Bericht über zwischenmenschliche Gewalt, welche für sie Gewalt zwischen jungen Menschen, Kindesmisshandlung, Gewalt zwischen Intimpartnern, sexuelle Gewalt und Misshandlung älterer Menschen umfasst.[1] Sie hob hervor, dass Gewalt durch soziale Kräfte verursacht wird. Also lautet die Lösung für Gewaltprävention, diese sozialen Risikofaktoren in Angriff zu nehmen. Obwohl sie eine Rolle für Polizei und Strafrecht sieht, ist es keineswegs eine zentrale oder ausschließliche Rolle. Die WHO identifizierte viele der Risikofaktoren, die Gewalt verursachen. Gewalt in unseren Häusern, in unseren Schulen und in unserer Kultur zieht junge Männer heran, die als Erwachsene Gewalt nutzen. Gewalt rührt auch her von der Verfügbarkeit von Feuerwaffen, besonders Pistolen, die uns vielleicht oder auch nicht beschützen, die aber sicherlich verstümmeln und töten. Gewalt tritt viel häufiger auf, wenn Alkohol leicht verfügbar ist und bis zum Exzess konsumiert wird.

1 World Health Organization, World Report on Violence and Health, 2004.

Im Jahr 2004 publizierten die Ärzte des Gesundheitswesens der WHO einen anderen bedeutenden Bericht über Todesfälle und Verletzungen auf der Straße.[2] Wir bezeichnen diese der Bequemlichkeit halber als Unfälle, aber die WHO definiert sie, im Englischen, als „Crashes“ (Zusammenstöße), weil viele von ihnen auf Risikofaktoren zurückgehen, die beeinflusst werden können. Tatsächlich sind viele – nicht alle – den Risikofaktoren ähnlich, die den angesehenen Kommissionen als Risikofaktoren für zwischenmenschliche Gewalt bekannt sind. Insbesondere sind die Personen, die überwiegend an diesen Zusammenstößen beteiligt sind, junge Männer, manche mit ähnlichen Hintergründen wie Eigentumstäter, manche sind rücksichtslos, manche betrunken, manche sind alles davon. Es gibt noch andere Faktoren, so zum Beispiel, dass sie Autos fahren, die nicht dafür gebaut wurden, sie bei einem Zusammenstoß zu schützen.

Gewalt gegen Frauen ächten

Ein Großteil der körperlichen und sexuellen Gewalttaten gegen Frauen findet in intimen Beziehungen statt. Manche passieren auf der Straße und am Arbeitsplatz. Sie müssen ein vorrangiges Ziel der Kriminalprävention werden, da das Ausmaß des körperlichen, sexuellen und psychischen Schadens immens ist. Der Schmerz ist nur die Spitze des Eisbergs, der auch anhaltende Angst und Furcht, sexuell übertragene Erkrankungen, Schwangerschaft oder Gewalt während der Schwangerschaft beinhaltet. Dies läuft oft auf ständige Inanspruchnahme des Gesundheitswesens sowie Schwierigkeiten in der Partnerschaft und bei der Arbeit hinaus. Darüber hinaus werden Kinder, die Zeugen von Gewalt von Männern gegen ihre weiblichen Partner werden, später auch eher selbst in Gewalt verwickelt sein.

Die angesehenen Kommissionen haben sich angesehen, was getan werden könnte, um Gewalt gegen Frauen vorzubeugen, aber ihre Schlussfolgerungen sind enttäuschend, da sie keine klare Vorgehensweise aufzeigen. Zum Beispiel kommentieren sowohl die WHO als auch der *National Research Council* den Mangel an Untersuchun-

---

[2] World Health Organization, World Report on Road Traffic Injury Prevention, 2004.

gen bezüglich der Vorbeugung von Gewalt gegen Frauen.[3] Sie merken auch an, dass die Untersuchungen, die gemacht wurden, sich auf Sanktionsmethoden konzentrieren, nachdem die Gewalt angewendet wurde, statt sich auf Gewaltprävention zu konzentrieren.

In den 1970ern und 1980ern nahmen Frauengruppen auf die vorwiegend männlichen politischen Eliten Einfluss, damit Maßnahmen ergriffen werden, Gewalt gegen Frauen vorzubeugen. Sie verlangten Aufmerksamkeit für diese Angelegenheit. Die Frauen setzten sich erfolgreich dafür ein, dass Vergewaltigung als sexuelle Nötigung umdefiniert wurde. Die Bedeutung der Klarstellung, dass Frauen nicht das Eigentum ihrer Männer oder Väter sind, ist unumstritten. Ebenso wichtig ist es, das Element der Gewalt zu unterstreichen, aber ich würde gerne anerkannt sehen, dass Gewalt häufiger gegen die Frauen ausgeübt wird, die besonders verletzbar durch Gewalt sind. Die Betonung der Gewalt in sexueller Nötigung ist ebenfalls gut, aber die Leidenschaft, neue Strafgesetze zu verabschieden, statt wirksame Prävention einzuführen, ist unangebracht.

Die Feministinnen der 1970er und 1980er richteten Frauenhäuser ein, zu denen geschlagene Frauen mit ihren Kindern gehen konnten, um sicher vor dem Mann zu sein, der sie angriff. Überraschenderweise wurde die Wirkung dieser Frauenhäuser auf Gewalt gegen Frauen nicht wissenschaftlich untersucht. Es scheint Sinn zu machen, dass ein Schutzraum für Frauen ihre Fähigkeit stärkt, nein zu Gewalt zu sagen und sie so schützt. Außerdem bieten die Frauenhäuser tatsächlich Schutz, und so gibt es wahrscheinlich weniger wiederholte Gewalt, die Teil dieser traurigen Realität ist.

Die Befürworter argumentierten ebenfalls, dass wenn wir Gewalt auf der Straße mit Inhaftierung bestrafen, wir häusliche Gewalt ebenso mit Inhaftierung bestrafen sollten – dabei die Tatsache übersehend, dass Gewalt auf der Straße mit Inhaftierung zu bestrafen wenig Wirkung hatte. Dennoch verabschiedeten Staaten Gesetze, die von Polizisten verlangten, einen Verdächtigen zu verhaften, wenn sie wegen Gewalt in der Familie

[3] National Research Council & Institute of Medicine, Violence in Families, 1998, 4–5; World Health Organization, World Report on Violence and Health, 2004.

gerufen wurden. Im Jahr 1984 zeigte ein wissenschaftliches Experiment in Minneapolis eine Verringerung von 50% bei Gewalt durch Männer, die verhaftet wurden, weil sie ihre Partnerin angegriffen hatten, gegenüber den Fällen, in denen der Polizist, der auf den Anruf reagierte, das Paar nur vorübergehend trennte oder den Mann verwarnte, seine Frau nicht wieder anzugreifen. Kurz danach verabschiedeten mehrere Staaten ähnliche Gesetze. Aber die Wiederholungen der wissenschaftlichen Evaluation dieser obligatorischen Verhaftungen in anderen Städten zeigten nicht, dass sie besser waren als Verwarnungen und Beratung durch einen Polizeibeamten. Die Ergebnisse schwankten hin und her. Letztendlich wurde gefolgert, dass eine Verhaftung kaum Wirkung hatte auf Männer, die wenig zu verlieren hatten – die typischen Täter, für die Verhaftung die derzeit übliche und ineffektive Lösung ist. Dagegen hatte sie etwas Einfluss auf die Männer, die etwas zu verlieren hatten – die typischen Mittelklassemänner, die schon durch das Straßenverkehrsrecht abgeschreckt werden. Selbst diese Experimente prüften nicht, ob Festnahme und Haft besser sind als die Auflage für den Täter, an einer speziellen Gruppentherapie teilzunehmen, wenn dadurch Zeit im Gefängnis vermieden würde.

Eine der interessantesten Initiativen, Frauen zu helfen, die zu Hause Opfer von Gewalt wurden, wurde in Brasilien entwickelt, nicht in Nordamerika oder Europa. Polizeistationen wurden eingerichtet, in denen nur Frauen arbeiten, damit Frauen, die Opfer wurden, mehr Vertrauen haben würden, dass sie ernst genommen werden, wenn sie zur Polizeistation kommen. In der Praxis hatten diese Polizeistationen auch Ärzte und Psychologen für die Frauen verfügbar, so dass sie Hilfe bekamen, sich von der Gewalt zu erholen und herauszufinden, was sie mit ihrem Leben tun wollen. Ähnlich wie die nordamerikanischen Frauenhäuser sollten diese Stationen die Frauen stärken und sie befähigen, Gewalt zu stoppen. Unglücklicherweise hat die Polizei in Nordamerika sich gegen diese Art von Initiative entschieden, Gewalt gegen Frauen zu stoppen. Ebenso unglücklich, dass die Forscher sich nicht dieser sinnvollen Option angenommen haben.

Man hat sich auch bemüht, bei gewalttätigen Männern einzuschreiten, indem sie an Gruppentherapien teilnehmen, die ihnen helfen sollen, ihre Gewalt in Schach zu halten. Es gab viele wissenschaftliche

Evaluationen. Die Schlussfolgerungen waren enttäuschend. Falls die Männer lang genug in den Programmen bleiben, um ihre Gewalt in Schach zu halten, dann können die Programme Gewalt reduzieren, aber in den meisten Fällen bleiben die Männer nicht so lange. Sicherlich ist es möglich, sie so zu organisieren, dass die Männer lang genug in den Programmen bleiben.

So sind die Aktionen, um Gewalt gegen Frauen zu verhindern, meist erst nach der Tat und im „Recht und Ordnung"-Paradigma angesiedelt.[4] Die Frauen auf der UN Ebene jedoch haben eine umfassendere und vernünftigere Sicht. Die UN Agenda zur Verhinderung von Gewalt gegen Frauen beinhaltet die Stärkung von Frauen und Mädchen, indem diskriminierende Praktiken verringert, Frauen an der Entscheidungsfindung beteiligt, die Bildung von Frauen gefördert, Frauennetzwerke gepflegt und das Selbstwertgefühl von Frauen verbessert werden. Dies sind alles vorbeugende Vorgehensweisen, die in den Vereinigten Staaten, Kanada oder England ebenso relevant sind wie anderswo. Es gibt sogar einige ermutigende Forschungen, die die auf gesundem Menschenverstand basierende Agenda der Vereinten Nationen unterstützen. Sowohl in Kanada als auch in den Vereinigten Staaten ging in den letzten 20 Jahren die Quote der durch ihre Intimpartner ermordeten Frauen deutlich zurück, zum Teil wegen des allgemeinen Rückgangs der Morde. Der Rückgang fällt aber auch mit einer Verbesserung der Arbeitsmöglichkeiten für Frauen zusammen, vereinfachter Scheidung und Unterhaltszahlung, und erweiterter Dienste für Opfer von häuslicher Gewalt, wie zum Beispiel Frauenhäuser.[5]

Obwohl ich keine Schlussfolgerungen von angesehenen Kommissionen aufweisen kann, kann geltend gemacht werden, dass gesunder Menschenverstand eine der grauenvollsten Arten von Gewalt gegen Frauen reduzieren würde. Gemeint sind die Serienmorde an Straßenprostituierten. Dies beinhaltet Fälle wie die in Green River in der Nähe von Seattle oder in Vancouver, Kanada, wo in beiden Fällen mehr als 50 Frauen ermordet wurden. Diese Fälle können passieren, weil es

---

4 National Research Council & Institute of Medicine, Violence in Families, 1998.

5 Dugan, Explaining the Decline in Intimate Partner Homicide, 1999, 187–214.

Männern möglich ist, weibliche Prostituierte, die auf der Straße arbeiten, mitzunehmen und fast ungestraft zu ermorden. In der Presse wird von ihnen als einer wachsenden Zahl von verschwundenen Frauen geschrieben. Letztendlich wird ein Mann gefasst, vor Gericht gebracht und zu einer sehr langen Haftstrafe oder sogar zur Todesstrafe verurteilt. Aber im Endeffekt wird es so weitergehen, ob mit oder ohne schwere Strafen, bis Frauen, die sich entschließen als Prostituierte zu arbeiten, einen gewissen Schutz bekommen.

Die Stadt Amsterdam hat die weltbekannten Rotlicht-Viertel akzeptiert. Das sind Bereiche, in denen Prostituierte in gemieteten Schaufenstern arbeiten können. Normalerweise ermöglicht das der Frau, als unabhängige Unternehmerin zu arbeiten. Sie muss nicht in das Auto eines unbekannten Mannes steigen. Sie ist in der Nähe von anderen Frauen, die sie notfalls zu Hilfe rufen kann. Sie ist in der Nähe von ärztlicher Versorgung, um die Verbreitung von sexuell übertragenen Erkrankungen zu vermeiden. In manchen niederländischen Städten müssen die Frauen eine Lizenz von der Stadtverwaltung haben.

Der Vorteil für Amsterdam ist, dass dies ein Teil der Touristenattraktionen der Stadt geworden ist. So bringt dies mehr Touristen in die Hotels und Restaurants. Ich habe keine Untersuchung finden können, die bestätigt, dass dies sicherer ist, zu weniger Verbreitung sexuell übertragener Erkrankungen führt usw., aber gesunder Menschenverstand besagt, dass dies ein inspirierendes und zu beachtendes Beispiel ist. Im Jahr 2006 gab die britische Regierung eine neue Strategie aus, wie mit Prostitution, inklusive Straßenprostitution, umzugehen sei. Diese folgte mehreren jahrelangen Untersuchungen durch ihre Forschungsgruppe und einem Beratungsbericht. Sie wählten nicht die niederländische „Rotlicht-Viertel“ Methode, sondern bevorzugten den Ansatz, dass sich zwei oder drei Frauen eine Wohnung teilen, ohne auf der Straße zu werben. Beide Modelle würden die Serienmorde an einer großen Zahl von Frauen verringern. Wahrscheinlich sind solche Modelle in den mexikanischen Grenzstädten wie Juarez schon lange überfällig, wo nicht 50, sondern 500 Frauen ermordet wurden.

Gewalttätige Konfliktlösung ächten

Die Ärzte des öffentlichen Gesundheitswesens bei der WHO sowie die Vereinten Nationen rufen dazu auf, unsere Jugend zu bilden, damit sie weiß, wie sie das Provozieren von Gewalt unterlassen kann. Zum Beispiel könnte der Lehrplan Programme beinhalten, um den Schülern beizubringen, wie Konflikte friedlich gelöst werden können, und einen Fokus darauf legen, die verschiedenen Perspektiven von Männern und Frauen im Bezug auf Gewalt und sexuelle Nötigung zu verstehen. Die WHO richtet auch die Aufmerksamkeit auf Programme wie die kanadische *White Ribbon* Kampagne, die Männer ermutigt zu zeigen, dass sie gegenüber Gewalt gegen Frauen sind, indem sie eine weiße Schleife tragen. Ihr Slogan ist, dass sie Männer sind, die darauf hinarbeiten, Gewalt gegen Frauen durch Männer zu beenden. Sie verbreiten ihre Kampagne in Schulen.

Ich würde gerne Empfehlungen der angesehenen Kommissionen aufnehmen, dass Programme, die Jugendliche und Erwachsene in friedlicher Konfliktlösung trainieren, Gewalt verringern. Unglücklicherweise gibt es weder Untersuchungen noch Empfehlungen, dies zu tun. Es ist aber auch keine gegenteilige Forschung vorhanden. Trotzdem macht es Sinn, Jugendlichen beizubringen, wie sie Streitereien ohne Gewaltanwendung überwinden und lösen können.

YOUCAN (*Youth Organizing to Understand Conflict and Advocate Non-Violence*) ist eine kanadische Jugendorganisation, die sich auf die Fahnen geschrieben hat, Jugendliche in Konfliktlösung zu trainieren. Sie gehen in kanadische Schulen und haben mehr als 16.000 Kindern und Jugendlichen Wege gezeigt, wie sie Konflikte ohne Gewaltanwendung lösen können. Es ist so ähnlich wie die Streitschlichterprogramme, die in Kanada und den Vereinigten Staaten weit verbreitet sind. YOUCAN ist eine Organisation, die sich darauf konzentriert, Jugendliche in Konflikt- und Gewaltprävention zu trainieren. Ihre Mission ist, die Jugendlichen zu befähigen und zu inspirieren, Konflikte friedlich zu bewältigen und gesunde Beziehungen in ihren Gemeinschaften aufzubauen. Diese Organisation von Jugendlichen für Jugendliche hat acht Haupttrainingsmodule in den Bereichen Vermittlung, Friedenskreise, interkulturelle Konfliktlösung, gleichaltrige Helfer, Programme wie *Youth Taking Action* usw. entwickelt.

Die Gründer YOUCANs gestalteten ihr Programm zum Lehren von Konfliktlösungen nach dem Vorbild von Programmen, die Todesfälle durch Ertrinken zu verringern suchen. Sie hatten festgestellt, dass viele Länder erfolgreich Todesfälle durch Ertrinken verringerten, indem den Menschen schwimmen und Leben zu retten beigebracht wurde. Daher entschieden sie sich, Gewalt zu verringern, indem sie Menschen beibrachten, wie Streitigkeiten ohne Gewalt gelöst werden können und wie man zur Deeskalation von Gewalt interveniert. Sie gehen in Schulen und lehren die Schüler, wie man aktiv zuhört und Streitigkeiten ohne Gewalt löst. Sie stellen Training für junge Menschen bereit, so dass sie andere dasselbe lehren können. Dies ist den Techniken ähnlich, die in gewaltbelasteten lateinamerikanischen Städten wie Cali mit Erfolg eingesetzt wurden.

Diese Technik muss getestet werden, aber sie könnte nicht nur zu weniger Gewalt in den Schulen führen, sondern auch zu weniger Gewalt in anderen Umgebungen. In den 1960ern wurde ein Großteil des Bewusstseins über die Gefahren des Tabakrauchens durch Schulprogramme weitergegeben, die Kindern die negativen Auswirkungen des Rauchens auf die Gesundheit beibrachten. Die Kinder brachten diese Botschaft nach Hause zu ihren Eltern, um sie daran zu erinnern, dass sie ihre Eltern nicht verlieren wollten, und daher von ihren Eltern verlangten, mit dem Rauchen aufzuhören. Ähnlich ist es möglich, dass wenn Kinder ihre Eltern an die Gefahren von Gewalt erinnern, mehr und mehr Eltern andere, gewaltfreie Wege der Konfliktlösung suchen.

Handfeuerwaffen ächten

Es gibt bedeutende Untersuchungen über die Rolle, die Handfeuerwaffen bei der Begünstigung von Morden, Überfällen usw. spielen. Die Datenanalyse des *International Crime Victim Survey* in elf Ländern bestätigt, dass die Mordraten umso höher sind, je mehr Handfeuerwaffen in den Haushalten sind. Eine interessante Studie von Dr. Sloan und seinen Kollegen verglich die Mordraten Vancouvers und

Seattles, die allgemein vergleichbar sind hinsichtlich Alter, Rasse und Einkommen.[6] Sie zeigten in Seattle eine um 50% höhere Mordrate wegen der höheren Verfügbarkeit von Handfeuerwaffen auf.

Mein Kollege an der Universität in Ottawa, Tom Gabor, hat sich darauf spezialisiert, die Statistiken für Kanada und die Vereinigten Staaten zusammenzubringen, um zu zeigen, dass das Risiko, Opfer eines tödlichen Angriffs zu werden, in dem eine Handfeuerwaffe benutzt wird, in den Vereinigten Staaten sechsmal höher ist als in Kanada (Abbildung 3.1). In den Vereinigten Staaten haben 28% der Haushalte Handfeuerwaffen, verglichen mit 4% in Kanada. Über 60% der Mordfälle in den Vereinigten Staaten, verglichen mit 30% in Kanada, haben einen Bezug zu Handfeuerwaffen. Ähnliches gilt für 40% der Raubüberfälle, verglichen mit 25% in Kanada. Dagegen sind die Mordraten ohne Handfeuerwaffen in den zwei Ländern ähnlich!

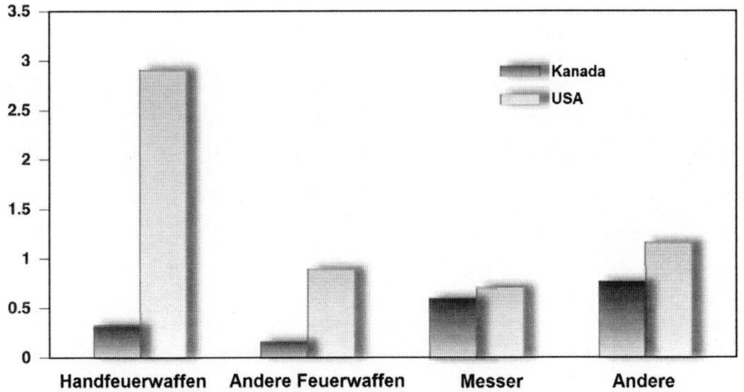

Quelle: FBI. Supplementary Homicide Report, 1976-2002;
Statistics Canada. Homicide Statistics

Abbildung 3.1 Mordrate je 100.000 Einwohner in Kanada und den Vereinigten Staaten nach benutzter Waffe

6 Sloan et al., Handgun Regulations, Crime, Assaults and Homicide, 1988.

Bowling for Columbine - Michael Moores Oscar-prämierter Film – stellt den Hauptunterschied zwischen den Vereinigten Staaten und Kanada bezüglich Feuerwaffen und Gewalt klar. In den Vereinigten Staaten besitzen Menschen Handfeuerwaffen, um sich zu schützen. In Kanada besitzen sie Gewehre, um zu jagen. Dies ist teilweise das Ergebnis bewusster politischer Initiativen, die in Kanada stattfanden, von denen die bedeutendste die Feuerwaffenkontrollstrategie im Jahr 1977 war, die von der Forschungs- und Statistikgruppe des *Solicitor General of Canada* erdacht worden war. In erster Linie verbot dieses Programm Automatikwaffen, hielt Personen davon ab, Handfeuerwaffen zum Selbstschutz zu tragen, und verlangte von Jägern einen Waffenschein zum Erwerb von Waffen. Dieser Waffenschein wurde in einem ähnlichen Prozess erlangt wie der Reisepass. Es ermutigte die Besitzer von Waffen außerdem, die Munition getrennt von den Gewehren aufzubewahren.

In den Vereinigten Staaten haben 67% der Besitzer von Waffen diese zum Schutz vor Verbrechen, so eine Meinungsumfrage.[7] Der gesunde Menschenverstand lässt mich glauben, dass wenn wir Verbrechen besser vorbeugen könnten, viele Waffenbesitzer letztendlich bereit wären, ihre Handfeuerwaffen abzugeben, weil sie sie nicht brauchten. Kanadier glauben nicht, Waffen zu benötigen, weil in Kanada weniger Verbrechen begangen werden. Wenn also die politischen Eliten auch nur einen Teil der zusätzlichen $100 Milliarden für die Strafrechtspflege in die erprobten oder sinnvollen Präventionsprogramme investieren würden, die in diesem Buch beschrieben werden, würde dies die Kriminalität verringern. Indem die Vereinigten Staaten sicherer gemacht werden, würde dies auch mehr Amerikanern erlauben, ohne den trügerischen Halt einer Handfeuerwaffe zur eigenen Sicherheit zu leben.

Obwohl die Vereinigten Staaten sich jeder Art von Reglementierung von Waffenbesitz widersetzt haben, sind sich Polizei und Justiz bewusst, dass Feuerwaffen bei vielen Verbrechen benutzt werden.

---

7 Carroll, Gun Ownership and Use in America, The Gallup Poll, 22 November 2005.

Daher sind sie an einer Reihe von Initiativen beteiligt gewesen, um Feuerwaffen aus den falschen Händen zu bekommen. Einige dieser Aktionen waren Gegenstand wissenschaftlicher Evaluationen – Experimente – die darauf angelegt waren zu messen, ob die Polizeiaktionen zum Einsammeln von Handfeuerwaffen Gewaltverbrechen reduzieren. Die Kriminologen an der *University of Maryland* bezogen dieses Thema in ihre Übersicht für den US Kongress mit ein. Ihre Schlussfolgerungen sind wichtig. Zuerst haben sie herausgefunden, dass Straferlasse für unerlaubten Waffenbesitz und Rückkaufprogramme Gewaltverbrechen in den dem Programm folgenden Monaten nicht verringerten, es sei denn, sie zielten auf Bereiche mit hoher Kriminalität.[8] Die Bürgermeister werden oft von ihren Polizeichefs überredet, diese Programme ins Leben zu rufen, in denen die Polizei ohne Fragen zu stellen Handfeuerwaffen während einer zwei- oder dreiwöchigen Periode annimmt. Manche Städte zahlen eine Belohnung von etwa $50 an Personen, die Handfeuerwaffen abgeben. Die Ergebnisse sind überwältigend. Sie zeigen keine Auswirkung auf Gewaltverbrechen, weil die Personen, die Handfeuerwaffen abgeben, nicht die sind, die sie wahrscheinlich für ein Verbrechen nutzen würden.

Wenn die Polizei jedoch klug handelt und die Beschlagnahme illegaler Handfeuerwaffen in Bereichen mit hoher Kriminalität ins Auge fasst, reduziert sie erfolgreich Verbrechen. Die erste wissenschaftliche Bestätigung dafür war das *Kansas City Gun Experiment* im Jahr 1992, welches 1996 in Indianapolis wiederholt wurde.[9] Es wurden einige Polizeibeamte trainiert, versteckt getragene Waffen zu finden. Diese Polizisten nutzten dann sowohl Verkehrskontrollen als auch allgemeine Ermittlungen, um Personen in einer Gegend mit hoher Kriminalität anzuhalten. Die Beschlagnahmung von Handfeuerwaffen stieg um 60% und Verbrechen mit Feuerwaffen fielen um 49%. In Boston konzentrierte sich die *„Operation Ceasefire“* der Polizei darauf, eine Reihe von Polizeiprozeduren, unter anderem Verkehrskontrollen, zu nutzen, um Handfeuerwaffen zu beschlagnahmen und Personen, die

---

8 Sherman et al., Evidence Based Crime Prevention, 2002, 187–189.

9 National Research Council (U.S.), Fairness and Effectiveness in Policing, 2004, 239.

ständig Waffen trugen, hinter Gitter zu bringen. Wie wir sehen werden, wurde die Bostoner Aktion von mehreren anderen Maßnahmen, die schon in Kapitel 2 besprochen wurden, begleitet.

Rücksichtsloses Fahren ächten

Eine der ironischsten Statistiken für Recht- und Ordnungsexperten ist, dass mehr Menschen durch Autofahren getötet werden als durch Handfeuerwaffen, Messer oder andere Gegenstände. Es ist ironisch, weil wir unsere Aufmerksamkeit mehr auf Mordfälle mit Handfeuerwaffen konzentrieren als auf Autos, die die verheerendsten Mordwaffen sind.

Die Centers for Disease Control (CDC) in Atlanta geben Statistiken über Todesursachen in den Vereinigten Staaten heraus. Im Jahr 2002 starben 44.000 Menschen in den Vereinigten Staaten durch Verkehrsunfälle; 17.000 davon wurden durch Trunkenheit am Steuer getötet. Dies ist ein bedeutender Rückgang der Todesfälle bei Unfällen mit Trunkenheit am Steuer, von 24.000 im Jahr 1980. Dieser Rückgang ist ähnlich wie der für Mordraten, der ebenfalls von ungefähr 25.000 in den 1980ern auf zirka 17.000 in 2003 fiel. Die Entwicklungen bei Mordfällen und Trunkenheit am Steuer ähneln einander, da beide durch dieselben Trends beeinflusst werden: Weniger junge Männer in den Altersgruppen mit hohem Risiko, mehr Jobs, von denen man leben kann, weniger Alkoholmissbrauch und mehr inhaftierte junge Menschen.[10]

Mothers against Drunk Driving (MADD) haben hart und lautstark für Aktionen gekämpft, die Todesopfer und Verletzungen durch Trunkenheit am Steuer verringern. Ihre Mission ist „Trunkenheit am Steuer zu stoppen, die Opfer dieses Gewaltverbrechens zu unterstützen und Alkoholkonsum Minderjähriger zu verhindern.“ Im Jahr 1982 konnten sie den Präsidenten dazu bringen, die *Commission on Drunk Driving* einzurichten, welche klassische Recht- und Ordnungsvorschläge machte, um Fahrer zu bestrafen, die mit mehr als 1‰ Alkohol im Blut ein Auto fuhren. Andere Vorschläge nahmen Risikofaktoren

---

[10] Blumstein & Wallman, The Crime Drop in America, 2000, 10–11.

durch eine Zündanlagensperre in Angriff, die es einer betrunkenen Person unmöglich macht, das Auto zu starten, oder durch Änderungen der Gesetze, die das Mindestalter erhöhen, in dem man Alkohol kaufen kann. Wieder andere Vorschläge waren strategisch, indem sie die Aktivitäten angingen, die das Risiko erhöhten, dass Fahrer ihr Auto benutzen würden, nachdem sie zu viel getrunken hatten, wie zum Beispiel die Bedienungen von Bars und Restaurants so zu trainieren, dass sie betrunkene Personen nicht bedienen.

Der Kommission des Präsidenten folgte eine dauerhafte Gruppe namens *National Commission against Drunk Driving*, deren Aufgabe es war, das Projekt umzusetzen. Glücklicherweise setzte MADD sich weiterhin auf lokaler und nationaler Ebene ein. Sie zogen fortwährend Aufmerksamkeit auf die Zahl getöteter und verletzter Menschen. Sie gaben den Getöteten ein Gesicht. Alle paar Jahre macht MADD eine Beurteilung des Fortschritts, den die Bundesregierung und die Staaten durch ihren Empfehlungen entsprechende Maßnahmen gemacht haben, um Todesfälle durch Trunkenheit am Steuer zu verringern. Ihre Checkliste ist beeindruckend, da sie sich vorwiegend auf Viktimisierungsreduzierung konzentriert – stellen Sie sich eine Lobbygruppe gegen Bandenkriege vor, die eine Wertungsliste nutzt, um zu messen, ob die Quote für Schießereien gesunken ist. Die Checkliste zielt auch darauf ab, ob der Staat die Gesetzgebungsvorschläge von MADD übernommen hat. Im Jahr 2002 gaben sie den Vereinigten Staaten die Note C+, weil es im Vergleich zum vorherigen Jahr einen Anstieg tödlicher Viktimisierungen gab. MADD verlangte eine Anzahl sehr vernünftiger Maßnahmen, wie Führerscheine zu entziehen, den Alkoholspiegel bei allen Beteiligten eines tödlichen Unfalls zu messen und Gesetze für Zündanlagensperren. Sie verlangten auch Aktionen, um Fahrer und Mitfahrer dazu zu bringen, Sicherheitsgurte zu benutzen, was allgemein als die wichtigste Maßnahme angesehen wird, Todesfälle zu verringern. Interessanterweise kämpfte MADD aktiv für Rechte für Opfer, im Besonderen, um Änderungen der Verfassungen zu bewirken, die wir in Kapitel 6 weiter erörtern werden.

Die CDC haben ein *National Center for Injury Prevention and Control*, das die Literatur über alkoholisiertes Fahren durchgesehen hat. Diese evidenzbasierte Herangehensweise zeigt einige wichtige Möglichkeiten auf, Todesfälle auf den Straßen zu verringern. Es stimmt einigen der Vorschläge von MADD zu, weil es überzeugende Beweise gibt, dass Todesfälle auf den Straßen durch höhere Nutzung der Sicherheitsgurte für Erwachsene und Kinder verringert werden können, und ebenso durch Programme, um alkoholisiertes Fahren zu begrenzen, wie das Mindestalter für den Kauf von Alkohol zu erhöhen und den gesetzlich erlaubten Alkoholspiegel auf 0,8‰ zu reduzieren.

Einige der Programme, junge Erwachsene zu erreichen, bei denen das höchste Risiko besteht, betrunken zu fahren, machen viel Sinn, wurden aber weder Gegenstand klarer Evaluationen, noch nennenswert finanziell gefördert. Das sinnvollste Programm ist *Students against Driving Drunk* (SADD), das 1981 in Massachusetts anfing. Robert Anastas war der Hockeytrainer an einer High School in Wayland, als zwei seiner Starspieler in einem Unfall mit Trunkenheit am Steuer ums Leben kamen. Dieser tragische Verlust war für ihn ein Anstoß, die Dinge in die Hand zu nehmen. Er nutzte seine beträchtlichen Fähigkeiten, Jugendliche zu erreichen, um eine nationale Kampagne zu starten, um Jugendliche davor zu schützen, getötet zu werden. Als Pädagoge und Trainer erkannte er, dass die beste Art und Weise, Jugendlichen zu helfen Trunkenheit am Steuer zu vermeiden ist, sie daran zu beteiligen, die jeweiligen Entscheidungen zu treffen. Er wusste, dass die Drohung mit Bestrafung, ebenso wie die getötet zu werden, nicht genug war – eine Lektion, die die politischen Eliten nicht verstanden haben.

Ein Schlüsselelement seiner Strategie war ein „Vertrag für das Leben". Dieser Vertrag verlangte von dem Jugendlichen, gründlich zu überlegen und sich zu verpflichten, nicht zu trinken und dann zu fahren. Er brachte die Teenager auch dazu, sich zu verpflichten einen Elternteil anzurufen, um abgeholt zu werden, wenn der Teenager getrunken hatte. Die Eltern verpflichteten sich, ihre Tochter oder ihren Sohn abzuholen und bis zum nächsten Morgen nicht mit ihnen zu diskutieren oder sie zu bestrafen. Die Eltern versprachen, den Teenager anzurufen, um von ihm abgeholt zu werden und so zu vermeiden, fahren zu müssen, wenn sie selbst getrunken hatten. Die gute Nachricht ist, dass das Programm sich über die Vereinigten Staaten und andere Länder ausbreitete.

Aber es gibt noch mehr als das was CDC und WHO empfehlen. Ottawa, Kanada, verfolgte eine Drei-Säulen-Strategie, die Sinn macht, obwohl ihre Wirkung noch nicht nachgewiesen wurde. Sie kombiniert Techniken, den Verkehr durch verkehrsberuhigende Maßnahmen zu verlangsamen, mit Bildung durch Fahrstunden, besonders für jüngere Fahrer, durch Krankenschwestern des öffentlichen Gesundheitswesens und mit der Durchsetzung der Anschnallpflicht sowie der Verkehrsregeln gegen aggressives Fahren usw.

Es ist interessant zu sehen, dass die angesehenen Kommissionen die Verbindung zwischen Kindheitserfahrungen und Fahrverhalten übersehen haben. Wir wissen, dass inkonsequente und gleichgültige Erziehung, Schwierigkeiten in der Schule usw. Jugendliche zu Überfällen und Diebstählen tendieren lassen, aber wir wissen nicht, inwiefern dieselben Erfahrungen sie dazu tendieren lassen, betrunken oder rücksichtslos zu fahren. In den 1960ern machte ein Vorreiter der Kriminologie, Terence Willett, in England einen Vergleich zwischen wegen interpersoneller Delikte verurteilter Personen und den wegen Trunkenheit am Steuer und rücksichtslosen Fahrens Verurteilten. Diese Studie zeigte eine große Überlappung zwischen den beiden Gruppen.[11] Das heißt, dass Personen, die interpersonelle Eigentumsdelikte begehen, auch ein Fahrverhalten zeigen, das sie mit dem Gesetz in Konflikt bringt. Es ist enttäuschend, dass jene, die sich mit dem Verringern von Todesfällen auf der Straße beschäftigen, diese Verbindung nicht weiter verfolgt haben. In anderen Worten, wenn wir den Empfehlungen, die wir in Kapitel 2 besprochen haben, folgen, könnten wir ebenfalls Auswirkungen auf Todesfälle und Verletzungen auf der Straße haben.

---

11 Willett, Criminal on the Road, 1971.

Alkoholmissbrauch ächten

Alkoholmissbrauch ist gut etabliert als Risikofaktor, der Verbrechen begünstigt, aber die Lösungen sind weit weniger klar. Der Unterschied zwischen den Vereinigten Staaten und Europa bezüglich der Alkoholgesetzgebung ist erstaunlich. In den Vereinigten Staaten wird das Mindestalter für Alkohokonsum höher und höher gesetzt – vorwiegend als Ergebnis von Druck durch Gruppen wie MADD, um die Zahl der Todesopfer von Verkehrsunfällen zu vermindern. Im Gegensatz dazu ist in Europa der Alkoholkonsum in Jugendjahren erlaubt und in manchen Fällen wird der Zugang zum Alkohol liberalisiert.

Jedenfalls bestätigen die Statistiken, dass Alkoholkonsum die Wahrscheinlichkeit erhöht, dass eine Person in Gewalt verwickelt ist. Ein hoher Anteil derer, die Verbrechen wie Körperverletzung, sexuelle Nötigung, Gewalt gegen ihren Partner und Mord begehen, haben vor der Tat beachtliche Mengen Alkohol konsumiert. Das CDC sagt klar, dass intensiver Alkoholkonsum ein bedeutender Risikofaktor bei Verbrechen gegen Intimpartner ist. Dass heißt, diejenigen, die eine Menge Alkohol trinken und diejenigen, die tatsächlich betrunken sind, werden viel eher sowohl Täter als auch Opfer dieser Art von Gewalt. Dasselbe gilt für sexuelle Gewalt. Trotz ihres Vertrauens auf ihr Wissen über die Risikofaktoren weisen die CDC keine Programme oder Projekte als Beispiel auf, die eine Verringerung des Alkoholkonsums als Teil einer Strategie, diese Verbrechen zu verringern, zum Ziel hatten.

Obwohl wir wissen, dass das Erhöhen des Mindestalters für den Kauf von Alkohol die Zahl der Verkehrstoten verringert hat, ist nicht so klar, ob dies einer der Gründe für das Sinken der Quoten für andere gewöhnliche Verbrechen ist. In seiner Analyse über den Rückgang der Kriminalität in New York City weist Andrew Karmen auf die positive Korrelation zwischen Trends von Verbrechen und dem Konsum alkoholischer Getränke hin – mehr Alkohol, mehr Verbrechen.[12] Im Fall von New York City vermutet er, dass der Rückgang im Konsum von Spirituosen, wie Rum oder Wodka, einen Teil des Rückgangs von

---

[12] Karmen, New York Murder Mystery, 2000, 185–187 und 265.

Verbrechen erklären kann. Die erfolgreichen Bemühungen, Gewalt in Bogota zu verringern, die wir in Kapitel 7 besprechen werden, wurden mit den Strategien in Verbindung gebracht, den Zugang zu Alkohol einzuschränken.

Viele Städte bekommen Probleme, wenn junge Erwachsene die Bars alle um dieselbe Zeit verlassen, weil Schankgesetze verlangen, dass Bars zu einer bestimmten Zeit schließen. Die Probleme bestehen teilweise aus ruhestörendem Lärm, aber es könnte auch Schlägereien geben, weil junge betrunkene Männer ihre Streitigkeiten auf der Straße austragen. Es kann auch Streit über den Zugang zu öffentlichen Verkehrsmitteln geben. Vor kurzem haben England und Wales die festgelegten Öffnungszeiten für Kneipen abgeschafft. Diese Regelung ermöglicht es Kneipen, 24 Stunden offen zu bleiben, in dem Bemühen, den geballten Andrang auf öffentliche Verkehrsmittel zu vermeiden. Dies wurde in manchen Fällen von der Einrichtung medizinisch überwachter Kliniken begleitet, in denen Personen, die exzessiv Alkohol getrunken haben, sich erholen oder nüchtern werden können. Wir werden die Evaluationen der britischen Regierung abwarten müssen, um zu sehen, welche Wirkung dies hat.

Exzessiver Alkoholkonsum während der Schwangerschaft kann bei Kindern zu Alkoholembriopathie führen, dies ist der Name, der dem durch exzessiven Alkoholkonsum der schwangeren Mutter verursachten Schaden am ungeborenen Kind gegeben wird. Er führt zu einer Anzahl geistiger Behinderungen, die die Lernfähigkeit des Kindes einschränken, was die Wahrscheinlichkeit erhöhen kann, Verbrechen zu begehen. Da es keine Heilung dafür gibt, ist Vorbeugung wichtig. Die beste Vorbeugung ist Information, Bildung und Unterstützung für die werdende Mutter, um das Trinken von Alkohol zu vermeiden. Aber der meiste Schaden wird in den ersten drei Monaten der Schwangerschaft angerichtet und die Mutter könnte sich nicht sofort darüber im Klaren sein, dass sie schwanger ist und sie könnte ebenfalls Schwierigkeiten haben, ihre Gewohnheiten zu ändern.

Drogenkriege ächten

Wenn es je ein Reizthema gab zwischen Wissen und gesundem Menschenverstand auf der einen Seite und dem „Recht-und-Ordnung"-System auf der anderen, dann sind es die Strategien, um den Drogenhandel und Missbrauch illegaler Drogen in Angriff zu nehmen. Wie die *Drug Policy Alliance* zeigt, haben die Vereinigten Staaten viele $100 Milliarden für mehrere Drogenkriege in den letzten Jahrzehnten ausgegeben. Das Hauptziel dieser Kriege war, den Drogennachschub auf dem US Markt abzuschneiden. Sie sollten Farmer in verarmten Ländern davon abhalten, die Grundbestandteile anzupflanzen; sie nutzten Rambotaktiken, um die Hauptdrogenhändler gefangen zu nehmen und zu inhaftieren; sie griffen in die Versorgungskette ein, sofern die Drogen aus dem Herstellerland in die Vereinigten Staaten transportiert wurden und sie setzten die Gesetze gegen örtliche Gangs durch, die die Drogen vor Ort verteilen.

Unglücklicherweise sind die Ergebnisse nicht besonders spektakulär, da Drogen zu günstigeren Preisen als je zuvor zu haben sind, was bedeutet, dass mehr davon vorhanden sind. Heroin, Kokain, Methamphetamin und neue und andere Variationen sind weiterhin in den meisten US Städten und beunruhigenderweise auch auf zu vielen Schulhöfen leicht zu finden. Laut BJS haben 25% aller Inhaftierten in den Vereinigten Staaten ihre Verbrechen begangen, um Drogen zu bekommen. Also kostet die reaktive „Recht-und-Ordnungshaltung" $42 Milliarden pro Jahr, denn dies sind 25% der gesamten Strafrechtspflegekosten von $167 Milliarden. Es gibt auch die ständige Debatte darüber, ob Marihuana und seine verschiedenen Derivative frei verkauft werden sollten, wie in den Coffeeshops in Amsterdam, oder ob der Verkauf durch Gesetze kontrolliert werden sollte, die eine medizinische Nutzung oder das Anpflanzen und den Verkauf kleiner Mengen für den persönlichen Bedarf erlauben. Für andere Drogen, wie Heroin und Kokain, ist die Schadensverringerungsstrategie, die mit der Stadt Frankfurt assoziiert wird, berühmt geworden. Im Wesentlichen wird versucht, die Verbreitung von AIDS und Hepatitis C zu stoppen, indem kostenlose Spritzen bereitgestellt werden, so dass sich die Benutzer mit sterilen Spritzen einen Schuss setzen können. Die Strategie kann auch medizinisch überwachte Kliniken beinhalten, in denen medizinische Hilfe bei Überdosierungen und anderen Komplikationen verfügbar ist. Bei diesen Strategien geht es darum, Verluste an Menschenleben und die Verbreitung von Krankheiten zu vermeiden.

Zu wenig Aufmerksamkeit wird der Verringerung der Nachfrage gewidmet, und die Methoden, über die am meisten geredet wird, funktionieren nicht. Aufklärung zur Drogenmissbrauchsverringerung ist ein gut bekanntes Programm des *Los Angeles Police Department*, das uniformierte Polizisten – das „Recht-und-Ordnung"-System – in Schulen schickt, um mit den Schulkindern über Drogen zu sprechen. Die Arbeit von Sherman und seinen Kollegen an der *University of Maryland* zeigt jedoch, dass es den Evaluationen dieser Programme nicht möglich war, eine positive Auswirkung im Sinne einer Verringerung des Drogenkonsums nachzuweisen.[13]

Die Stadt Vancouver in Kanada hat sich einen Namen gemacht durch ihre Vier-Säulen-Strategie zum Umgang mit Drogen. Diese Säulen sind Schadensverringerung, Prävention, Intervention und Repression. Die Stadt will auch, dass ihr Handeln evidenzbasiert ist. In nur zehn Jahren hat sie die Zahl der Todesfälle durch illegale Drogen von 150 auf 50 gesenkt, während die Zahl der Todesfälle durch illegale Drogen in der Provinz British Columbia, deren größte Stadt Vancouver ist, konstant bei 150 blieb. Dies ist ein dramatischer Beweis für die Effektivität der Kombination, Risikofaktoren von Kriminalität durch Prävention und Repression in Angriff zu nehmen.[14]

Das *National Center on Addiction and Substance Abuse* an der *Columbia University* bestätigte, dass Eltern, die einen „einschreitenden" Ansatz gegenüber dem Leben ihrer Teenager einnehmen, das Risiko dieser jungen Menschen Drogen, Alkohol und Tabak zu missbrauchen, erheblich reduzieren. Mütter und Väter sollten Eltern für ihre Teenager sein, nicht Kumpel. Das Zentrum kam zu dieser Schlussfolgerung, nachdem es eine Umfrage unter 1.000 amerikani-

---

13 Sherman et al., Evidence Based Crime Prevention, 2002

14 http://www.city.vancouver.bc.ca/fourpillars/, January 2006.

schen Jugendlichen zwischen 12 und 17 Jahren gemacht hatte. „Einschreitend“ bezog sich auf die Eltern, die sich für ihr Kind interessierten, indem sie beobachteten, was die Teenager im Fernsehen und im Internet ansehen, wussten, wo sie nach der Schule waren, sich der schulischen Leistungen genau bewusst waren usw. Die Untersuchung ist nicht solide genug, um große Investitionen zu rechtfertigen, aber sie macht Sinn und die Kosten sind niedrig.

Im Gegensatz dazu hat die *University of Colorado* in Boulder zwei *„Blue Prints“* zur Gewaltprävention aufgenommen, die sich darauf konzentrieren, den Missbrauch von Alkohol und anderen Drogen in Angriff zu nehmen.[15] Diese haben solide Untersuchungen, um ihre Schlussfolgerungen zu unterstützen. Es sind Projekte, bei denen eine unabhängige wissenschaftliche Evaluation gezeigt hat, dass sie Verringerungen in Drogengebrauch und Gewalt erbringen. In einem Projekt, bekannt als das *Midwestern Project*, war das Ziel Drogenmissbrauch von der Grundschule bis zur weiterführenden Schule zu vermeiden, indem die Schüler Fähigkeiten fürs Leben lernen und Informationen und Fähigkeiten vermittelt bekommen, um Drogen zu vermeiden. Es arbeitet mit Eltern, Schulen, Medien, örtlichen Organisationen und dem Gesundheitswesen, um Drogenmissbrauch durch Jugendliche zu verringern. Das zweite Projekt ist als *Towards No Drug Abuse* bekannt – das Ziel und die Methoden sind ähnlich. Es wurde an 3.000 Jugendlichen aus 42 Schulen getestet. Seine 12 Unterrichtsstunden im Klassenzimmer werden innerhalb von vier Wochen abgeschlossen und beinhalten alles von Diskussionen über Gesundheitsprobleme in Folge von Drogenkonsum über Kommunikationsfähigkeiten bis zu Stressmanagement. Diese Programme erreichten 20 bis 40 Prozent Verringerung im Drogenkonsum. Die Kosten dafür, 1.000 Jugendlichen mit Drogenmissbrauchsprävention durch das *Midwestern Project* zu helfen, lagen bei $175.000 – genauso viel wie die jährlichen Kosten für zwei Polizeibeamte.

---

[15] Elliott, Blue Prints for Violence Prevention, 2005, www.colorado.edu/cspv/blueprints

Überlegen Sie, wie die $42 Milliarden, die für Gesetzesvollzug und Inhaftierung ausgegeben werden, um auf Drogenmissbrauch zu reagieren, genutzt werden könnten, um die Nachfrage nach Drogen zu verringern.

Die Todesstrafe ächten, um das Töten zu stoppen

Im Jahr 2004 wurden in den Vereinigten Staaten 59 Inhaftierte hingerichtet und 3.374 Inhaftierte wurden im Todestrakt gehalten. Die Regierung der Vereinigten Staaten und 38 Staaten der USA haben immer noch die Todesstrafe als Sanktion für Mord. Was überraschend und enttäuschend für einige sein wird, ist, dass die Mordraten nicht davon beeinflusst werden, ob die Todesstrafe genutzt wird oder nicht. Zum Beispiel ist die Veränderung in den Mordraten in den Vereinigten Staaten seit 1976, als die Vereinigten Staaten die Todesstrafe wieder einführten und Kanada sie aus seinem Strafgesetzbuch herausnahm, so ähnlich wie in Kanada. Für die Zeit zwischen 1968 und 1976 stoppte der US Supreme Court die Anwendung der Todesstrafe in den Vereinigten Staaten, weil die Gesetze es erlaubten, sie in einer Art und Weise anzuwenden, die - wie Kriminologen und andere aufgezeigt hatten – rassistisch diskriminierend war, insbesondere weil Schwarze, die Weiße umgebracht hatten, wesentlich häufiger hingerichtet wurden als Weiße, die Schwarze umbrachten.

Von 1976 bis heute ist die Mordrate pro 100.000 Einwohner in den Vereinigten Staaten von einem Hoch von fast 10 auf knapp 5 (Abbildung 3.2) zurückgegangen. Das sind gute Nachrichten, die aber nicht durch die Todesstrafe herbeigeführt wurden. Obwohl die US Rate mehr als doppelt so hoch ist wie die von Kanada sind beide in einer ähnlichen Weise zurückgegangen. Viele US Staaten haben die Todesstrafe abgeschafft und der US Supreme Court hat zwei neue Entscheidungen getroffen, um die Anwendung der Todesstrafe für Verbrecher zu stoppen, die zur Tatzeit psychisch krank oder unter 18 Jahre alt waren.

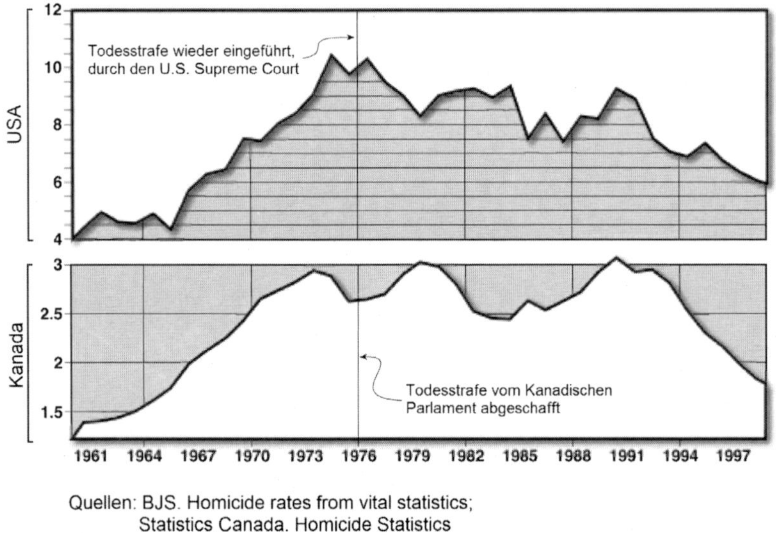

Abbildung 3.2 Mordrate je 100.000 Einwohner in Kanada und den Vereinigten Staaten nach Wiedereinführung bzw. Abschaffung der Todesstrafe

Kein Land kann Mitglied der Europäischen Union werden, wenn es die Todesstrafe anwendet – Täter zu töten ist eine sinnlose Bemühung, das Töten zu stoppen. Laut der Arbeit des britischen *Home Office* sind die Mordraten pro 100.000 Einwohner in Europa relativ stabil zwischen 1 und 2 geblieben. Die Europäische Union hat die Todesstrafe geächtet. Tatsächlich müssen Staaten wie die Türkei, die der Europäischen Union beitreten wollen, erst die Todesstrafe abschaffen.

Zusammenfassung

Gewalt ist kein Zufall, sondern vermeidbar. In Kapitel 2 haben wir schon den Umfang mancher *„Blue Prints"* gesehen, die Gewalt vorbeugen würden, inklusive der Gewalt gegen Kinder. Um Gewalt gegenüber Frauen zu stoppen, gibt es vielversprechende Wege, wie bessere Arbeitsmöglichkeiten für Frauen, vereinfachte Scheidungs- und Unterhaltsvorschriften und erweiterte Hilfen für Opfer häuslicher Gewalt, wie die Frauenhäuser. Erfolgversprechende Programme würden friedliche Konfliktlösung und Respekt zwischen den Geschlechtern lehren, besonders bei Schulkindern, oder auch weiblichen Opfern Zugang zu weiblichen Polizeibeamten und Beratern ermöglichen.

Eine wichtiges Korrelat von Gewalt in den Vereinigten Staaten ist die Nutzung von Handfeuerwaffen, welche ein Teil eines Teufelskreises ist, da Personen Handfeuerwaffen zum eigenen Schutz besitzen, weil Polizei und Justiz zur Zeit Gewalt nicht effektiv vorbeugen. Wenn aber die Polizei Handfeuerwaffen aus den falschen Händen nimmt, sinken Verbrechen mit Handfeuerwaffen, und die Nachfrage nach Waffen zum Selbstschutz könnte sinken.

Viele Leben würden gerettet werden durch die Nutzung von Sicherheitsgurten und wenn von MADD unterstützte Programme gegen Trunkenheit am Steuer eingeführt würden. Ebenso, wenn mehr getan werden könnte, um rücksichtsloses Fahren nach Alkoholkonsum oder anderes Risikoverhalten zu verhindern. Wir müssen den Einfluss des Alkoholkonsums auf die Kriminalität verringern, einschließlich der Prävention der Alkoholembriopathie. Lassen Sie uns mehr Wissen in der Prävention von Drogenmissbrauch nutzen, indem bedeutende Mengen der für die Nachschubverringerung verschwendeten Mittel den *„Blue Prints"* zugewiesen werden, die bewiesen haben, dass sie die Nachfrage verringern. Lassen Sie uns von der Vier-Säulen-Strategie Vancouvers lernen, um Prävention und Repression zu kombinieren.

Noch einmal sehen wir eine umfangreiche Liste von Programmen, die Kriminalität vorbeugen könnten. Stellen Sie sich vor, was für einen Unterschied der Einsatz von $100 Milliarden für diese Programme gemacht hätte.

4. Achten Sie auf Ihr Eigentum, wo nötig

Am 11. September 2001 sah „der Kleine Bruder" zu und nahm mit Überwachungskameras (CCTV) an den Flughäfen der Vereinigten Staaten auf, wo Mohamed Atta und seine Gruppe ihre Reise anfingen, um vier Flugzeuge zu kapern, 3.000 Menschen zu töten, viele weitere zu verletzen und zu traumatisieren und eine ganze Nation zu ängstigen. CCTV beugte dem nicht vor. Es half Ermittlern aber, nach der Tat herauszufinden, wo die Terroristen in die Flugzeuge stiegen, und ihre Identitäten herauszufinden. Am 7. Juli 2005 sah „der Kleine Bruder" in England zu, als vier Selbstmordattentäter mit einem fünften Mann sprachen, bevor sie in den Zug stiegen, um in das Zentrum Londons zu kommen. Das half nicht, sie davon abzuhalten, drei Züge und einen Bus in die Luft zu jagen, 56 Menschen zu töten, viele weitere zu verletzen und zu traumatisieren und eine ganze Nation zu ängstigen. Es half jedoch den Ermittlern nach der Tat herauszufinden, wie die Selbstmordattentäter das öffentliche Verkehrssystem betreten hatten und wer sie waren.

CCTV ist nur eine der Technologien, die mit der Begründung verkauft werden, dass sie Kriminalitätsraten verringern, indem sie das empfundene Risiko des potentiellen Täters erhöhen. Die Theorie ist einfach. Verbrecher werden ihre Tat nicht verüben, wenn sie über CCTV aufgenommen werden, da sie einfach identifiziert und so gefangen und verurteilt werden können. Während die Theorie einleuchtend scheint, zeigen die wissenschaftlichen Beweise, dass CCTV nicht überall wirksam ist, noch sind es einige der anderen beliebten Technologien. Tatsächlich ist CCTV, wie das Beispiel der Terroristen zeigt, besser darin, die Frage „Wer war's?" zu beantworten, als darin, ihn an der Tat zu hindern.

Der Glaube, dass Kriminalität verringert werden kann, indem die Gelegenheit zur Tat angegangen wird statt der Motivation des Täters, hat eine lange Geschichte. Jane Jacobs zog 1961 mit *Death and Life of Great American Cities* die Aufmerksamkeit auf die Bedeutung der vielen „Augen auf der Straße", wo viele Bewohner Besitzansprüche für einen Bereich fühlten. Sie behauptete, dass die Kombination von Augen und Besitzanspruch sowohl Eigentums- als auch Gewaltdelikte auf der Straße verringern würde. Das ist eine Art, wie „der Kleine

Bruder" sein Eigentum überwacht. Zu der Zeit sprach Oscar Newman - ein kanadischer Architekt, der für die *New York City Housing Authority* arbeitete - über „wehrhaften Raum" (*defensible space*), der in Gebäude integriert wird, so dass die Bewohner Personen sehen können, die auf die Wohnung zukommen und so ihren Raum nebenbei überwachen können. Dies waren die Visionäre der 1960er, die einen Großteil des heutigen öffentlichen Interesses förderten, Kriminalität durch Umweltdesign zu verhindern.

Aber die Evaluationen der Bemühungen, ihre Ideen einzuführen, waren nicht so ermutigend. Meine eigene Arbeit in Toronto in den 1970ern darüber, was Einbrüchen vorbeugt, war nur eine von vielen, die zeigten, dass diese Designfaktoren nicht so wichtig waren wie heraus zu finden, ob junge Männer in Situationen aufwuchsen, die sie zu Verbrechen tendieren lassen.[1] Aber meine Untersuchung bestätigte, dass die Präsenz von jemandem, der Acht gab, wichtig war Einbrüche zu verringern, und sicherlich wichtiger war als Polizei, Gefängnisse und Richter.

Mit Nachbarn aufpassen

Nachbarn dazu zu bringen, ohne Jane Jacobs Besitzanspruch für Sie aufzupassen, ist im Allgemeinen noch nutzloser, trotz der Tausenden, die sich überall auf der Welt im Nachbarschaftsschutz engagieren. Ursprünglich als Möglichkeit gedacht, Einbrüche in Wohnungen zu verhindern, ist *Neighborhood Watch* die größte Bürgerbewegung für Kriminalprävention geworden. Trotz ihrer Verpflichtung auf Prävention und der großen Zahl der Beteiligten ist sie traurigerweise nicht so effektiv, wie sie es sein könnte - teilweise, weil sie zu sehr ein Teil der Öffentlichkeitsarbeit der Polizei geworden ist und nicht mehr vorrangig eine Bewegung zum Verringern von Einbrüchen. Sherman und seine Kollegen an der *University of Maryland* folgerten, dass die wissenschaftlichen Evaluationen über *Neighborhood Watch* als Weg, Einbrüche zu verringern, nicht zeigen, dass dies effektiv ist.[2]

---

1 Waller & Okihiro, Burglary, the Victim and the Public, 1978

2 Sherman et al., Evidence Based Crime Prevention, 2002.

Das ursprüngliche Programm aus den 1970ern in Seattle namens *Community Crime Prevention Project*, das *Neighborhood Watch* inspirierte, war jedoch erfolgreich. Es wurde wissenschaftlich bewiesen, dass das Programm Verringerungen um 50% in den Quoten der Wohnungseinbrüche bewirkte, die für mehrere Jahre aufrecht erhalten wurden. Dies waren zuverlässige Daten, da die Evaluation eine randomisierte kontrollierte Studie (Experiment) nutzte, indem die Programmbereiche zufällig aus Gegenden mit hoher Kriminalität in der Stadt ausgewählt wurden, so dass ein wissenschaftlicher Vergleich zwischen den Gegenden mit dem Programm und denen ohne gemacht werden konnte. Meine Analyse zur Identifikation der erfolgreichen Bestandteile des Seattleprojekts verweist auf das Verfahren, die Risikofaktoren zu bestimmen, statt der spezifischen technischen Lösungen, wie bessere Schlösser. Es war erfolgreich, weil eine städtische Behörde das zu lösende Problem feststellte, bevor eine Lösung angewandt wurde. Es kostete Geld, aber Prävention, die erfolgreich sein soll, benötigt Investition - die eine Unze Prävention, die besser ist als ein Pfund Heilung. Diese Unze wurde klug eingesetzt.

Die Ursprünge der Erfolgsgeschichte aus Seattle sind interessant und heute genau so wichtig wie in den 1970ern. Kurz nach seiner Wahl gründete der Bürgermeister Seattles eine Planungsbehörde für Fragen von „Recht-und-Ordnung“, die ihm unterstellt war, nicht dem Polizeichef, und brachte diese Behörde dazu zu analysieren, wie viel Kriminalität in der Stadt war, wo sie war und was die Ursachen dafür waren - eine Strategie, die, wie wir in Kapitel 7 sehen werden, das Geheimnis für jede erfolgreiche Kriminalprävention ist. Diese Behörde führte auch einige Meinungsumfragen durch, um herauszufinden, was die Bürger Seattles beunruhigte. Die Auswertung wurde mit den Leitern der städtischen Behörden, einschließlich der Polizei, besprochen. Dann wurde sie dem Stadtrat vorgelegt, der die Notwendigkeit billigte, Einbrüchen, sexuellen Nötigungen und Überfällen auf kleine Läden die Priorität zu geben. An diesem Punkt fing die Behörde ihre zweite Phase an, herauszuarbeiten, wie jedes dieser drei Probleme gelöst werden kann. Sie sprachen mit Experten, Polizeibeamten und Sozialwissenschaftlern und erarbeiteten je eine maßgeschneiderte Lösung für jedes der Probleme – schon jetzt weniger Recht und mehr Ordnung.

Für Einbruch folgerten sie - zu Recht oder auch nicht - dass er durch Bewohner begünstigt wurde, die:

- ihre Wohnungen verließen, ohne dass jemand für längere Zeit am Tag oder während des Wochenendes da war,
- nicht eingriffen, wenn verdächtige Fremde in der Nachbarschaft waren,
- keine vernünftigen Schlösser an ihren Eingangstüren hatten und
- ihr Eigentum, das wie Fernseher leicht weggetragen und in Bargeld verwandelt werden kann, nicht markiert hatten.

So gründeten sie das *Community Crime Prevention Project* um diese Mängel zu beheben. Es ist wichtig zu erkennen, dass die Lösung auf die Risikofaktoren zielte, die Kriminalität verursachen - etwas, das der *National Research Council* und viele andere als das Geheimnis für eine kluge Nutzung von Steuergeldern ansehen, um Kriminalitätsprobleme zu lösen.[3] Die US Regierung gab der Stadt als Teil ihres *Omnibus Crime Control and Safe Streets Act* aus dem Jahr 1968 finanzielle Mittel für dieses Programm. Im Wesentlichen stellte die Stadt - nicht die Polizei, noch irgendeine kleine regierungsunabhängige Gruppe - eine Gruppe junger Universitätsstudenten ein, die sie trainierte, um in die Nachbarschaften zu gehen und die Menschen zu überzeugen, kleine Gruppen aus unmittelbaren Nachbarn zu gründen, um einander kennenzulernen und Vorsichtsmaßnahmen vorzunehmen, die den identifizierten Ursachen entgegenwirkten. In anderen Worten wurde dort eine Gemeinschaft gebildet, wo sie durch das Stadtleben verloren gegangen war.

---

3 National Research Council (U.S.), Fairness and Effectiveness in Policing, 2004, 246–251.

Das Programm beinhaltete Training für Folgendes:

- Wann und wie einzugreifen sei, wenn sie eine verdächtige Person sahen, unter anderem die Erlaubnis der Nachbarn zu bekommen, diese Person zu konfrontieren und die Polizei zu rufen.
- Möglichkeiten ihre Wohnungen so aussehen zu lassen, als wäre jemand anwesend, zum Beispiel durch einen Hund oder Zeitschaltuhren, die Radios und Lichter an- und ausschalten.
- Welche Schlösser effektiv sind, wie zum Beispiel Bolzenschlösser, die schwer mit Plastikkarten zu öffnen sind.
- Fernseher, Radios und andere wertvolle, leicht transportable Gegenstände mit ihrer Sozialversicherungsnummer zu kennzeichnen.

Ihre Analyse, was Einbrüche verursacht, war oberflächlich, aber gut genug, um Hoffnung auf Erfolg zu geben. Sie richteten auch eine unabhängige Evaluation des Programms mit Hilfe von Dr. Matthews, einem Statistiker, ein. Sie willigten ein, das Programm nur in bestimmten, zufällig ausgewählten Gegenden mit mittlerer und hoher Kriminalität auszuführen. Die Evaluation benutzte sowohl Polizeiberichte als auch Opferumfragen, um die Veränderungen über die Zeit einzuschätzen. Die unabhängige Evaluation war wissenschaftlich anspruchsvoll. Matthews erklärte, dass das Programm Einbrüche in den Zielbereichen um 50% oder mehr reduziert hatte - ein außergewöhnlicher Erfolg. Es bekam eine Auszeichnung vom *US Department of Justice* als exemplarisches Programm und ein Handbuch wurde geschrieben, wie man es anderswo einführen könne.

Unglücklicherweise konnte die Evaluation nicht feststellen, was das Programm so erfolgreich machte. Das wäre, wie wir sehen werden, wichtig gewesen, um den stetigen Anstieg der Einbruchsrate anzuhalten. In einer separaten Analyse in Toronto konnte ich über 5.000 Polizeiberichte von Einbrüchen auswerten und eine Opferumfrage in 1.500 Haushalten durchführen. Ich interviewte auch einige Einbrecher, um herauszufinden, wie sie die Wohnungen aussuchten, in die sie einstiegen. Aus der Evaluation des *Community Crime Prevention Program* und der systematischen Analyse der Bedingungen in Toronto wurde klar, dass die wirksamen Elemente des Erfolgs des *Seattle Community Crime Prevention Program* aus den ersten zwei Komponenten bestanden; das heißt, die Gelegenheit für einen Einbruch ist durch eine Wohnung gegeben, der sich ein Täter nähern kann, ohne gesehen zu werden, weil er dann nicht erwischt wird. Einbrecher, die denken, es sei niemand in der Nähe, können in ein typisches nordamerikanisches Haus auf verschiedenen Wegen von hinten, vorne oder von der Seite eindringen - also ist ein 1 Zoll dickes Bolzenschloss an der Eingangstür irrelevant.[4] Zweitens stehlen viele von ihnen leicht transportable Güter, die sie auf Schulhöfen verkaufen können, statt sich über Markierungen zu sorgen, die einen Verkauf bei einem Pfandleiher oder einem Second-Hand-Laden verhindern.

Meine Untersuchung in Toronto unterstrich die Wichtigkeit menschlicher Präsenz für die Verhütung von Verbrechen. Einbrecher berichteten, dass sie niemandem begegnen wollten. Also blieben sie von Wohnungen weg, bei denen sie dachten, es sei jemand zu Hause. Unsere Studie zeigte, dass in Hochhäusern, die einen Portier haben, nie eingebrochen wurde. Egal ob die Person ein Portier, ein Familienmitglied oder ein bezahlter Wachmann ist, die Anwesenheit einer dieser Personen hilft, Einbrüche zu verringern und darüber hinaus auch viele andere Eigentumsdelikte.

Dem Erfolg des Seattleprogramms und der wachsenden Einbruchsrate folgend verlangten die Bürger nach effektiveren Programmen. Dem Handbuch des *Community Crime Prevention Program* in Seattle konnte man leicht folgen und es hatte kopierfertige Flugblätter, die in anderen Gemeinden reproduziert werden konnten. Es inspirierte die *Neighborhood Watch* Bewegung, die sich über die Vereinigten Staaten und andere Länder ausbreitete, mit tausenden Personen, die sich zur Nachbarschaftswache eintrugen. Fast überall, wohin ich eingeladen wurde, gab es eine aktive Nachbarschaftswache, die ihre Mitglieder - leidenschaftlich an Prävention glaubende Menschen - zu-

---

4 Waller, What Reduces Residential Burglary? 1982.

sammentrommelte, um mich zu hören. Unglücklicherweise bekommen die meisten zu hören, dass das, was sie als Nachbarschaftswache machen, nicht effektiv ist.[5]

Was lief falsch und was können diese leidenschaftlichen Unterstützer der Prävention tun? Wie konnte dies in Seattle erfolgreich sein, aber ein Fehlschlag in den meisten anderen Städten? Erstens nahmen sich leider jene, die das Programm übernehmen wollten, nicht die Zeit nachzulesen, wie ihr Kriminalitätsproblem zu analysieren sei, damit eine effektive Lösung gefunden werden kann. Stattdessen nahmen sie die Flugblätter und die Lösungen für Seattle und wandten sie als Nachbarschafts- oder Blockwache in ihrer Stadt an. Normalerweise stellten sie kein Personal an, um dies durchzuführen oder sicherzustellen, dass sich ihre unmittelbare Nachbarschaft an den Zusammenkünften beteiligte. Sie nahmen auch nicht die Gebiete ins Visier, in denen das Programm gebraucht wurde, da es oft die Polizei war, die das Programm machte, und die hatte nicht die Zeit, in die Nachbarschaften zu gehen, die sich nicht selbst organisieren konnten.

Zweitens war es eine Bewegung, die von den Polizeibehörden gesteuert wurde, die sie einer nachgeordneten, für die Öffentlichkeitsarbeit zuständigen Abteilung zuwiesen, deren Hauptinteresse in der Verbesserung der Öffentlichkeitsarbeit lag und nicht darin, echte Verbrechensverringerung zu erreichen. Allzu oft wurden die Programme in Gebieten organisiert, in denen die Bewohner während des Tages zu Hause sind – das sind Gebiete, in denen die Einbruchsraten ohnehin niedrig sind. Drittens wurde die Ausbreitung von Nachbarschaftswachen erreicht, ohne Studenten oder andere Gemeinwesenarbeiter zu bezahlen, loszugehen und die Nachbarn zu organisieren. Wenn Sie möchten, dass die Nachbarschaftswache funktioniert, müssen Sie losgehen und zuerst die Problemanalyse machen, um herauszufinden, was gebraucht wird. Danach brauchen Sie ein Budget, um die Sozialarbeiter zu bezahlen, damit sie die Nachbarn dazu bringen, die Probleme, die die Analyse aufzeigt, zu lösen. Machen Sie dies nicht alles als Teil der Öffentlichkeitsarbeit der Polizei. Interessanterweise ist die Stadt Montreal eine der wenigen,

[5] Sherman et al., Evidence Based Crime Prevention, 2002, 315–321.

die diesem Rat gefolgt sind. In den 1980ern wurde dort ein bemerkenswert erfolgreiches *Community Crime Prevention Program* gegründet – Tandem Montreal – das heute als einziges, aber inspirierendes Beispiel bleibt, mit einem eigenen städtischen Budget von mehreren Dollar pro Einwohner, das jedes Jahr wächst.

Währenddessen begannen die Briten in den 1980ern sich sehr dafür zu interessieren, Kriminalprävention auszuweiten. Sie entwickelten in den späten 1980ern ein dem *Community Crime Prevention Program* aus Seattle ähnliches Programm, und zwar in einem Wohngebiet namens Kirkholt in der Nähe von Manchester. Sie begannen mit einer Diagnose des Ausmaßes und der Ursachen für Einbrüche in Kirkholt, die von Ken Pease geleitet wurde, einem Universitätsprofessor mit der Gabe, Menschen zu inspirieren über Lösungen nachzudenken für das, was er wiederholte Viktimisierung nennt.[6] Sein Konzept bezieht sich auf die Tatsache, dass viele Personen Opfer von mehr als einem Verbrechen pro Jahr werden - oft von der selben Art von Verbrechen. Im Falle des Einbruchs fiel ihm auf, dass viele Einbruchsopfer nochmal Opfer wurden, nachdem der Besitzer Zeit hatte, den gestohlenen Fernseher oder Computer durch einen neuen zu ersetzen.

In Kirkholt brachte Pease die Polizei, städtische Beamte und Bewährungshelfer dazu, bei der Diagnose zusammenzuarbeiten. Da sie von Anfang an beteiligt waren, wollten sie unbedingt bei den Lösungen dabei sein. Sie standen einer extrem hohen Einbruchsrate in einer Siedlung des sozialen Wohnungsbaus sowie einer hohen Anzahl von Fällen von Wiederholungsopfern gegenüber. Während die Opfer wissen, dass ein Einbrecher mehr als einmal kommt, weiß die Polizei dies oft nicht, da sie so organisiert ist, auf jeden Anruf einzeln zu reagieren – statt das Muster der Anrufe zu analysieren.

Das Team teilte das Wissen, das jeder einzelne darüber hatte, wer einbrach, in wessen Wohnung und was gestohlen wurde. Dann entwickelten sie Reaktionen auf jede einzelne Ursache. Sie erfassten den Umfang, in dem Bargeld aus Stromzählerautomaten gestohlen wurde,

---

[6] Farrell & Pease in Welsh & Farrington, Preventing Crime, 2006, 162–176.

und wie wenig Sicherheit von den Bewohnern geschaffen wurde, weil sie nicht in der Wohnung waren oder sich nicht verantwortlich fühlten für Einbrüche in den Wohnungen anderer. Deshalb richteten sie eine gut organisierte „Kokon" Nachbarschaftswache ein, in der die direkten Nachbarn zusammenarbeiteten und in der Bargeld aus den Wohnungen entfernt wurde. Mit Hilfe bezahlter Mitarbeiter brachten sie die Nachbarn zusammen und ermutigten sie, auf das Eigentum der anderen aufzupassen. Pease prägte den Begriff Kokon-Nachbarschaftswache für den Schutz, den direkte Nachbarn schaffen, wenn sie auf das Eigentum anderer aufpassen, so wie ein Kokon den Schmetterling umgibt, bevor er schlüpft.

Sie verbesserten außerdem die physische Sicherheit in dem Gebiet, indem Schlösser und Lampen installiert wurden und die Bargeld-Stromzählerautomaten entfernt wurden, die die Täter anzogen. Der Kirkholt Bewährungsdienst wurde dafür gewonnen, die Hochrisiko-Täter mit intensiveren Rehabilitationsprogrammen zu betreuen. Das Ergebnis war ein Programm, das besonders bei Wiederholungstätern und Wiederholungsopfern funktionierte und einen 75 prozentigen Rückgang der Einbrüche in einem Zeitraum von vier Jahren erreichte. Sie wiesen eine Einsparung in Polizei-Arbeitsstunden von $4 für jeden Dollar nach, der für das Programm ausgegeben wurde. Überlegen Sie sich, was hätte erreicht werden können, wenn nur ein Teil von den $100 Milliarden, die in den USA für herkömmliche Polizeiarbeit ausgegeben werden, in die Vorbereitung und Durchführung von Programmen nach dem Erfolgsmuster von Seattle und Kirkholt gesteckt werden würde.

Trotz des erstaunlichen Erfolgs des Programms aus Kirkholt übersahen Replikationen – ebenso wie die Nachahmer des *Seattle Community Crime Prevention Project* – die Bedeutung der Problemanalyse vor der Lösungsfindung. Was funktioniert, ist das Lösen von Problemen, nicht das Nachahmen von Maßnahmen. Das zu wiederholen, was wie das Wegnehmen der Stromzählerautomaten das Problem in Kirkholt gelöst hat, bringt in einer anderen Stadt nicht dieselben Ergebnisse. Das heißt, das Programm wird nur insoweit erfolgreich sein, als es einen Risikofaktor in Angriff nimmt, der bekanntermaßen mit dem Auftauchen von Verbrechen in Ihrer Stadt oder Nachbarschaft zusammenhängt.

Auf sein Eigentum aufpassen – mit Sicherheitsdiensten, Alarmanlagen oder Nachbarn

Allein in den Vereinigten Staaten gibt es heute mindestens zwei Millionen Menschen, die in der privaten Sicherheitsindustrie angestellt sind, deren jährlicher Umsatz $100 Milliarden übersteigen wird. Manche der Sicherheitsdienstleister sind Angestellte großer Firmen, wie Einzelhandelsketten und Fabriken. Manche sind Angestellte von Sicherheitsfirmen, die ihre Dienste an reiche Persönlichkeiten oder Firmen verkaufen. Der Hauptunterschied zwischen der öffentlichen Polizei und den privaten Sicherheitsdiensten ist, dass die privaten Sicherheitsdienste für diejenigen arbeiten, die sie bezahlen, statt im öffentlichen Interesse zu arbeiten. Trotzdem stellen manche dieser Sicherheitsfirmen ihre Dienste der Regierung zu Verfügung, z.B. beim Bewachen städtischer Gebäude.

Für jeden beamteten Polizisten gibt es vermutlich drei Personen, die in privaten Sicherheitsfirmen arbeiten. Das ist eine bemerkenswerte Wende seit den 1960ern, als es doppelt so viele beamtete Polizisten wie Angestellte in privaten Sicherheitsfirmen gab. Ich habe das unaufhaltsame Wachstum der Polizei in den Vereinigten Staaten und anderswo aufgezeigt und den dramatischen Anstieg von Inhaftierung. Das Wachstum im privaten Sicherheitsgewerbe ist noch viel phänomenaler. Das Wachstum ist auch beachtlich, weil es den Mangel an Vertrauen der Amerikaner zu „Recht-und-Ordnung“ widerspiegelt. Trotz der großen Steueranstiege für mehr Polizei, Gefängnisse und Richter zahlen viele Amerikaner noch mehr für private Sicherheit. Ironischerweise besitzen sie aus demselben Grund auch noch Handfeuerwaffen.

Die angesehenen Kommissionen haben die Effektivität der privaten Sicherheitsfirmen bezüglich der Kriminalprävention nicht kommentiert. Sie sagen nichts über die Notwendigkeit, bessere Informationen über die Größe dieser Industrie zu bekommen. Auf der Grundlage meiner Forschungen in Toronto ist mein Eindruck, dass menschliche Präsenz und Verantwortlichkeit mit dem Ziel, Eigentum zu schützen, zwar das Eigentum der jeweiligen Besitzer schützt, aber nicht das ihrer Nachbarn.[7] Also wird private Sicherheit oft eine gute Investition für kurzfristigen Schutz sein. Da die meisten privaten Sicherheitsdienstleister nicht in einer Gewerkschaft sind und sich nicht denselben Kontrollen wie die öffentliche Polizei unterwerfen müssen, sind sie üblicherweise billiger als Polizeibeamte. Es gibt vielleicht günstigere Methoden, zum Beispiel wachsame Nachbarn alarmieren, die sich bereit erklärt haben, die Polizei zu rufen, oder ein scharfer Wachhund, der Täter verjagt. Trotzdem ist eine private Sicherheitsfirma zu bezahlen wahrscheinlich eine effiziente Art Schutz zu bekommen - für die Reichen, die sich private Sicherheit leisten können. Sicherheitsfirmen senken Verbrechen, aber nur in dem Umfang, in dem sie den Aufwand erhöhen, ein Verbrechen zu begehen, oder das Risiko, gefasst zu werden.

Eine große Industrie hat sich auch um Alarmsysteme gebildet, um sowohl Privateigentum als auch Gewerbegrundstücke zu schützen. Manche dieser Alarmanlagen sind nicht mit einer privaten Sicherheitsfirma verbunden, sondern machen nur Lärm, wenn sie ausgelöst werden. Manche sind mit einer zentralen Sicherheitsfirma verbunden, die im Alarmfall mit dem Besitzer absprechen, ob Polizei oder Feuerwehr gerufen werden sollen. Versicherungsfirmen geben häufig einen Preisnachlass bei Versicherungsprämien für Hausbesitzer und Geschäftsbesitzer, die eine Alarmanlage installiert haben, vermutlich in dem Glauben, dass dies Einbrüche verringert.

Die Beweislage zur echten Effektivität von Alarmanlagen ist nicht so klar. Die Autoren des *International Crime Victimization Surveys* kommen zu dem Ergebnis, dass die Einbruchsraten in Wohnungen mit Alarmanlagen marginal niedriger sind. Für Hausbesitzer ist die Entscheidung für eine Alarmanlage weniger klar, da die teure Installation von Alarmanlagen dazu geführt hat, dass die Polizei zu Fehlalarmen gerufen wurde, für die der Hauseigentümer bestraft werden kann. Ich denke weiterhin, dass die beste Alarmanlage die ist, die mit einem direkten Nachbarn verbunden ist, der fast immer da ist. So können direkte Nachbarn effektiven Schutz zu geringen Kosten bereitstellen.

---

7 Waller & Okihiro, Burglary, the Victim and the Public, 1978.

Im Sinne von Vorbeugen von Viktimisierung bedeuten Beziehungen zu den Nachbarn noch mehr als nach Tätern Ausschau zu halten und Wohnungen zu schützen. Jacobs hat schon in den 1960ern auf die Bedeutung von Nachbarschaften hingewiesen, in denen Menschen Besitzansprüche geltend machen. In den 1990ern lenkte Earls die Aufmerksamkeit darauf, wie dieser Besitzanspruch dazu beigetragen hatte, die Kriminalitätsraten in bestimmten Nachbarschaften Chicagos zu senken.[8] Diese Befunde kamen von einer der größten kriminologischen Studien, die mehr als $25 Millionen kostete. Sie konzentrierte sich darauf, der Entwicklung von Kindern zu folgen, während sie aufwuchsen, um zu sehen, was sie dazu tendieren ließ, Verbrechen zu begehen. Earls war es möglich zu folgern, dass die Faktoren, die in Kapitel 2 besprochen wurden, wichtig sind, dass aber zusätzlich die Verbrechensrate wesentlich durch das Ausmaß beeinflusst wurde, in dem Nachbarn auf ihre Nachbarschaft achteten und einschritten, um sich mit Jugendlichen, die eine Störung verursachten, oder mit Personen, die Drogen verkauften, auseinanderzusetzen – was er „kollektive Wirksamkeit" nannte. Seine Befunde laufen der spekulativen Sicht zuwider, dass die Polizei bei „zerbrochenen Fenstern" einschreiten muss. Statt die Polizei diese Arbeit tun zu lassen, ruft er die Nachbarschaft auf, sich darum zu kümmern. Dies hat viele Konsequenzen für die öffentliche Ordnung, da er betont, dass Stadtplaner es vermeiden müssen, den Zusammenhalt von Nachbarschaften aufzubrechen und dass Investitionen in Kriminalprävention Bemühungen enthalten müssen, diese kollektive Wirksamkeit zu fördern.

Mit Kameras aufpassen

Seattle war nicht nur ein Vorreiter erfolgreicher Nachbarschaftswachen, ihr umfassender stadtweiter Problemlösungsansatz in den 1970ern brachte die Stadt auch dazu, Maßnahmen gegen Überfälle auf kleine Läden zu ergreifen. Die Planungsbehörde für Fragen von „Recht-und-Ordnung" folgerte, dass die Lösung für diese Überfälle versteckte Kameras in den Läden waren, um den Überfall aufzunehmen und den Täter zu identifizieren. Mit Mitteln des *US Department*

---

[8] Hurley & Earls, On Crime as Science, 2004.

of Justice platzierte sie versteckte Kameras in kleinen Läden und beauftragte den Statistiker der Behörde herauszufinden, ob dies Verhaftungen erhöhe. Ihre Schlussfolgerung war, dass es keine Verringerung der Überfälle gab, aber einen Anstieg der Verhaftungen. Erinnern Sie sich, dass CCTV hilft, den Täter zu identifizieren, nachdem er das Verbrechen begangen hat; es hält ihn nicht davon ab, die Tat zu begehen.

England und Wales sind bekannt dafür, die Verwendung von CCTV in öffentlichen Plätzen als Strafverfolgungsinstrument vorangetrieben zu haben. Sie nutzten dies lange vor den Vereinigten Staaten für verschiedene Zwecke, von Videoüberwachung in den U-Bahnnetzen seit 1961, in Läden seit den Mitsechzigern, auf den Straßen seit 1974, bei Fußballspielen seit 1975 und bei öffentlichen Demonstrationen seit 1984. Auch andere Länder wie Japan, das ein hochentwickeltes Verkehrskontrollsystem für Tokio eingeführt hat, nutzen CCTV seit den 1970ern.

Man hoffte, dass die Kameras in England und Wales als Abschreckung dienen würden, um Verbrechen zu verhindern, statt nur der Polizei zu helfen, herauszufinden, was passiert war, nachdem eine Person zum Opfer gemacht wurde. John Stevens, einer der besten und fortschrittlichsten Polizeiführer Englands, war nur einer von vielen, die behaupteten, eine Überwachungskamera würde die Kosten ersetzen, einen Polizisten an einer bestimmten Straßenecke stehen zu haben, was mehr als 12 Polizeibeamte benötigt, um 24 Stunden Überwachung an sieben Tagen in der Woche bereitzustellen. *(Anmerkung des Übersetzers: Die britische Polizei geht von durchschnittlich 20 Stunden effektiver Wochenarbeitszeit „auf der Straße" aus, nach Abzug von Urlaubs-, Krankheits- und Fortbildungstagen, Teilnahme an Dienstbesprechungen u.ä.))*

Die Polizeibeamtenoption würde fast $1 Million pro Jahr kosten, erheblich mehr als die paar Hundert Dollar für das Installieren und Überwachen der Kamera. So klingt es wie eine gute Kalkulation, um die politische Elite zu überzeugen, unsere Steuern klüger einzusetzen, um Kriminalität zu verringern.

Die britische Regierung hat das Geld der Steuerzahler in CCTV fließen lassen – sie „hyper-wacht“ mit CCTV, wie die Vereinigten Staaten hyper-inhaftieren. Ja, auch in anderen Ländern gibt es private Überwachungskameras in Banken und Einkaufszentren. Es gibt auch Überwachungskameras in Eisenbahnstationen und Flughäfen, aber Großbritannien hat seit dem Fall Jamie Bulger bis heute mehrere Millionen Pfund in CCTV investiert, als Teil einer bewussten Anstrengung – wenn auch mit wenig Erfolg – Verbrechen zu verringern.

Im Jahr 1993 wurde der zweijährige James Bulger aus einem Einkaufszentrum von seiner Mutter weg und in seinen Tod geführt. Die zwei zehnjährigen Jungen, die ihn mitnahmen, wurden von einer Überwachungskamera in dem Einkaufszentrum aufgenommen. CCTV machte es möglich, den Vorfall im Fernsehen und auf Fotos in den Zeitungen zu sehen - alles nachdem der Vorfall passierte. Diese tragischen Videoausschnitte haben die britische Regierung dazu gebracht, beachtliche Summen an Steuermitteln auszugeben, um die Zahl der Überwachungskameras in öffentlichen Plätzen zu vervielfachen. Im Jahr 1994 investierte die konservative Regierung 38 Millionen Pfund - $60 Millionen. Im Jahr 1996 waren mehr als 75% der Kriminalpräventionsausgaben für CCTV. Im Jahr 1998 stellte die Blair-Regierung $500 Millionen über drei Jahre bereit für eine Kriminalpräventionsstrategie, die auf wissenschaftlichen Wirksamkeitsanalysen basierte. Dann zahlten sie zusätzliche $220 Millionen für CCTV, obwohl die wissenschaftlichen Informationen solch eine Investition nicht rechtfertigten. In der letzten Runde investierten sie über 150 Millionen Pfund oder fast $300 Millionen - über $6 für jeden Mann, jede Frau und jedes Kind in England und Wales! Eine Forschungsgruppe schätzt, dass es 4 Millionen Überwachungskameras in öffentlicher und privater Hand in England gibt - eine Überwachungskamera für je 12 Personen. Die aus den öffentlichen Mitteln gezahlten Kameras decken öffentliche Plätze, Gassen, Straßen in schwierigen Gebieten und Hauptdurchgangsstraßen ab. Sie haben selbst die britischen Dörfer erreicht.

Die wissenschaftlichen Evaluationen über die Auswirkung von CCTV auf die Kriminalprävention zeigen sehr begrenzte Ergebnisse. Nochmal, allgemeine Verwendung von CCTV hat keinen Einfluss, obwohl auf bestimmte Parkplätze oder Gebiete mit hoher Kriminalität ausgerichtete CCTV etwas Erfolg haben könnte. Diese Debatte wurde von wissenschaftlichen Evaluationen genährt, die in den 1960ern und 1970ern mit Regierungsexperimenten mit CCTV in der U-Bahn in London zur Beobachtung der Bahnsteige anfing, auf Parkplätzen, um Fahrzeugaufbrüche zu verhindern und vor Kneipen, wo es häufig Schlägereien gab. Die anfänglichen Beurteilungen zeigten, dass diese Kameras der Polizei halfen, die Täter zu verhaften. In einer großen Evaluation zeigte sich eine Kriminalitätsverringerung. Stevens führte CCTV im Zentrum Newcastles ein, einer Stadt mit ungefähr 200.000 Einwohnern in Nordostengland. CCTV wurde installiert zur diskreten Überwachung von unruhigen Rotlichtbezirken, um schnelle Reaktionen auf Vorkommnisse zu erreichen, Beweise für das Gericht zu haben und mögliche Zeugen identifizieren zu können. Einen einfachen Vorher-Nachher-Vergleich nutzend, zeigten sich Verringerungen von 56% bei Einbrüchen, 47% bei Fahrzeugaufbrüchen und 34% bei Sachbeschädigung und so eine Verringerung von 19% der Gesamtkriminalität.

Zwei der bekanntesten Experten für Evaluationen – Brandon Welsh von der *University of Massachusetts* und David Farrington von der *University of Cambridge* – führten im Jahr 2002 eine Auswertung all dieser Forschungen für die britische Regierung durch.[9] Sie folgerten, dass CCTV nur eine kleine Auswirkung von ungefähr 4 % auf die Verringerung der Gesamtkriminalität hat, aber dass es nützlicher sei bei Autodiebstählen und Diebstählen im Verkehrssystem, bei denen aber keine Gewalt im Spiel sei. Evaluationen über CCTV in Stadtzentren sind sehr viel weniger klar. Es scheint die Anzahl der Verhaftungen nach Schlägereien zu erhöhen, aber nicht die Opferzahl zu verringern.

---

[9] Welsh & Farrington, Preventing Crime, 2006, 193–207.

Mit Handys aufpassen

Handys sind ein wichtiger Teil der Kriminalpräventionsdebatte geworden. Auf der einen Seite werden sie in Ländern wie England so oft gestohlen, dass sie die Raubüberfallrate in Schulen und auf der Straße erhöht haben. Auf der anderen Seite haben sie die Möglichkeiten gewöhnlicher Bürger erhöht, Geschehnisse, die sie sehen, weiterzugeben. Der Zusatz von Foto- und Videomöglichkeiten hat dies noch weiter erhöht. Wir können nun die Auswirkungen von terroristischen Bomben sehen, weil die Zeugen Handys haben, mit denen sie aufnehmen können, was passiert.

In England und Wales wird alle drei Minuten ein Handy gestohlen. Das Handy mag $200 oder mehr wert sein, aber dem Dieb ist es möglich, die Handyrechnung auf mehrere tausend Dollar hochzujagen. Manche Diebe haben die Handykennung auf ihr eigenes Handy kopiert, so dass der ahnungslose Besitzer nach einer Woche oder später eine hohe Rechnung bekommt. Handys haben den Vorteil, klein, wertvoll und leicht transportabel zu sein, was sie auch zu attraktiven Gegenständen für Diebe macht. Sie können auf Schulhöfen und Parkplätzen verkauft werden, wo die Verkäufer nicht beweisen müssen, das sie nicht gestohlen wurden. Angesichts dieser Merkmale ist es vielleicht überraschend, dass nicht mehr gestohlen werden. Zum Teil liegt dies daran, dass die Nachfrage nach Handys begrenzt ist bei denen, die Handys stehlen, verkaufen oder auf der Straße kaufen würden.

Nach Gelegenheiten Ausschau halten

Ron Clarke, einst Leiter der *Home Office Research Unit* in Großbritannien und jetzt Kriminologieprofessor an der *Rutgers University*, hat den Begriff *Situational Crime Prevention* in seinen Büchern geprägt.[10] Er hat Beispiele der Kriminalprävention durch Umweltdesign (*Crime Prevention through Environmental Design*, CPTED) zusammengetragen, sowie Maßnahmen, die für ihn situationsbezogene Kriminalprävention sind. Clarke hat die Konzepte zunächst auf drei

---

[10] Clarke, Situational Crime Prevention, 1997.

zentrale Ideen reduziert. Erstens, Kriminalität wird in dem Ausmaß verhindert, in dem es möglich ist, die notwendige Anstrengung eines potentiellen Täters zu erhöhen, dieses Verbrechen zu begehen. Zweitens, Kriminalität wird in dem Ausmaß verhindert, in dem die Risiken gefasst zu werden erhöht werden. Drittens, Kriminalität wird in dem Ausmaß verhindert, in dem der Gewinn verringert wird. Er hat inzwischen eine vierte Dimension hinzugefügt, die sich darauf bezieht, die Ausreden der Verbrecher für die Tat zu durchkreuzen. Obwohl Clarkes Kategorisierung offensichtlich erscheint, ist es wichtig sich daran zu erinnern, dass der übliche Ansatz von Polizei und Strafjustiz darin besteht, fallweise auf einzelne Straftaten zu reagieren und keinerlei Schutzmechanismen einführt, die die Wahrscheinlichkeit von Straftaten reduzieren.

Deutschland führte 1961 eine Vorschrift für alle neuen Fahrzeuge ein, diese mit Lenkradschlössern auszustatten. Eine Evaluation zeigte auf, dass Autos mit Lenkradschlössern viel seltener gestohlen wurden als weniger begehrte ältere Modelle. Dies ist eines der erfolgreichsten nationalen Programme um Autodiebstahl zu verringern. Es wird als Musterbeispiel gebraucht um zu zeigen, dass wenn man den Aufwand erhöht, ein Verbrechen zu begehen, man die Verbrechensrate verringert. Die Zyniker meinten, diese Maßnahme würde nur die Kriminalität von den Autos mit Lenkradschlössern auf die ohne verlagern, aber die Autodiebstahlquoten in Deutschland sanken in einer Zeit, als die Kriminalität allgemein anstieg. Viele der Autodiebstähle sind tatsächlich als *„joyriding“* gedacht, indem junge Menschen die Gelegenheit eines verfügbaren Autos nutzen und Spaß daran haben, es zu fahren – Gelegenheit macht Diebe. Aber diese Verbrechen sind verhältnismäßig geringfügig gegenüber denen, die von professionellen Dieben begangen werden, die ein Auto stehlen, um seine Teile einzeln zu verkaufen, welche auf dem Schwarzmarkt viel mehr wert sind als das Auto in einem Stück. In der Tat ist das die wesentliche Grenze vieler dieser Techniken zur Verringerung von Tatgelegenheiten. Sie funktionieren gut bei Gelegenheits- und Amateurtätern. Die Professionellen und diejenigen, die entschlossen sind, ihre illegalen Ziele zu erreichen, werden Wege um den Schutz herum finden.

Von einigen weitläufigen Programmen, wie Lenkradschlössern, wird allgemein angenommen, dass sie funktionieren, obwohl die Beweise nicht wissenschaftlich sind. Andere Ansätze wiederum scheinen Kriminalität zu verdrängen, ohne klare Hinweise auf eine Kriminalitätsverringerung. Diese werden häufig von privaten Sicherheitsfirmen genutzt, für die Verdrängung ausreichend ist, weil sie für ihren Arbeitgeber arbeiten und nicht für die Person, auf die die Viktimisierung abgelenkt wird. Sie kosten die Bürger Freiheiten, aber im allgemeinen zahlen Bürger diesen Preis, weil sie glauben, sie seien dadurch geschützt.

Trotzdem haben Clarkes Vorzeigeprogramme, wie Lenkradschlösser und Durchsuchungen der Passagiere gegen Flugzeugentführungen, eine dunkle Seite. Sie funktionieren eine Zeit lang, aber sie können auch in viel schlimmeren Verbrechen resultieren. Die Autoentführungen, die in einigen Entwicklungs- und Übergangsländern, wie Südafrika, stattfinden, zeigen die Grenzen dieser Strategien. In der Gauteng Provinz, in der ich zwei Jahre lang an einer nationalen Gewaltpräventionsstrategie gearbeitet habe, gab es 6000 Autoentführungen im Jahr, oft mit Todesfolge. Die situationsbezogenen Kriminalpräventionstechniken waren sehr wohl vorhanden. Autos wurden mit Lenkradschlössern, Wegfahrsperren und sogar einem System ausgestattet, das den Personen elektrische Schocks gab, die das Auto berührten. Dies zwang die Personen, die Autos stehlen wollten, zu noch gewalttätigeren Methoden. So schickten sie „Überfallkommandos" auf die nichtsahnenden Fahrer, die an einer Ampel warteten.

Während das deutsche Beispiel darauf beschränkt war, die Gelegenheiten zu verringern, indem die Schwierigkeit erhöht wurde, das Verbrechen zu begehen, sind heutige Strategien, Autodiebstahl zu verringern, viel umfassender, insoweit als sie die Schwierigkeit zu stehlen erhöhen, aber auch daran arbeiten, die potenziellen Täter davon abzubringen, stehlen zu wollen. In der Provinz Manitoba in Kanada hatte eine neue Strategie, Autodiebstähle zu verringern, die Autodiebstahlsrate um fast 50% verringert. Sie beinhaltet eine Kombination von Subventionen für den Einbau von Wegfahrsperren in alte Autos und die Anforderung an neue Autos, ab 2007 eine Wegfahrsperre haben zu müssen; und außerdem bringt sie Bürger dazu, auf Autodiebstähle zu achten. Dazu gibt es Programme für junge Täter. Diese umfassende Strategie wird aus einem Zuschlag auf die Autoversicherungsprämien bezahlt.

Die Angriffe auf das World Trade Center stellten auch die Effektivität der Durchsuchungen, die generell an den Flughäfen gemacht werden, in Frage. Clarke behauptet, dass diese Durchsuchungen Flugzeugentführungen gestoppt haben. Bis zu einem bestimmten Punkt haben sie das, aber letztlich zwangen sie die Entführer des 11. Septembers 2001 dazu, eine organisiertere und gewalttätigere Methode zu nutzen, indem die Flugzeuge während des Fluges übernommen und dann in Gebäude gesteuert wurden. Für die Politik ist nicht klar, was zu tun ist. Soll man einige der weniger schweren Verbrechen tolerieren, um die Schlimmsten zu vermeiden, oder soll man starke Barrieren aufstellen, wohl wissend, dass jemand letztendlich etwas viel Schlimmeres tun wird, um an den Barrieren vorbeizukommen? Meine Meinung ist, dass diese Techniken einigen Schutz vor Amateur- und Gelegenheitsverbrechern bieten und es wert sind, umgesetzt zu werden. Dennoch besteht die Gefahr, in einer Traumwelt zu leben, da diese Techniken nicht den 100-prozentigen Schutz geben, den ihre Verfechter behaupten. Ihr umfangreicher Gebrauch, zum Beispiel um Terrorismus zu bekämpfen, ohne ernsthafte Bemühungen, die Ursachen des Terrorismus in Angriff zu nehmen, wird nur Zeit gewinnen, bis die professionellen und entschlossenen Terroristen andere Wege finden werden anzugreifen. Wieder einmal müssen wir „Recht-und-Ordnung“ ausbalancieren.

CPTED richtet sich darauf, die vorhandene Umgebung in einer Art und Weise zu entwickeln und zu nutzen, die Verbrechensmöglichkeiten verringert und die Angst vor Kriminalität in der Gemeinschaft abschwächt. CPTED ist eine Strategie, die üblicherweise von Planern, Architekten, Polizei, Sicherheitsexperten usw. genutzt wird. Beispiele für die direkte Anwendung von CPTED beinhalten (sind aber nicht darauf begrenzt): Angemessene Beleuchtung auf öffentlichen Plätzen, sichtbare Eingänge zu Geschäfts- und Privatbesitz, Bolzenschlösser und Türspione. In Kanada haben Patricia Brantinghams Fähigkeiten dazu geführt, dass CPTED Konzepte auf vielen verschiedenen Wegen genutzt wurden, unter anderem, um eine neue Stadt - Tumbler Ridge - so zu planen, dass weniger Verbrechen begangen werden.

Secure by Design ist ein inspirierendes Beispiel, für das in den Niederlanden Beweise gesammelt wurden, dass es Wohnungseinbrüche verringert. Das ursprüngliche Programm verringerte erfolgreich Wohnungseinbrüche in Rotterdam, Leiden und Den Haag, indem Standards für den Wohnungsbau gesetzt wurden, die Einbruchsmöglichkeiten verringerten. Durch ein kaum bekanntes britisches Projekt inspiriert, hat die niederländische Polizei Standards ausgearbeitet, die von neuen Häusern erreicht werden mussten, um ein Zertifikat zu bekommen, sicher zu sein. Die Polizei erarbeitete ein Handbuch über sicheren Wohnungsbau, um Wohnungsbaufirmen zu helfen, ihre Häuser unattraktiv für Einbrecher zu machen. Das Handbuch behandelt Bereiche wie Parkplätze, Außenanlagen, Schlösser, Eingänge sowie Beteiligung und Verantwortlichkeit der Bewohner. Um die polizeiliche Genehmigung für ihre Wohnungsbauprojekte zu bekommen, müssen Wohnungsbaufirmen die verschiedenen Spezifikationen des Handbuchs erfüllen. Alle experimentellen Programme in den Niederlanden mussten 10% ihrer Mittel für eine Evaluation ausgeben. Mit *Secure by Design* wurden Standards für neue Wohnungen gesetzt, so dass sie weniger verwundbar durch Einbrüche sind. Die Einbruchsrate in den neuen Häusern, die die Standards erfüllten, war um 50% niedriger als die in Häusern, die es nicht taten. Dies veranlasste die nationale Einführung des *Secured Housing Label* im Jahr 1996.

Es wurde vermutet, dass bessere Beleuchtung öffentlicher Plätze etwas Schutz vor Kriminalität geben könne. Die für das Home Office gemachte Übersicht durch Welsh und Farrington bestätigt, dass verbesserte Beleuchtung tatsächlich Verbrechen verringern kann.[11] Sie betonen, dass die Aktion sich auf einen Risikofaktor konzentrieren muss, um effektiv zu sein. Die Studien beinhalteten Aktionen, um die Beleuchtung auf Parkplätzen, in Wohnsiedlungen und bei Sozialwohnungen zu verbessern. Unter den richtigen Bedingungen kann

[11] Welsh & Farrington, Preventing Crime, 2006, 209–225.

Straßenbeleuchtung zu einer Verbrechensverringerung um 20 % in dem Gebiet führen, was bedeutsam ist. Die Forscher haben ebenfalls bemerkt, dass verbesserte Beleuchtung mit besseren Gemeinschaftsbeziehungen Hand in Hand geht - ein Faktor, der aus der Arbeit von Earls in Chicago, die in diesem Kapitel erwähnt wurde, als bedeutsam bekannt ist.

Die Prinzipien situationsbezogener Kriminalprävention und CPTED haben wichtige Auswirkungen auf das Industriedesign. Es besteht ein Bedarf, Standards in verschiedenen Industrien einzuführen, die das Risiko für den zukünftigen Eigentümer des Produkts, Opfer zu werden, verringern. Das niederländische Beispiel zeigt, wie die Bauindustrie gezwungen wurde, Häuser so zu bauen, dass weniger Gefahr besteht, dass dort eingebrochen wird. Es gibt Potenzial für eine viel größere Beteiligung von Experten an diesen vorbeugenden Ansätzen, um das Design von allem möglichen - von Autos bis zu Computern - zu beeinflussen.

Zusammenfassung

Auf unser Eigentum zu achten hat etwas Einfluss darauf, Verbrechen zu verringern. Einbrüche können durch Programme verringert werden, die sich auf Gebiete richten, wo sie benötigt werden und auf Risikofaktoren, die als problemverursachend identifiziert wurden. Freiwillige können in manchen Fällen ausreichend sein, aber die größeren Verringerungen werden von professionellen Mitarbeitern kommen, die von der Stadt eingestellt wurden, um die Verringerung zu erreichen.

Private Sicherheitsdienste und Alarmanlagen, die von Menschen überwacht werden, ermöglichen etwas Schutz. Ein Nachbarschaftsgefühl beugt Verbrechen vor, und Netzwerke zwischen Nachbarn mit oder ohne eine gemeinsame Alarmanlage sorgen für besseren Schutz und weniger Kriminalität.

Trotz der außerordentlichen Ausgaben der britischen Regierung ist Closed Circuit Television besser darin, nach der Tat den Täter zu identifizieren, als dem Verbrechen von vornherein vorzubeugen, obwohl es Ausnahmen gibt. Bei Handys ist bis jetzt noch nichts bewiesen. Kriminalität kann in gewissem Ausmaß durch das Design von Häusern und Autos verhindert werden, obwohl Architektur nie ausreichend sein wird.

Die Chancen anhaltenden Erfolgs werden durch eine Kombination von Kriminalprävention durch soziale Entwicklung, wie in Kapitel 2 aufgeführt, und den Maßnahmen, die in diesem Kapitel genannt wurden, erhöht. Wenn die US Regierung einen Bruchteil der Steuern für kluge Strategien investiert hätte, wie die in der Stadt Seattle, würde es heute viel weniger Opfer geben und viel weniger junge Männer, deren Aufenthalt hinter Gittern wir bezahlen müssen. Noch einmal, stellen Sie sich vor, was $100 Milliarden erreichen könnten, um Viktimisierung zu verringern.

5. Nicht mehr, sondern klügere Polizei

In unserem Alltag sehen wir Polizeibeamte in Polizeiautos vorbeifahren, uns für Verkehrssünden anhalten oder manchmal an einer Straßenecke an uns vorbeigehen. Sie geben Pressekonferenzen über den neuesten Mord- oder Vergewaltigungsfall und feiern die Verhaftung des Täters. Im Fernsehen und auf der Leinwand besteht die Polizei aus gut aussehenden und harten Helden, die voller Hingabe böse internationale Drogenhändler und üble Bankräuber bekämpfen. Wir vergessen häufig, dass wir mit unseren Steuern für sie bezahlen.

Ihr Image hat sich über die letzten 40 Jahre geändert. Die Polizei in Nordamerika hatte das Klischee übergewichtig, korrupt und manchmal brutal zu sein. Im Vereinigten Königreich war ihr Image das des freundlichen Bobbys, verkörpert in einer TV-Serie Dixon of Dock Green. Das war eine einfühlende Vaterfigur, die Streitigkeiten löste und Kindern in Schwierigkeiten half. Gauner wurden von Kriminalbeamten gefasst, die sich mit anderen Gaunern in Bars anfreundeten. Es gab keine nationale Notrufnummer, keine DNA-Analyse und wenige forensische Techniken. Aber all das änderte sich, als das Polizeimanagement anfing, viel in Dispatchersysteme, Funk, Computer und Autos, besonders für zufällige präventive Polizeistreifen, zu investieren.

Polizeiführung und Polizeiverbände haben das Image verändert. Professionelle Organisationen wie die *International Association of Chiefs of Police* und die *Police Foundation* haben dabei geholfen. Heute sind Polizeibeamte meist gut bezahlte Professionelle. Ihre Ressourcen haben sich enorm verschoben, von Streife gehen zu schnellem Reagieren auf Notrufe und mit einer Lawine von Ermittlungen fertig zu werden. Sie mussten auch mit dem enormen Anstieg von Autos auf der Straße zurecht kommen, sowie der daraus folgenden Notwendigkeit alles zu steuern, von Park- und Geschwindigkeitsbegrenzungen bis zu Trunkenheit am Steuer und gefährlichem Fahren. Sie haben Laptops in ihren Autos und kommunizieren mit der neuesten Technologie von Handys und Funkgeräten. Sie sind bewaffnet mit Pistolen und *Tasern* - der elektrischen Betäubungspistole, aber nicht aus *„Star Wars“*. Sie mögen Leitbilder wie „dienen und schützen“ und halten Reden darüber, wie mit der Gemeinde zu arbeiten ist.

Die Veränderung der Polizei als Berufsstand ist so drastisch, dass viele Eltern es - anders als früher - vorziehen, dass ihre Kinder Polizeibeamte werden, die als standhafte und vertrauenswürdige Bürger gelten, statt Anwälte, deren Ansehen nicht so gut ist. Wie auch immer ihr Image aussieht, die Polizei ist ein großes Unternehmen in den USA, mit einer Million Jobs, davon 800.000 Polizeibeamte, und einem jährlichen Umsatz von über $90 Milliarden. Zusätzlich zu diesen Polizeibeamten arbeiten nach Schätzungen des BJS 250.000 Zivilisten in den Polizeidienststellen, um eine Reihe von Aufgaben zu erledigen, die keinen Polizisten erfordern. Die durchschnittliche amerikanische Familie zahlt $650 Steuern pro Jahr für diese Dienstleistung – immer noch so viel wie es kostet, ein gängiges Haussicherheitssystem zu installieren und zu überwachen. Das ist ein Polizeibeamter für 430 Männer, Frauen und Kinder - schätzungsweise einer pro 200 Familien.

Ein bedeutender Teil des Anstiegs kam in den 1990ern unter Präsident Clinton zustande, der versprach, 100.000 weitere Polizisten einzustellen. Das war ein 20 prozentiger Anstieg über die 500.000 zum Anfang seiner Präsidentschaft hinaus. Der durch Clinton verursachte Anstieg erfolgte durch eine typische „ködern und einfangen“ Marketingmethode, in der die Bundesregierung die ersten paar Jahre zahlt, wenn die Gehälter niedrig sind. Die lokalen Regierungen können diesem Geschenk nicht widerstehen. Aber es ist ein „zahl später“-Schema, da die Kommune die Steuern aufbringen muss für Gehälter und Beihilfen, die viel höher sind, wenn die Anfänger zu voll einsatzfähigen Polizisten ausgebildet wurden. Die durchschnittlichen Ausgaben pro Polizeibeamten nähern sich $100.000 im Jahr. Letztendlich ist dies eine erhöhte Last für den Steuerzahler vor Ort, die gerechtfertigt sein würde, wenn es zusätzlichen Nutzen für den Steuerzahler gäbe. Wie wir aber in diesem Kapitel sehen werden, ist der Nutzen zusätzlicher Polizeibeamter alles andere als offensichtlich, selbst wenn die Bevölkerung oft in Umfragen angibt, sie wolle mehr Polizei.

Trotzdem erscheinen eine Million Menschen, die für die Polizei arbeiten, wie eine Armee, die fähig sein sollte, die Kriminalität zu bekämpfen. Aber die Polizei in den Vereinigten Staaten ist keine Armee, sondern eine Vielzahl von 18.000 einzelnen Polizeibehörden, deren Größe variiert zwischen ein paar Polizeibeamten oder Sheriffs, die für eine kleine Gemeinde arbeiten, und großen Behörden wie dem *Chicago Police Department* mit 13.000 Polizisten und dem *New York Police Department* mit seinem riesigen, aber schwankenden Korps von 35.000 bis 40.000 Polizisten. Die Aufsplitterung in tausende unabhängige örtliche Polizeiorganisationen gibt es nicht nur in den Vereinigten Staaten. In Kanada ist es ähnlich, obwohl zwei Drittel der dortigen Polizisten für nur fünf Polizeidienste arbeiten - zwei in den Großstädten Toronto und Montreal, zwei in den Provinzen Ontario und Quebec, und die gesamtstaatliche RCMP. England und Wales haben 43 Polizeibehörden, die nach Regionen organisiert sind, inklusive der London Metropolitan Police – Scotland Yard – mit fast 31.000 Polizeibeamten. Demnach hat London viel weniger Polizeibeamte für eine Bevölkerung, die nur unwesentlich kleiner ist als die von *New York City*. Man kann sagen, dass die Organisation der Polizei in England und Wales logischer ist, obwohl, wie wir sehen werden, nicht unbedingt mehr oder weniger effektiv, Kriminalität zu verringern.

Es scheint eine Binsenweisheit zu sein, dass die Polizei Verbrechen stoppt. Wir sehen sie als die dünne blaue Linie, die uns vor Gewalt schützt. Sie sind irgendwie am Ende der Notruf-Durchwahl, die uns in einem Notfall retten wird. Ohne nachzudenken fühlen wir, dass sie das Kriminalitätsproblem lösen, wenn sie ihren Mann finden - den Mörder, über den wir auf den Titelseiten unserer Zeitungen lesen. Unsere politischen Eliten denken, fühlen und reden genauso. Sie stellen nicht in Frage, ob die Polizei tatsächlich Verbrechen vorbeugt. Sie würden gerne die Zahl der Polizeibeamten erhöhen, weil sie denken, es würde ihre Wähler froher machen, besonders, wenn es gemacht werden kann, ohne dass die Wähler merken, dass sie für diesen Anstieg mehr Steuern zahlen müssen. Die Public Relations Maschinen von Giuliani und Bratton haben diese Gefühle gefördert. Tatsächlich hat Bürgermeister Bloomberg, der Giuliani folgte, diese Meinungsmache, dass der kontinuierliche Rückgang der Kriminalitätsraten in New York das Werk des *New York Police Departments* sei, weitergeführt. Die Wahrheit ist jedoch nicht ganz so einfach.

Polizeiarbeit auf die Probe stellen

Stoppt mehr Polizei die Kriminalität? Ist sie wirklich die dünne blaue Linie zwischen uns und der Gewalt? Macht ihre Anwesenheit an einer Straßenecke einen Unterschied? Schützen uns ihre Ermittlungen? Haben Giuliani und Bratton wirklich diese großen Verringerungen gebracht, die die Medien rühmen? Hat Paul Evans in Boston einen Unterschied gemacht? Bietet die Polizei einen Gegenwert für unsere Steuern?

Wenn wir einen Polizisten an unserer Seite hätten, 24 Stunden am Tag, sieben Tage die Woche, würde uns das vor den meisten Verbrechen schützen, aber es würde mehr als acht Polizisten erfordern (24 Stunden mal 7 Tage geteilt durch 20, zur Wochenarbeitszeit der Polizei siehe die Anmerkung oben). Wenn durch einen Streik der Polizeigewerkschaften keine Polizei arbeitet, erhöht sich die Häufigkeit von Verbrechen wie Raubüberfall und Körperverletzung. Aber in diesem Kapitel geht es nicht um so unrealistische Extreme, dass jede taugliche Person der Polizei beitreten soll, oder dass die öffentliche Polizei abgeschafft wird. Statt dessen geht es darum, ob plausible Erhöhungen der Polizeibeamtenzahl kosteneffektive Ausgaben zur Verringerung von Verbrechen sind. Gibt es zum Beispiel Beweise, die das Ausgeben von Steuern für eine Erhöhung der Anzahl der Polizisten um 5% oder 10% rechtfertigen? Gibt es Beweise, dass es weniger Verbrechen gibt wegen der 20-prozentigen Erhöhung der Zahl der Polizisten, die von der Clinton-Regierung eingeleitet wurde?

In den letzten dreißig Jahren hat sich einiges Wissen angesammelt, das unseren Entscheidungen helfen sollte, wie viel für Polizei zu zahlen und was für diese Ausgaben zu erwarten ist. Manches Wissen kommt von umfassenden Experimenten, um Grundfragen zu testen, wie zum Beispiel, ob Polizeistreifen Verbrechen verhüten. Manches kommt von Analysen und Evaluationen anderer Innovationen. Manches kommt indirekt aus der nachträglichen Debatte, in wie weit das Ausmaß des dramatischen Rückgangs der in New York City verzeichneten Verbrechen auf harte und mehr Polizeiarbeit zurückzuführen ist. Aber wir müssen auch vorsichtig mit dem sein, was nicht von den Wissenschaftlern erfasst wurde, insbesondere mit dem Ausmaß, in wie weit die Bevölkerung, die durch Verbrechen zu Opfern gemacht wird, Vertrauen in die Polizei (verloren) hat.

Auch wenn unterschiedliche Polizeichefs ihre Polizeistrategien in unterschiedlichen Worten beschreiben, werden ihre Ressourcen doch vorwiegend in einer reaktiven Strategie genutzt, die der *National Research Council* 2004 eine „Standard-Strategie“ nannte.[1] Dies ist das allgemeine sich Verlassen auf zufällige Streifen, schnelle Reaktion auf Anrufe, nachfolgende Ermittlungen und unspezifische Bemühungen. Die meisten Polizisten auf lokaler Ebene - 65% oder mehr - werden in Streifenwagen eingesetzt, die auf die landesweite 911 Notfallnummer reagieren - normalerweise nicht auf wirkliche Notfälle, und oft nicht mal auf Verbrechen. Eine weitere Gruppe – etwa 20% - arbeiten als Kriminalbeamte, die vorwiegend Akten bearbeiten, um bereits bekannte Verbrecher zu belangen.

Im Gegensatz dazu kommen unsere Vorstellungen oft aus Hollywoods Fantasiewelt, in der die Polizei Wunder vollbringt. In *Minority Report* benutzte die Filmstarpolizei eine hoch entwickelte Technologie, um herauszufinden, wer als nächstes wen wo ermorden würde. Unglücklicherweise ist Hollywood genau das - eine Fantasiewelt. Ein anderes romantisches Bild in den Medien ist das der Kriminalbeamten, die mit kriminalistischen Techniken arbeiten, die eines Sherlock Holmes oder Colombos würdig sind. Nichts könnte entfernter von der Wahrheit sein. Die meisten Verbrechen, die gelöst werden, lösen sich von selbst. Nicht überraschend, da die Verbrechensraten in den 1960ern und 1970ern stiegen, während die Budgets für Polizei nicht proportional erhöht werden konnten. Als Konsequenz sank die Anzahl der Kriminalbeamten, die pro Verbrechen vorhanden waren, so dass

---

1 National Research Council (U.S.), Fairness and Effectiveness in Policing, 2004, 58.

sie nur Zeit dafür haben, in den sensationellsten und außergewöhnlichsten Verbrechen zu ermitteln.

Der *National Research Council* fasste Studien über die Beziehung zwischen der Anzahl der Polizeibeamten und dem Kriminalitätsniveau zusammen und fand heraus, dass die meisten Forschungen zeigen, dass eine Verstärkung der Polizei Verbrechen nicht verringert. [2]Seine Übersicht enthielt nur eine ökonometrische Studie, die eine kleine positive Beziehung zwischen dem Zuwachs an Polizeibeamten und der Verringerung von Verbrechen während Wahlkämpfen fand, was die Autoren aber wieder verwarfen, da Wahlen neue Polizeichefs und damit andere Polizeistile mit sich bringen. Ich dagegen verwerfe sie, weil sie die Zahl der von der Polizei aufgenommenen Verbrechen nutzte, die bekanntlich mit den Ermessensentscheidungen der Polizei zusammenhängt.

Ich habe mir auch – ohne Anspruch auf Wissenschaftlichkeit – den Prozentsatz der Kriminalitätsverringerung in den 1990ern in den Städten der Vereinigten Staaten angesehen und konnte kein offensichtliches Muster erkennen. Manche Polizeibehörden erhöhten ihre Beamtenzahl um bis zu 50% und manche wie, Washington, DC, verringerten sie um 23%. In allen Fällen sank die Verbrechensrate um 50% oder mehr. Falls die Polizeistärke tatsächlich eine Auswirkung hat, ist sie nicht offensichtlich und rechtfertigt sicherlich nicht große Anstiege unserer Steuern, besonders, wenn wir uns andere Möglichkeiten ansehen, Verbrechen zu reduzieren.

Die Schlussfolgerung des *National Research Council* aus mehreren Forschungsjahrzehnten ist, dass es nur schwache oder uneinheitliche Beweise gibt, dass das Standardmodell Verbrechen verringert. Dennoch nimmt die politische Elite an, dass mehr Polizei besser ist. Im Gegensatz dazu verweist der *National Research Council* auf eine Fülle sorgfältig durchgeführter Untersuchungen, die viele Beweise für die Effektivität des zielgerichteten Polizeimodells vorweist - was ich kluge Polizei nenne. Mit einem Satz: Mehr ist nicht besser, aber klüger schon.[3]

---

2 National Research Council (U.S.), Fairness and Effectiveness in Policing, 2004, 224–225.

3 National Research Council (U.S.), Fairness and Effectiveness in Policing, 2004, 4–5.

Eine weitere überzeugende Bewertung all dieser Forschung kommt von dem angesehenen Ausschuss in England und Wales, der die Polizei beaufsichtigt. Er erfreut sich des altertümlichen Titels *Her Majesty's Inspectorate of Constabulary* (HMIC). Tatsächlich besteht das HMIC aus den Besten der Besten der britischen Polizeichefs, die die Polizeiarbeit in England und Wales beobachten und bewerten. Im Jahr 1998 gab es seine eigene Evaluation über den Einfluss heraus, den die Polizei auf die Kriminalität hat.[4] Wie der *National Research Council* kamen sie zu der ernüchternden Schlussfolgerung, dass es wenig Beweise für die Behauptung gibt, dass Standardpolizeipraktiken Kriminalität verringern. Dies ist eine Beurteilung der Polizeieffektivität durch die Polizei selbst. Daher sind ihre Schlussfolgerungen bezüglich der Grenzen der Polizeiarbeit besonders überzeugend. Wenn sie selbst Zweifel haben, dann sollten wir noch mehr Zweifel daran haben, ob wir genügend Gegenwert für unser Geld bekommen - und zwar einen Gegenwert im Sinne von Kriminalitätsverringerung. Dennoch weisen sie nach, wie der *National Research Council* auch, dass die Polizei effektiv sein kann, wenn sie ihre Ressourcen auf klügere Art nutzt. Sie ist in der Kriminalitätsverringerung effektiv, und stellt so Gegenwert für ihr Geld bereit, wenn sie „problemorientiert" ist - das heißt, wenn sie einen bestimmten Risikofaktor in Angriff nimmt: Zum Beispiel illegale Handfeuerwaffen einziehen, um Morde zu reduzieren, oder betrunkene Fahrer anhalten, um tödliche Autounfälle zu verringern. Außerdem stellten die Polizeichefs die Effektivität von Polizeiarbeit da fest, wo sie sich auf Gefahrenherde konzentriert – Orte, an denen viele verschiedene Verbrechen passieren – oder wenn sie mit Behörden wie der Schulbehörde zusammenarbeitet, die einen oder mehrere Risikofaktoren, wie sie in Kapitel 2 erörtert wurden, in Angriff nehmen können.

Die Standardmethode der Polizei bedeutet riesige Ausgaben. Wenn 65% der Ausgaben für das Reagieren auf Notrufe genutzt werden, wie der *National Research Council* beteuert, dann werden Steuerzahler allein im Jahr 2006 $60 Milliarden für diese Tätigkeit zahlen

---

[4] Her Majesty's Inspectorate of Constabulary, Beating Crime, 1998.

– die auf $74 Milliarden im Jahr 2010 steigen werden. Das ist ein erschütternder Preis. Entsprechend, wenn 20% für Ermittlungsfunktionen ausgegeben werden, dann werden jährlich $13 Milliarden dafür ausgegeben.

Mehrere kleinere Budgetposten sind das Sahnehäubchen, weil sie die Polizei sichtbarer für den gewöhnlichen Bürger und die Schulkinder machen. Im Namen dessen, was sie Kriminalprävention nennen, hat die Polizei bei Zusammenkünften der Nachbarschaftswachen gesprochen. Diese waren jedoch nicht effektiv, wie in den Evaluationen in Kapitel 3 gezeigt wurde. Stattdessen waren professionelle Gemeinschaftsorganisatoren viel erfolgreicher als die Polizei, Einbrüche zu verringern, wie in Seattle in den 1970ern oder in Kirkholt in England in den 1980ern. Im Namen der Kriminalprävention ist die Polizei als Kontaktperson und Lehrbeauftragter an Schulen präsent, um für *Drug Abuse Reduction Education* (D.A.R.E.) zu werben, während die unabhängigen wissenschaftlichen Evaluationen herausgefunden haben, dass diese Aktivitäten keinen Einfluss auf Verbrechensreduzierung haben. Selbst wenn sie Drogenmissbrauch verringert hätten, kann man sich fragen, ob es nicht kosteneffektiver wäre, professionelle Lehrer zu bezahlen, um diese Aufgaben zu übernehmen.[5] Es wurden Polizeistationen in Geschäftsvierteln im Namen der gemeindenahen Polizeiarbeit eröffnet, für die die Evaluationen wenig Einfluss im Sinne von Verbrechensverringerung gezeigt haben.

Es gibt jedoch einen anderen Bereich der Polizeibehörden, der von allen Forschern übersehen wurde. Es ist der Bereich, der mit der Verkehrsregelung zusammenhängt, in dem die Untersuchungen positiver für die Auswirkungen der Polizeistrategien auf eine Reduzierung der Todesfälle, Verletzungen und Eigentumsschäden ausfallen. Sie setzen Verkehrsregeln und -vorschriften durch – typischerweise bezüglich Sicherheitsgurten, Geschwindigkeitsüberschreitungen, Trunkenheit am Steuer und Missachtung von roten Ampeln. Trotz der hohen Zahlen an Toten und Verletzten durch Verkehrsstraftaten konnte der *National Research Council* nicht viel über Forschung zur Effektivität

---

5 Welsh & Farrington, Preventing Crime, 2006, 1.

dieser Strategien zur Verringerung von Todesfällen und Verletzungen berichten. Andere Untersuchungen legen nahe, dass Polizeiaktionen, die Verkehrsteilnehmer zwingen, Sicherheitsgurte zu tragen, nicht vor dem Mindestalter zu trinken und ihr Fahrzeug in technisch einwandfreiem Zustand zu halten, tatsächlich viele Leben retten.

George Kelling, jetzt Kriminologieprofessor an der *Rutgers University* in New Jersey, hat eine bedeutende Rolle in der Forschung über die Effektivität von Polizeiarbeit gespielt und wird häufig mit den Strategien von Giuliani und Bratton in New York in Verbindung gebracht. Kelling fing im College mit Theologie an und wandte sich für seine Doktorarbeit zur Sozialarbeit. Als in den 1970ern die *Ford Foundation* $30 Millionen ausgab, um die *Police Foundation* in Washington, DC zu gründen, war Kelling einer der führenden Forscher. Er begann seine Forschung mit einem einflussreichen Experiment in Kansas City, Missouri, wo der Polizeichef eine wissenschaftliche Studie organisierte, um die Effektivität von präventiven Polizeistreifen zu testen.

Kelling leitete diese wissenschaftliche Studie. Sie entschieden sich herauszufinden, ob zufällige Polizeistreifen tatsächlich Kriminalität vorbeugen, indem sie Personen von der Tat abschrecken. Zufällige Streifen sind Polizeibeamte, die in einem Auto in der Nachbarschaft herumfahren, ohne ein bestimmtes Ziel zu haben, außer dem, den Eindruck zu hinterlassen, dass jederzeit ein Polizeiauto auftauchen könnte, um den Täter auf frischer Tat zu erwischen. Die wissenschaftliche Studie wurde systematisch als Experiment gemacht. Manchen von den Forschern ausgesuchten Gebieten entzogen sie absichtlich für die 12 Monate des Experiments die vorbeugenden Streifen. In anderen Gebieten verdoppelten sie die Streifen. In wieder anderen Gebieten beließen sie die Streifen auf dem Standardlevel. Die Bevölkerung wurde nicht über die Veränderungen der Häufigkeit der Streifen informiert.

Kelling und sein Team ermittelten dann, ob es irgendwelche Veränderungen in den Verbrechensraten gegeben hatte, die unabhängig von der Polizeistatistik durch Viktimisierungsumfragen der Bewohner herausgefunden wurden. Diese wurden zu Anfang und am Ende der

12 Monate gemacht. Sie maßen den Anteil der Bewohner, die Verbrechensopfer waren, ungeachtet dessen, was der Polizei gemeldet wurde oder was sie aufgenommen hatte. Sie schlussfolgerten, dass das Niveau vorbeugender Polizeistreifen keine Auswirkungen auf die Verbrechenszahlen hatte - das heißt, sie beugten nicht vor. Ebenso bemerkte die Bevölkerung die Veränderungen in der Häufigkeit der Streifen nicht.

Dies war eine dramatische Anklage gegen die Art und Weise, wie der Großteil der Polizeiressourcen zu dieser Zeit in den Vereinigten Staaten und in anderen Ländern genutzt wurde. Es gab enormen Widerstand von Polizeiführern und Politikern gegen diese Befunde, wegen der riesigen Investitionen in vorbeugende Polizeistreifen. Heutzutage wissen wir nicht, welcher Anteil der Ressourcen der Polizei für zufällige Streifen ausgegeben wird.

Diese bahnbrechende Studie führte langsam dazu, dass diese Polizeistreifen von der Prävention zur Reaktion auf Notrufe umgeleitet wurden, für die heute immer noch 65% der örtlichen Polizeiressourcen ausgegeben werden: $44 Milliarden. Dies ist nicht unbedingt eine Verbesserung im Sinne von Nutzen für die Bevölkerung. Die Studie hat aber auch zu einigen positiven Innovationen geführt, die der Bevölkerung Gegenwert für ihre Steuern geben. Die wichtigste wird problemorientierte Polizeiarbeit genannt, weil sie auf die Risikofaktoren abzielt, die Kriminalitätsprobleme verursachen. Sobald die Risikofaktoren identifiziert sind, nutzt die Polizei ihre Ressourcen auf klügere Art und Weise, um diese Risikofaktoren in Angriff zu nehmen und so Kriminalität zu verringern. Das Konzept wird einem Professor namens Herman Goldstein an der *Wisconsin University* zugeschrieben.

Eines der ursprünglichen Beispiele des Problemlösens durch eine Polizeibehörde tauchte in Newport News, Virginia, in den frühen 1980ern auf. Im Wesentlichen stellte ein aufgeklärter Polizeichef 20 seiner Polizisten ab, um ein Stadtgebiet zu analysieren, in dem es viele Einbrüche, Autodiebstähle und Prostitution gab. Ihr Job war es, mit einer Lösung aufzuwarten. Kurz gesagt empfahlen sie, dass die Stadt ihre städtische Verordnung durchsetze, um physikalische Umweltbedingungen wie Beleuchtung und die Qualität der Türen in der Wohnsiedlung zu verbessern. Das Endresultat war eine Verringerung der Einbrüche um 30%.

In den Vereinigten Staaten wurde ein Amt innerhalb des *US Department of Justice* mit dem Namen *Community Oriented Policing Service* (COPS) gegründet, das zu dem Programm der Clinton-Regierung gehörte, 100.000 zusätzliche Polizisten auf die Straßen zu bringen. COPS hatte beachtliche Mittel in der Regierungszeit Clintons, diese wurden aber von der Bush-Regierung um 80% gekürzt. Trotzdem stellt es weiterhin Unterstützung bereit und sogar manche Vision zur Polizeiarbeit in den Vereinigten Staaten. Es definierte Community Policing als „eine Polizeiphilosophie, die organisatorische Strategien fördert und unterstützt, um die Kriminalitätsursachen anzugehen und die Angst vor Verbrechen und Verstößen gegen die öffentliche Ordnung durch problemlösende Taktiken und Partnerschaft zwischen Polizei und Gemeinde zu verringern". Das ist als Strategiestatement nicht schlecht, obwohl es eher alle zu erfreuen sucht, als das durchzubringen, was wirklich Viktimisierung reduziert. Unglücklicherweise konzentriert sich vieles in der *Community Policing* Debatte mehr auf die Kommunikation zwischen Polizei und Öffentlichkeit, was wenig Auswirkung auf die Verbrechen hat, statt die Ursachen oder Risikofaktoren der Verbrechen durch Problemlösungen anzugehen, was funktionieren würde.

Es gibt inzwischen eine wichtige Webseite über problemorientierte Polizeiarbeit, die viele weitere Beispiele von Verbrechen auflistet, die durch problemorientierte Polizeiarbeit verringert wurden.[6] Ein Teil der Arbeiten auf dieser Seite ist durch die Arbeit von Clarke und einem seiner Kollegen, Felson, die ich in Kapitel 4 erwähnte, beeinflusst. Dennoch sind die meisten Beispiele lokale Bemühungen von einem oder zwei Polizeibeamten, statt stadtweiter Bemühungen, Kriminalität zu verringern.

---

6 Center for Problem Oriented Policing—www.popcenter.org.

Damit unsere Steuern besser genutzt werden, um Kriminalität zu verringern, brauchen wir klügere Polizeibehörden, nicht nur klügere Polizisten. Wir werden uns jetzt New York ansehen, weil es für die Wunder bekannt ist, die Giuliani durch härtere und intensivere Polizeiarbeit erreicht hat. Wir werden uns dann Boston und seinen Ruf ansehen, echte Resultate für zwei Jahre erbracht zu haben, indem Morde mit Schusswaffen durch unter 16-jährige beseitigt wurden. Dann sehen wir uns Chicago an, wo *Community Policing* das Modell war, das untersucht wurde, um zu zeigen, was in manchen Nachbarschaften erreicht werden kann.

Klügere Polizei, nicht mehr, brachte marginale Ergebnisse in New York

In Kapitel 1 wurden die Daten des BJS genutzt, um zu zeigen, dass Gewaltverbrechen in den 1990ern überall in den Vereinigten Staaten deutlich fielen. Der größte Teil des Kriminalitätsrückgangs in New York war nur ein Teil dieses nationalen Trends. Also gilt es herauszufinden, welchen Einfluss Giulianis Politik auf diesen Rückgang der Kriminalitätsraten in New York überhaupt hatte.

In den 1960ern waren in der Vereinigten Staaten Verbrechen und Gewalt in Städten wie New York so schlimm, dass eine Kommission des Präsidenten nach Lösungen suchen musste. Dann kamen zwei Jahrzehnte, in denen das Verbrechensproblem sogar noch schlimmer wurde. Also wurde in den 1990ern Geschichte gemacht, als die Quoten der Gewalt- und Eigentumsverbrechen, die von der Polizei aufgezeichnet wurden, in New York sanken und dann um mehr als 60% fielen. Dies ist um so erstaunlicher, weil es in der größten Stadt der Vereinigten Staaten geschah, mit acht Millionen Einwohnern und vermutlich noch einmal doppelt so vielen Menschen, die tagtäglich für Arbeit und Freizeit dorthin fuhren. Das Ausmaß der Veränderung ist durch die absoluten Verringerungen noch überzeugender illustriert. Im Jahr 1990 - einem der Spitzenjahre - wurden mehr als 2.200 Morde, 100.000 Raubüberfälle und 120.000 Einbrüche von der Polizei in New York aufgezeichnet. Im Jahr 1999 wurden „nur" 671 Morde, 36.000 Raubüberfälle und 40.000 Einbrüche aufgezeichnet, obwohl die Bevölkerung relativ stabil geblieben war. Während die Zahlen von 1999 für Personen, die in einer Stadt in England oder Kanada leben, angsteinflößend wären, gebührt dem Rückgang der Gewaltraten dennoch Anerkennung und Applaus.

Die Medien jubelten dieses „Wunder von New York“ hoch. Sie berichteten, dass die Kriminalitätsverringerung herbeigeführt wurde, indem mehr Polizei auf die Straßen gebracht wurde, und durch eine Polizeistrategie, die sich auf „Null Toleranz“ bei Bagatelldelikten konzentrierte und dass Bereiche mit „zerbrochenen Fenstern“ (*Broken Windows*) aufgeräumt wurden. Die Polizeistrategie wurde so dargestellt, dass Personen für Bagatelldelikte, wie bei Rot die Straße zu überqueren, in der Öffentlichkeit zu urinieren und über U-Bahn-Drehkreuze zu springen, angehalten wurden. Die *„Broken Windows“* Arbeit konzentrierte sich darauf, Müll wegzuräumen und die Bewohner zu ermutigen, sich die Kontrolle über ihre Nachbarschaften zurückzuholen. Die Medien glorifizierten die Führung Giulianis, der im Jahr 1994 als Bürgermeister gewählt worden war, und machten Experten nieder, die Zweifel darüber streuten, ob der Rückgang der Kriminalität mit etwas Anderem als Giulianis Forderungen nach harter und der Öffentlichkeit rechenschaftspflichtiger Polizeiarbeit zusammenhing.[7]

Die US Public Relations Maschine verbreitete überall auf der Welt, dass Giuliani ein Wunder vollbracht habe. Überall wo ich auf der Welt hinging, traf ich Politiker, Entscheidungsträger für öffentliche Sicherheit, hochrangige Polizeibeamte, Anwälte, Strafrechtsexperten und gewöhnliche Leute, die alle den Namen Giuliani kannten und sicher waren, dass er ganz alleine die Kriminalitätsraten gesenkt hatte, indem er die Polizei vergrößerte, die „Null Toleranz-Strategie“ nutzte, die streng gegen Bagatelldelikte vorging, und die „*Broken Windows*-Strategie“, die für die Reparatur von Sachbeschädigungen sorgte und verlassene Autos und Müll wegräumte. Manche von ihnen sind nach New York gekommen, um die Ergebnisse dieses Wunders mit eigenen Augen zu sehen. Sie hörten es von der Polizei und konnten zusätzlich in Gegenden von New York City herumlaufen, die

[7] Karmen, New York Murder Mystery, 2000, xi–xiii.

in neue frische Hochhaussiedlungen verwandelt worden waren - die eindeutigen Ergebnisse von Stadterneuerung statt von repressiver Polizeiarbeit. Dann gingen sie nach Hause, daran glaubend, dass sie nur die Polizeistärke erhöhen und sich mit Null-Toleranz-Polizeiarbeit befassen müssten, um die Kriminalitätsraten in ihren Städten zum Fallen zu bringen. Unglücklicherweise werden diese auch nicht annähernd um die New Yorker und die nationalen Prozentsätze in den USA fallen, es sei denn, sie fallen ohnehin auf Grund von anderen Ursachen.

Die Einfältigkeit der Weltöffentlichkeit ist genau so erstaunlich wie der Rückgang von Verbrechen und Gewalt selbst. Kein einziges Mal weisen die Medien oder die Public Relations Spezialisten New York Citys darauf hin, dass auch in allen anderen Großstädten der Vereinigten Staaten in dieser Art Geschichte gemacht wurde. Die Gewaltverbrechensrate, wie sie vom *US Department of Justice* gemessen wurde, fiel überall in den Vereinigten Staaten um 55%, wie wir in Kapitel 1 sahen, und fallen bis heute weiterhin – nicht nur in New York. Es ist klar, dass der größte Teil des Rückgangs in New York Teil des allgemeinen Trends in den Vereinigten Staaten war.

Die Medien weisen auch nicht darauf hin, dass ein beachtlicher Teil des Rückgangs der von der Polizei aufgezeichneten Verbrechen in New York auftrat, bevor die Null Toleranz und *Broken Windows* Strategien eingeführt wurden. Das heißt, die Rückgänge traten auf, lange bevor Giuliani überhaupt zum Bürgermeister gewählt wurde und Bratton zu seinem Polizeipräsidenten ernannte. Tatsächlich haben diese Trends – wie die nationalen Trends für Eigentumsdelikte – viel früher angefangen, wie es durch eine aktuelle Publikation des BJS bestätigt wird. Sie zeigt, dass die Viktimisierungsraten für Einbrüche und Raubüberfälle in New York seit den frühen 1980ern stetig fielen – in der Zeit, als Koch Bürgermeister war.[8] In Abbildung 5.1 ist die Gewaltverbrechensrate zu sehen, wie sie in den 1980ern fällt und dann auf ein Hoch im Jahr 1990 steigt. Sie fällt dann während der Amtszeit Dinkins und fällt weiter während der Amtszeit Giulianis. Die Art und

[8] Bureau of Justice Statistics, Crime and Victimization in the Three Largest Metropolitan Areas, 2005.

Weise, wie die Leute über den Rückgang der Verbrechen in New York sprechen und ihn mit Giuliani verbinden, hinterlässt den Eindruck, dass sie glauben, dass Giuliani die Verbrechensrate irgendwie schon in den vier Jahren zum Sinken gebracht hat, bevor er gewählt wurde. Das ist unmöglich. Die Verbrechensverringerungen fingen zum Ende der Zeit an, als Edward Koch Bürgermeister war, von 1978 bis 1989. Sie setzten sich fort in der Periode, in der David Dinkins Bürgermeister war, 1990 bis 1993, und verbesserten sich weiter während Giuliani von 1994 bis 2001 Bürgermeister war. Beeindruckenderweise fallen die Verbrechensraten weiterhin, wenn auch langsamer bis zum Jahr 2004, in dem Bürgermeister Bloomberg sagte: „Jedes Jahr sagen die Experten, dass wir die Kriminalität nicht weiter runter drücken können, aber das NYPD beweist freudig das Gegenteil und bricht einen weiteren Rekord“. Die Tatsachen jedoch bestätigen diese Wunderrolle des NYPD nicht.

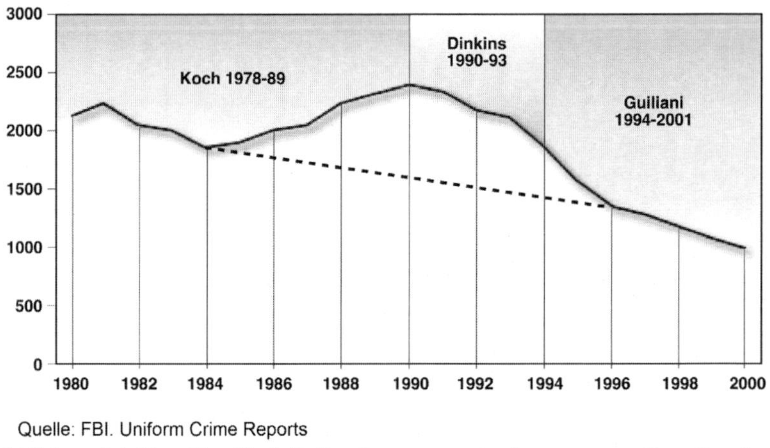

Abbildung 5.1 Vom New York Police Department aufgenommene Gewaltverbrechen, 1980 bis 2001

Dennoch ist es möglich, dass Giuliani einen Beitrag geleistet hat, zum Beispiel indem er die Rate des Rückgangs erhöhte und sie in New York länger andauern ließ als in anderen Städten. Sein 1993er Wahlkampf konzentrierte sich auf Lebensqualität, Verbrechen, Wirtschaft und Bildung. Seine politische Kampagne schrieb seinen Erfolg der Verantwortlichkeit gegenüber der Stadtregierung zu. Seine Anwendung von Strategien, um höhere Beamte zur Verantwortung zu ziehen, könnte ebenfalls zur Verringerung des Stadtdefizits, der Sozialausgaben und der Korruption beigetragen haben. Warum also nicht auch Verbrechen? Er investierte in Kinder, half ihnen Zugang zum Gesundheitswesen zu bekommen, und erhöhte die Mittel für Bildung. Er wurde auch mit einem umfassenden Stadterneuerungsprogramm in Verbindung gebracht, das das Aussehen des Times Square veränderte.

Giuliani behauptet, dass *Compstat* der Kern des Erfolgs seiner Bemühungen sei, die Polizei für die Verbrechensverringerung verantwortlich zu machen. *Compstat* bezieht sich auf das Aktenmanagementsystem des NYPD. Es wurde 1994 eingeführt und wurde genutzt, um Informationen über die von der Polizei registrierten Straftaten gleichzeitig auf der örtlichen Polizeiebene, der Kommandoebene und bei der Stadtregierung zur Verfügung zu stellen. Die Einführung wurde mit einer weitreichenden Überholung des Managements der 76 Bezirkskommandeure und höchsten Abteilungsleiter in Verbindung gebracht. Dies wurde als Niederreißen der Mauern zwischen den traditionellen polizeilichen Machtbereichen wie Polizeistreife, Kriminalpolizei und Drogendezernat angekündigt. Es zwang die örtlichen Kommandeure dazu, Rechenschaft über die Kriminalitätstrends abzulegen, die ihre Polizisten aufnahmen. Es war nicht nur ein Datensystem, sondern auch ein Verfahren, die Verantwortlichkeit zu steigern. Dies war es - nicht Null Toleranz oder *Broken Windows* - was 1996 den *„Innovations in Government Award“* der *Kennedy School of Government* der *Harvard University* erhielt.

Unglücklicherweise wurden die Innovationen in der Managementstruktur in New York nicht mit systematischen Evaluationen kombiniert, die es den Bewohnern New Yorks oder der Welt mit irgendeinem Grad an Gewissheit ermöglicht hätten herauszufinden, was zu den beachtlichen Verringerungen beigetragen hatte. Es gibt keine wissenschaftliche Evaluation der Auswirkungen von *Compstat* auf die Verbrechensraten. Es gibt jedoch drei Analysen der Gründe für den Rückgang der Verbrechensrate in New York, die ich nützlich finde, um zu beurteilen, welchen Beitrag *Compstat* geleistet hat. Eine ist die Arbeit Kellings selbst, der von seiner früheren Stelle bei der *Police*

Foundation weggegangen ist, um Berater Brattons für die Sicherheit in New Yorks öffentlichem Verkehrssystem zu werden und dann mitging, als Giuliani im Jahr 1994 Bratton zum Polizeipräsidenten New Yorks machte.[9] Die andere ist ein Buch, das alle vorhandenen Daten für alternative Erklärungen für den Rückgang der Verbrechensraten in New York analysiert. Das Buch wurde geschrieben von Karmen, einem Professor am *John Jay College*, einer Hochschule, die vorwiegend auf die derzeitigen und zukünftigen Polizeibeamten in New York ausgerichtet ist.[10] Die dritte ist eine nachträgliche Studie des *US National Crime Prevention Council*, die in Zusammenarbeit mit dem *International Centre for the Prevention of Crime* gemacht wurde, als ich noch dessen Generaldirektor war.[11] Unglücklicherweise hatten die Medien kein besonderes Interesse an diesen Studien. Sie waren glücklich, sich an der Nase herumführen zu lassen.

Kelling war einer der Autoren des spekulativen Artikels mit dem Titel *Broken Windows*, den Giuliani und Bratton nutzten, um ihre Strategie, gegen Bagatelldelikte energisch durchzugreifen, zu rechtfertigen.[12] Um Kelling gegenüber fair zu sein, muss gesagt werden, dass er in den späten 1990ern die Daten nochmals aufgenommen hat, um herauszufinden, welchen Unterschied diese neue Strategie in New York gemacht hatte. Er machte seine eigene statistische Analyse der Trends in der Periode von 1989-1998, um das Ausmaß, in dem *„Broken Windows"* funktioniert hatte, zu überprüfen. In einem wichtigen Artikel für das *Manhattan Institute* berichteten Kelling und ein Doktorand über eine statistische Beurteilung der Beziehung zwischen dem Anstieg der Verhaftungen wegen Ordnungswidrigkeiten in New York und der Verringerung der Gewaltverbrechensraten von 1989 bis 1998.[13] Dieser Artikel ist der Hauptteil der wissenschaftlichen Beweise, die von den Befürwortern von Compstat und Broken Windows genutzt werden, um zu beweisen, dass diese Polizeitechniken funktionieren. Kelling

---

9 Kelling & Sousa, Do Police Matter? .

10 Karmen, New York Murder Mystery, 2000.

11 National Crime Prevention Council (U.S.), Six Safer Cities, 1999.

12 Wilson & Kelling, Broken Windows, 1982.

13 Kelling & Sousa, Do Police Matter? .

behauptete, dass die *Broken Windows* Polizeiarbeit in dem Jahrzehnt von 1989 bis 1998 über 60.000 Gewaltverbrechen verhinderte, eine Verringerung von 5%. Wenn ihre Behauptung wahr wäre, würde dies die Auswirkung der Bemühungen Brattons zeigen, die Polizei dazu zu bringen, Verhaftungen wegen Ordnungswidrigkeiten strategisch zu nutzen, um Gewaltverbrechen in Angriff zu nehmen. Während 60.000 Gewaltverbrechen eine beeindruckende Statistik sind, sind 5% bescheidener und stellen die Bemühungen in die richtige Perspektive - immer daran denkend, dass diese Strategie nicht nur kostspielig war, um die Polizeibeamten zu bezahlen, sondern auch, weil die verhaftete Person in eine Vollzugsanstalt gebracht werden und auch dies bezahlt werden musste.

Unglücklicherweise geht ihre Behauptung, eine kausale Verbindung zwischen Verhaftungen von New Yorkern für Bagatelldelikte und einem Rückgang der Gewaltverbrechen um 5 % gezeigt zu haben, weit über das hinaus, was Korrelationsanalysen beweisen können. Dennoch beweist es unbestreitbar, dass Bratton das *Compstat*-Verfahren nutzte, um Verhaftungen wegen Ordnungswidrigkeiten zu erhöhen. Viel wahrscheinlicher spiegelt es den Zufall wieder, dass Giuliani und Bratton ihr *Compstat*-Verfahren einführten und damit den Anstieg von Verhaftungen wegen Ordnungswidrigkeiten während eines (ohnehin stattfindenden) Rückgangs der Gewaltverbrechen aufzeigten.

Im Jahr 1970 lenkte Zimring die Aufmerksamkeit auf das Rätsel des „Tante Jane Erkältungsmittels“.[14] Die Quacksalber, die dieses Mittel verkauften, behaupteten, dass es ganz sicher die Erkältung innerhalb von zwei Wochen verschwinden ließe. Natürlich merkten diejenigen, die das Mittel kauften, dass ihre Erkältung innerhalb von zwei Wochen wegging, weil fast alle Erkältungen innerhalb von zwei Wochen verschwinden. Der Anstieg der Verhaftungen wegen Ordnungswidrigkeiten könnte ähnlich zu erklären sein, weil die Gewaltverbrechen, wie wir sahen, sowieso sanken, aber nicht nur in New York, sondern in den gesamten Vereinigten Staaten der 1990er.

---

[14] Zimring, Perspectives on Deterrence, 1971.

Kelling setzte die Verhaftungen wegen Ordnungswidrigkeiten mit der Anwendung der *Broken Windows* Theorie gleich. In seinem Artikel beschrieb er, wie einige NYPD Polizisten ihre Ermessensspielräume nutzten, um zu entscheiden, ob sie Personen daran hindern sollten, in der Öffentlichkeit zu urinieren, indem sie sie wegen dieser Ordnungswidrigkeit verhafteten. Es ist mir unerfindlich, wie das Anhalten von Personen, die in der Öffentlichkeit urinieren, Morde mit Pistolen stoppen soll. Wenn diese 5% Verringerung wirklich von der Erhöhung der Verhaftungen wegen Ordnungswidrigkeiten kam, dann kam es von den Bemühungen des NYPD, Personen mit Pistolen festzunehmen, Drogenmärkte unter freiem Himmel zu schließen und Prostitution zu verdrängen. Es gibt handfeste Beweise in angesehenen Berichten wie denen, die vom *National Research Council*, Sherman und seinen Kollegen an der *University of Maryland* und dem *National Violence Research Consortium* erstellt wurden, dass nur die Polizeiarbeit, die Verhaftungen wegen Ordnungswidrigkeiten nutzt, um bekannte Risikofaktoren in Angriff zu nehmen, Verbrechen verringert.[15] Daher ist es wahrscheinlich, dass es eher die NYPD Taktiken waren, junge Männer gründlich zu durchsuchen, um Pistolen und Drogen einzusammeln, die die Gewaltkriminalität verringert haben.

Kelling verwarf den demographischen Wandel oder Veränderungen im Drogenkonsum als Gründe für die Verringerung von Gewaltverbrechen, zumindest für die untersuchten Jahre - 1989, 1993 und 1998. Er zeigte, dass die Arbeitslosigkeit stieg, während Gewaltverbrechen sanken. „Arbeitslosigkeit“ ist ein Maß für die Anzahl der Personen, die nach Arbeit suchen, nicht wieviele Personen wirklich arbeitslos sind. Als die Wirtschaft sich verbesserte, stieg vermutlich die Anzahl der Personen, die nach Arbeit suchten, weil sie dachten, dass mehr Jobs vorhanden sind. Kelling folgert im Großen und Ganzen, dass „Recht-und-Ordnung“ eine Verringerung von 5% produzierten, ist sich aber nicht sicher, was sonst noch dazu beigetragen haben könnte.

---

15 National Research Council (U.S.), Fairness and Effectiveness in Policing, 2004, 217–250; Sherman et al., Evidence Based Crime Prevention, 2002, 295–329; Blumstein & Wallman, The Crime Drop in America, 2000, 207–265.

Selbst diese Schlussfolgerungen bezüglich der Verringerung um 5 % müssen in einen Kontext gebracht werden. Kelling war der Hauptberater für Giuliani und Bratton. Normalerweise würde man nach einem unabhängigen Gutachter suchen, um festzustellen, ob eine bestimmte Innovation funktioniert hat. Tatsächlich ist die Hauptschwierigkeit der Behauptungen Giulianis und Brattons, dass sie nicht auf einer unabhängigen wissenschaftlichen Evaluation basieren. Die Medizin des 18. Jahrhunderts war voll von allzu optimistischen Behauptungen der Erfinder und Anbieter von Wunderlösungen. Heutzutage wird eine Behauptung bezüglich eines medizinischen Heilmittels einer rigorosen Serie von Tests unterzogen, bevor die Mediziner akzeptieren, dass das Heilmittel funktioniert und sie sicher sind, dass es keine gefährlichen Nebenwirkungen hat. Nur dann werden die Berufsverbände die Benutzung dieses Mittels unterstützen.

Die zweite Quelle ist das Buch *New York Murder Mystery: The True Story Behind the Crime Crash of the 1990's*. Dieses faszinierende und sorgfältig geschriebene Buch stammt von Karmen, einem erfahrenen Soziologieprofessor, der seine professionelle Arbeit auf das Reduzieren von Viktimisierung und die Hilfe für Opfer konzentriert hat. Er hat einen internationalen Ruf für seine Arbeit über die Verhinderung von Autodiebstahl erlangt. Selbst Kelling bezieht sich in einer Fußnote auf dieses Buch, „als die bisher vermutlich sorgfältigste Studie über dieses Thema".[16] Während manche seiner Schlussfolgerungen fraglich sind, müssen Karmens Interpretationen von jedem ernst genommen werden, der möchte, dass Steuern besser genutzt werden, um die Kriminalitätsraten zu senken. Seine Analysen konzentrieren sich hauptsächlich auf Mord und Autodiebstahl, wie sie von der Polizei aufgezeichnet werden, was zuverlässige Indikatoren der tatsächlichen Viktimisierungsraten sind, da die Mehrheit der Taten der Polizei berichtet und von ihr aufgenommen wird.

Er gruppierte die Erklärungen für den Rückgang der Verbrechen in sechs Kategorien - verbesserte Polizeiarbeit des NYPD, ein härteres Strafrechtssystem, die verschwindende Drogenszene, die florierende

---

16 Kelling & Sousa, Do Police Matter? , F.N. 22

lokale Wirtschaft, Materialisierung positiver demographischer Trends, und die Veränderung der Werte von Teenagern und jungen Erwachsenen. Er gab zu, dass viele der fest geglaubten Erklärungen einen Kern Wahrheit enthielten, in dem Sinne, dass sie zu einem kleinen Teil zur Verringerung beigetragen haben. Das bedeutet, es gab verschiedene Faktoren, und daher können Giuliani oder die Weltpresse nicht zu Recht behaupten, dass alles *Compstat* oder *Broken Windows* zuzuschreiben ist. Er unterstrich auch, dass die Behauptung, dass die Polizeiarbeit mehr Täter abschreckte, fraglich ist, da die Verbrechen, die am stärksten zurückgingen, die waren, bei denen die Aufklärungsrate sank. Das heißt, die Verbrechen gingen da zurück, wo die Polizei weniger Täter festnahm. Dies stützt die Behauptung, dass die Verbrechensrate durch problemorientierte Polizeiarbeit gesenkt wurde, d.h. dass die Verbrechen, die zurückgingen, durch die Polizeiaktionen gesenkt wurden, die Risikofaktoren in Angriff nahmen. Zum Beispiel, wenn die Polizei bestimmten Personen Pistolen oder Drogen wegnimmt, werden diese Personen mit geringerer Wahrscheinlichkeit töten oder Drogen verkaufen. Also ist es nicht mehr „Recht-und-Ordnung", sondern eine intelligentere - klügere – Strategie für „Recht-und-Ordnung", die funktioniert.

Karmen folgerte daraus, dass die Daten eindeutig vier weitere wichtige Faktoren für den Rückgang der Kriminalität unterstützten. Der erste ist die Anzahl der High School Absolventen, die zur Universität weitergingen, nicht nur weil dadurch diese Personen für den Arbeitsmarkt qualifiziert werden, sondern auch, weil sie sich einer anderen Kultur verschreiben – weg von der der Straße. Der zweite ist, dass je höher die Proportion hart arbeitender Immigranten ist, desto niedriger sind die Kriminalitätsraten, da diese Immigranten selten in Verbrechen involviert sind. Der dritte ist, dass das Verhindern von exzessivem Trinken und Trinken in der Öffentlichkeit Gewalt viel stärker hemmt als andere Anti-Drogen Strategien. Alkoholkonsum kann durch Polizeikontrollen und auch durch Bildung gegengesteuert werden. Der vierte ist die Bedeutung des Schaffens von Arbeitsplätzen, die sinnvoll sind und vernünftig bezahlt werden, und dadurch manche Täter von Eigentumsverbrechen weglocken werden. Alle vier sind sozialpolitische Strategien, die weniger Verbrechen und Viktimisierung hervorrufen. Daher schließt Karmen, dass es zu einem kleinen Teil die klügere „Recht-und-Ordnung"-Strategie war, aber zu einem großen Teil die Veränderung anderer Risikofaktoren, die Verbrechen begünstigen, die die Kriminalität zu Fall gebracht hat.

Karmen lenkte die Aufmerksamkeit auch darauf, dass die Kriminalitätsraten in vielen US Städten sanken. Die Verringerung der Morde in Los Angeles, Houston, San Diego, San Antonio, Dallas und Boston lag bei mehr als 50%. Die dritte Quelle der Erkenntnis, was die Verringerungen verursachte, ist daher eine interessante Analyse des *National Crime Prevention Council* und des *International Centre for the Prevention of Crime.*[17] Untersucht wurden sechs Städte, in denen nicht nur die Mordraten, sondern auch Gewaltverbrechen und Eigentumsverbrechen in den 1990ern gesunken waren. Ziel war es, Lehren zu ziehen, die in Zukunft genutzt werden können. Die Städte in der Analyse waren New York sowie Boston, Fort Worth, Denver, San Diego und Hartford.

Für diese Analyse wurden die Polizeidaten über aufgenommene Verbrechen von all diesen Städten gesammelt, sowie die Details der Aktionen, die sie durchgeführt hatten. Die Aktionen, von denen sie behaupteten, dass sie Kriminalität verringert hätten, wurden mit dem wissenschaftlichen Wissen über das, was Verbrechen in der Vergangenheit verringert hatte, anhand der Fallsammlung des *International Centre for the Prevention of Crime* verglichen. Das bedeutete das Zurückweisen vieler Aktionen, von denen die Städte dachten, sie seien relevant, wie zum Beispiel das Einführen von Polizeifußstreifen und Gemeindepolizeistationen, da sie in der Vergangenheit nicht gezeigt hatten, dass sie Kriminalität verringern. Es wurden aber Aktionen beibehalten, die sich auf Gangs richten, um sie daran zu hindern, Pistolen zu tragen, mit gefährdeten Jugendlichen zu arbeiten und konzentrierte Programme, die Opfern halfen sich gegen Einbrüche zu schützen, weil sich diese in kontrollierten Experimenten als geeignet erwiesen hatten, Verbrechen zu reduzieren.

---

17 National Crime Prevention Council (U.S.), Six Safer Cities, 1999.

Dann wurde ein Zielgruppentreffen mit Schlüsselfunktionsträgern jeder dieser Städte organisiert, um die Befunde zu diskutieren, die in der Erkenntnis endeten, dass zwei Faktoren wichtig für die Verringerung von Kriminalität und Viktimisierung waren. Der erste war die Bedeutung des politischen Willens. In jeder dieser Städte, die größere Verringerungen der Kriminalität als den nationalen Durchschnitt erreicht hatten, hatte der Bürgermeister die Verringerung von Kriminalität zur Priorität gemacht. Der zweite war die Bedeutung der Mobilisierung vieler verschiedener Sektoren, wie Schulen und Nachbarschaftsvereinigungen, um Risikofaktoren in Angriff zu nehmen. So fielen die Quoten da stärker, wo die Strategien nicht nur Polizeiarbeit beinhalteten, sondern sich darauf konzentrierten, dass Sozialdienste mit gefährdeten Jugendlichen arbeiten und Aktionen umfassten, potentiellen Opfern zu helfen, vorbeugende Maßnahmen zu ergreifen. Also folgerte diese Studie, dass etwas „Recht-und-Ordnung" hilft, aber dass Prävention auch funktioniert.

Zusammenarbeit und klügere Polizeiarbeit – mögliche Grunde für den Rückgang in Boston

Es ist ein merkwürdiger historischer Zufall, dass Bratton Boston im Jahr 1994 verließ, um nach New York zu gehen. Die Person, die zum neuen Chef der Polizei in Boston ernannt wurde, war Paul Evans. Evans war ganz klar der Polizeichef, der eine Rolle bei der Verringerung von Jugendmorden in einer US Stadt gespielt hat. Seine Haupttechnik war jedoch weder, die Bostoner Polizei durch eine *Compstat*-Aktion hart gegen Verbrechen zu machen, wie in New York, noch führte er Gemeindepolizeiarbeit ein, wie in Chicago. Statt dessen bestand sie darin, mit verschiedenen Gemeinschaften und der *Harvard University* Partnerschaften zu gründen und an ihnen teilzuhaben. Ich hätte es gern gehabt, wenn der Ansatz der Stadt Boston genausoviel Aufmerksamkeit bekommen hätte wie der in New York, da er in vielerlei Hinsicht erfolgreicher war, was sowohl durch die prozentualen Verringerungen bewiesen wurde, als auch durch das Wiederaufleben der Gewaltkriminalität nach zehn Jahren, als sie in Boston aufhörten, das zu tun, was funktionierte.

In der Zeit zwischen 1994 und 1996 wurde ein ganzes Spektrum an Initiativen gestartet, um die Welle der Gewalt durch Jugendbanden einzudämmen. Die „Recht-und-Ordnung“-Strategien waren stark problemorientiert. Sie beinhalteten die *„Operation Ceasefire“*, bei der die Informationen der Polizisten von der vordersten Front über Jugendliche, Feuerwaffen und Gangs von einem Team in der *School of Public Administration* der *Harvard University*, geleitet von David Kennedy, analysiert wurden. Die Partnerschaft ermöglichte es der Polizei, strategisch einzugreifen, um Gewalt mit Feuerwaffen durch Jugendliche zu verhindern. Ihre Aufgabe war es, die Jugendlichen glauben zu lassen, dass es harte und vorhersehbare Konsequenzen für das Tragen von Handfeuerwaffen und Gewalt geben würde. Die Polizei nutzte jedes Gesetz, dass sie nutzen konnte, um einzuschreiten - einschließlich aggressiven Vorgehens bei Alkohol- und Verkehrsvergehen und bei Verstößen gegen Bewährungsauflagen – nicht nur Gesetze, die direkt das Kontrollieren oder Registrieren von Feuerwaffen betreffen. Der Ansatz in Boston richtete sich auf junge Männer, von denen der Polizei bekannt war, dass sie in Gangs verwickelt waren, und so wurden weniger unschuldige Bürger gestoppt und durchsucht als in New York. Eine anspruchsvolle Evaluation, die von Kennedy [18]und anderen durchgeführt wurde, zeigte, dass selbst nachdem der nationale Rückgang der Tötungsdelikte eingerechnet wurde, ein Teil des Rückgangs dem Problemlösungsprozess zuzuschreiben war. Wieder einmal war es enttäuschend zu sehen, dass Kennedy - der Architekt des Programms - auch einer der Forscher der Evaluation war.

Aber die Bostoner Strategie war viel mehr als nur *„Operation Ceasefire“*. Sie beinhaltete Präventionsprogramme, wie zum Beispiel Straßensozialarbeiter, die mit Jugendlichen aus Gangs Kontakt aufnahmen, um Streitereien zu schlichten und den Jugendlichen und den Familien zu helfen, die dringend benötigten sozialen Dienstleistungen zu bekommen. Sie erhöhten die Anlaufstellen für Ausreißer. Sie ermöglichten Programme, um Schulabbrecher zu betreuen und ihre Zahl zu verringern, was Gewalt reduzieren sollte, wie wir in Kapitel

[18] Kennedy et al., Reducing Gun Violence, 2001.

2 sahen. Sie erhöhten die Zahl der Ausbildungsplätze und brachten örtliche Firmen dazu, Jobs zu schaffen. Die *John Hancock Mutual Life Insurance Company* investierte in ein Sommerprogramm, das den Jugendlichen eine größere Chance gab, die High School abzuschließen und zur Universität zu gehen - wieder Programme, bei denen Karmen zeigte, dass sie Gewalt verringern. Die Kirchen engagierten sich auch mit der *Ten-Point-Coalition* und versuchten auf ihre Art, die Jugendlichen zu erreichen.

Die Jugendmordrate fiel von einem Durchschnitt von 44 pro Jahr in der Zeit von 1991 bis 1995 auf 15 in 1998, an keinem von ihnen waren Jugendliche unter 16 Jahren mit Waffengewalt beteiligt. Gut, das sind kleine Zahlen und auch nur bei Jugendlichen, aber es ist ein Rückgang von 66% in drei Jahren. Wieder gibt es keine wissenschaftliche Evaluation des ganzen Pakets der Aktivitäten - außer *„Operation Ceasefire"* - aber es macht Sinn, dass die Ergebnisse wesentlich mehr waren als nur die einer klugen „Recht-und-Ordnung"-Strategie. Sicherlich hat Evans den Rückgang auf die Kombination von Polizeiarbeit, Sozialdiensten und anderen zurückgeführt, die zusammenarbeiteten, um den Lauf der Dinge aufzuhalten.

In den letzten paar Jahren sind die Gewaltraten in Boston wieder langsam angestiegen. Während das Budget der Polizeibehörde nicht gekürzt wurde, wurden die Mittel für viele Gemeindedienste, von denen Evans und ich behaupten, dass sie zu der ursprünglichen Eliminierung der Jugendgewalt beitrugen, gestrichen. Die Lektion aus den ursprünglichen Erfahrungen in Boston und dem derzeitigen Anstieg ist einfach. Um Gewalt vorzubeugen, benötigt man kluge Polizeiarbeit und Dienste, die die Ursachen angehen, warum so viele junge Menschen auf Gewalt zurückgreifen. Aber man sollte die langfristig eingesetzten Mittel nicht nur für klügere Polizeiarbeit aufwänden. Man muss sicherstellen, dass die Mittel für Programme für gefährdete Jugendliche aufrecht erhalten werden. Es gibt eine weitere Lektion, die im nächsten Kapitel klarer werden wird und zwar, dass präventive und Partnerschaftsstrategien nicht in den Händen eines Polizeichefs, wie Evans, gelassen werden sollten. Wenn in Boston eine Planungsgruppe für Verbrechensprävention vorhanden wäre, wie Evans eine organisieren konnte, aber auf dauerhafter Basis, dann hätten die derzeitigen Anstiege verhindert werden können.

Im Licht von *„Operation Ceasefire"* versuchte das *US Department of Justice* den Prozess zu wiederholen und startete eine Initiative an verschiedenen Orten namens *Strategic Approaches to Community Safty Initiative* (SACSI). Die erfolgreichsten Orte beim Verringern von Gewalt mit Handfeuerwaffen und Drogenhandel waren jene, die sich dem strategischen Problemlösungsprozess widmeten, indem Kriminalitätsprobleme vor Ort analysiert wurden und problemorientierte Lösungen eingeführt und bewertet wurden. Man kann sich nur fragen, wie viele Städte erfolgreich gewesen wären, wenn sie über kluge Polizeiarbeit hinausgegangen wären und den umfassenden Ansatz, den Evans unterstützte, genutzt hätten.

Community Policing verringert Ordnungswidrigkeiten, nicht Verbrechen in Chicago

Chicago behauptete auch, eine Verringerung der durch die Polizei aufgenommenen Verbrechen in den 1990ern zu haben - proportional gesehen nicht so groß wie die in New York. Chicago ist mit einer Bevölkerung von weniger als drei Millionen kleiner als New York mit ungefähr acht Millionen. Es hat auch eine kleinere Polizeitruppe mit etwa 13.000 uniformierten Polizeibeamten (und 3000 Zivilisten), verglichen mit New Yorks 40.000. In den 1990ern gab es ebenfalls einen großen Wechsel des Polizeiarbeitsstils, aber er wurde mit einer Philosophie des *Community Policing* in Verbindung gebracht, statt mit *Broken Windows*, Null Toleranz oder *Compstat*. Dieser neue Polizeiarbeitsstil war bekannt unter dem Namen *Chicago Alternative Policing Program*. Teilweise ging es in diesem Programm darum, die Beziehungen zwischen der Polizei und den Gemeinschaften zu verbessern, indem Polizeibeamte öfter mit der Bevölkerung kommunizieren und an Nachbarschaftstreffen teilhaben.

Es wurde mit einem Kriminologen - Wes Skogan - in Verbindung gebracht, einem Professor für Urbanistik an der *Northwestern University* in der Nähe von Chicago. Skogan hat einen internationalen Ruf für seine umfangreiche Arbeit über die Art und Weise, wie gemessen werden kann, wieviel Viktimisierung vorhanden ist. Er hat auch ein einflussreiches Buch darüber geschrieben, wie eine beeinträchtigte öffentliche Ordnung in Nachbarschaften Kriminalität erhöht. Daher ist es nicht überraschend, dass das Programm sich auf Wege konzentrierte, wie solche Störungen in Nachbarschaften verringert werden können.

Das *Chicago Police Department* fing mit dem *Chicago Alternative Policing Program* im Jahr 1993 an mit der Ankündigung des Versuches, Polizei, Bürger und Kommunalbehörden zusammenzubringen, um gemeinsam der Kriminalität vorzubeugen, statt nur darauf zu reagieren. In der Praxis ging es meistens darum, Polizeidienste den verschiedenen Minderheiten in der Stadt, die enttäuscht über ihre Behandlung durch die Polizei waren, näher zu bringen. Es beinhaltete, Polizeibeamte bestimmten Stadtbezirken zuzuweisen, so dass sie die örtlichen Gemeinschaften kennenlernten, die wiederum zum Teil den Polizisten kennen lernten. Dies beinhaltete auch Gemeinschaftstreffen, in denen die Polizisten mit den Bürgern Prioritäten erörterten, so dass die Polizei auf belästigendes Verhalten in der Öffentlichkeit, wie Drogenverkauf auf der Straße oder Prostitution, eingehen kann, da dies Themen sind, die die Nachbarschaft bezüglich Verbrechen zusammenbringt.

Skogans Analyse und Evaluation sind bezüglich des Ausmaßes, in dem die Strategie zu der Verringerung der Kriminalität beigetragen hat, unklar. In den Prototypbezirken wies er eine Verringerung von 50% oder mehr bei Gangs und Drogen sowie Schwerverbrechen auf, aber er beansprucht nicht das Ausmaß der Verringerung in der Stadt insgesamt, das in Boston erreicht wurde.[19] Das Programm wurde auch deshalb kritisiert, weil die Mordraten nie wirklich sanken. Es wurde als *Community Policing Program* ausgegeben, das problemorientierte Polizeiarbeit beinhalten würde. Unglücklicherweise nutzte Chicago nicht genug problemorientierte Strategien auf der Stadtebene. Die Mordraten Anfang 2000 waren dreimal so hoch wie in New York. Das heißt, New York mit acht Millionen Menschen und Chicago mit weniger als drei Millionen Einwohnern hatten dieselbe Anzahl von Morden - 600.

---

19 Skogan & Hartnett, Community Policing, 1997, 219–230 und 242–244.

Obwohl es große Unterschiede in den Mordraten gibt, gibt es nur relativ kleine Unterschiede in den Quoten bei Raubüberfällen und Einbrüchen. Das BJS gab 2005 einen Vergleich der Viktimisierungstrends in Chicago, Los Angeles und New York in den 1980ern und 1990ern heraus.[20] Anstatt nur die von der Polizei aufgenommenen Daten zu nutzen, nutzte es auch die Daten des *National Crime Victim Survey*, um die Trends bei Einbrüchen, Raubüberfällen und schwerer Körperverletzung zu vergleichen. Diese Viktimisierungsdaten ermöglichen einen sehr aussagekräftigen Vergleich, da sie die Ermessensausübung der Polizei aus den Zahlen der aufgenommenen Verbrechen herausnimmt. Die Studie bestätigt, dass die Trends der Kriminalitätsraten in allen drei Städten in den 1990ern sank, aber sie zeigt, dass die Verringerungen in den 1980ern tatsächlich viel größer waren als in den 1990ern. Es stimmt, dass New York diese Periode mit einer Einbruchsquote beendete, die halb so hoch war wie die von Chicago, aber dieser Trend war schon seit 1984 vorhanden. Bezüglich der Raubüberfälle fanden die Verringerungen in New York auch in den 1980ern statt, obwohl 1998 die Unterschiede zwischen den Städten viel kleiner waren. Trotz der sehr unterschiedlichen Polizeistile sind die Unterschiede der Viktimisierungsraten nicht dramatisch. Es sind sozio-ökonomische Trends und nicht Polizeistile, die die Viktimisierungsraten bedingen, egal was für einen Hype die Bürgermeister und Polizeipräsidenten auch immer in den Medien bekommen mögen.

Zusammenfassung

Es gibt keine klaren Beweise, dass das Erhöhen des Budgets, selbst um hohe Summen, um für mehr Polizei zu bezahlen, einen großen Unterschied bei der Höhe von Verbrechen ausmacht. Das Weiterführen der üblichen Wege, Polizeiarbeit auszuüben, wie Streifen, Reaktion auf 911-Notrufe und Ermittlungen, ist eindeutig auf Dauer nicht bezahlbar. Es werden viel größere Bemühungen nötig sein, um die Verschwendung der Steuern anzuhalten, wenn so viel Energie verloren geht, um auf nicht so dringende Anrufe zu reagieren. Das

---

[20] Bureau of Justice Statistics, Crime and Victimization in the Three Largest Metropolitan Areas, 1980–98, 2005.

311-System, das eine Rufnummer für nicht so dringende Fälle bereitstellt, könnte hilfreich sein.

Die Verhaftungen wegen Ordnungswidrigkeiten, die durch *Compstat* in New York eingeleitet wurden, könnten einen kleinen Einfluss gehabt haben, wenn dies auch nicht mehr als 5% der Verringerung ausmachte. Führung durch einen Bürgermeister, kombiniert mit einer angemessenen Balance zwischen problemorientierter Polizeiarbeit, Kriminalprävention durch soziale Entwicklung und situativer Kriminalprävention hätte dies bedeutend verbessert.

Die Stadt Boston erreichte spektakulärere Verringerungen, weil sie sich mehr auf problemorientierte Polizeiarbeit und Kriminalprävention durch soziale Entwicklung konzentrierte. Das Wiederauftauchen der Probleme nach zehn Jahren unterstreicht die Wichtigkeit, eine ständige Behörde für Kriminalprävention zu haben.

Die Stadt Chicago zeigte, dass problemorientierte Polizeiarbeit auf den Nachbarschaftsebenen Kriminalität verringern kann, aber keine schwereren stadtweiten Verbrechen, wie Raubüberfälle oder Morde. Insgesamt nutzte keine dieser Städte das Potential, Opferwerdung zu verringern, das wir in den vorherigen Kapiteln gesehen haben.

Wenn es eine Botschaft gibt, die aus diesem Kapitel mitgenommen werden sollte, ist es die, dass die Polizei sich beachtlich verändern muss, indem sie viel klüger handelt, so dass sie Risikofaktoren in Angriff nimmt, um die Kriminalitätsprobleme zu lösen. Das setzt voraus, dass sie die Polizeidatensysteme noch viel strategischer für ihre Aktivitäten einsetzt sowie Strategien zusammen mit Kommunalbehörden wie der Jugendhilfe plant.

6. Gerechtigkeit und Unterstützung für Verbrechensopfer garantieren

Unglücklicherweise werden heute immer noch viele Menschen Opfer von Kriminalität und Gewalt. Selbst wenn Politiker schnell auf präventive Strategien reagieren, wie sie in diesem Buch gezeigt wurden, um Kriminalität und Opferwerdung zu verringern, wird es immer noch einige Opfer geben, die Verlust, Verletzung und Trauma erleiden, ohne dass ihnen Hilfe zukommt. Schlimmer noch, sie werden ignoriert werden und ihre Notlage wird durch unser Strafrechtspflegesystem verschlimmert.

Vieles von dem, was nötig ist, um dem Opferschutz gerecht zu werden, wurde von den Regierungen durch ein internationales Menschenrechtsinstrument bestätigt: die *UN Declaration on Basic Principles of Justice for Victims of Crime and Abuse of Power.*[1] Diese Deklaration wurde aktiv von der US Regierung unterstützt, unter anderem vom *Office for Victims of Crime* im *US Department of Justice*. Ein ähnlicher Text wurde auch in der bahnbrechenden *US President's Commission on Crime Victims* im Jahr 1982 dargelegt.[2] Diese Kommission beschrieb das US Strafrechtssystem zu der Zeit als erschreckend unausgeglichen und sprach 68 Empfehlungen aus, um diese Situation zu beheben und eine wichtige Änderung in der Verfassung der Vereinigten Staaten vorzuschlagen. Zweifellos wurden seither Fortschritte gemacht, aber es bleibt noch viel mehr zu tun, um Verbrechensopfern gerecht zu werden und sie zu unterstützen.

Wenn es eine gute Nachricht aus den Ergebnissen der *National Crime Victim Survey* gibt, dann ist es die, dass die meisten Betroffenen Opfer von Eigentumsverbrechen und nicht von Gewaltverbrechen werden.[3] Das heißt, dass sie nur Eigentum verlieren statt verletzt zu werden. Dieses Eigentum kann viel wert sein oder auch nicht, und

---

1 Waller, Crime Victims, 2003; United Nations General Assembly, Declaration of Basic Principles of Justice for Victims, 1985.

2 United States, President's Task Force on Victims of Crime, 1982.

3 Bureau of Justice Statistics, Criminal Victimization, 2004.

ist versichert, oder auch nicht. Jedoch ist es nicht nur der finanzielle Wert, der den Opfern wichtig ist, sondern auch der Gefühlswert. Selbst der unbedeutendste Diebstahl kann den Verlust eines Objektes beinhalten, das emotionalen Wert hat: ein Ehering oder ein Foto eines geliebten Verstorbenen mag keinen großen finanziellen Wert haben, aber einen unersetzlichen emotionalen Wert. Eine Versicherung kann den finanziellen Wert ersetzen, aber selbst das kann mehrere Monate dauern. Ein Einbruch wird bei der Polizei als Eigentumsverbrechen klassifiziert, aber es beinhaltet einen Täter, der in die Wohnung einer Person eindringt. Der Täter kann die Wohnung verwüsten, Drohnachrichten auf Spiegeln hinterlassen oder persönliche Kleidung oder Besitz durchwühlen. Dies kann in bleibenden Traumata resultieren, die es dem Opfer schwer machen, zu schlafen oder zur Arbeit zu gehen.

Opfer von Gewaltverbrechen werden verletzt und traumatisiert. Sie werden in einem Kampf vielleicht nur leicht verletzt oder aber sie werden mit einem Messer gestochen oder angeschossen. Manche werden sexuell genötigt, was schlimm genug ist, aber es kann zu Schwangerschaft oder zu sexuell übertragenen Krankheiten wie AIDS führen. Opfer von Gewaltverbrechen werden oft medizinische Hilfe suchen oder ins Krankenhaus gehen müssen, wofür sie bezahlen müssen, wenn sie keine Versicherung haben. Sie mögen für kurze Zeit nicht arbeiten können oder vielleicht gar nicht mehr. Manche werden sich ganz von ihren Verletzungen erholen, andere nicht. Manche werden getötet.

Ob Opfer von Eigentumsverbrechen oder von Gewaltverbrechen, viele werden traumatisiert sein – fachsprachlich posttraumatische Belastungsstörung oder PTBS. Sie können viele Jahre nach der Opferwerdung Schwierigkeiten haben zu schlafen, aus dem Haus zu gehen oder an normalen Alltagsaktivitäten teilzunehmen. Bei einem kleinen aber wichtigen Teil der Opfer werden die schweren und andauernden Traumata und physischen Verletzungen nie verschwinden - es wird nie einen Abschluss geben. Ihre Familien werden Traumata erleiden, nicht nur in Mordfällen, sondern auch in weniger abscheulichen Vorfällen wie Einbrüchen. PTBS ist inzwischen Teil der Sprache von Viktimologen und ist in den Standarddiagnosehandbüchern der Ärzte anerkannt. Diese Anerkennung macht es aber nicht weniger schmerzhaft oder schwierig.

Diese Tragödien werden durch das Strafrechtspflegesystem verschlimmert, die von Menschenrechten und Sanktionen für Verdächtige und Täter besessen ist, ohne die Menschenrechte der Opfer oder den ihnen entstandenen Schaden anzuerkennen. Gewiss, es wurden kleine Fortschritte in den Gerichtssälen gemacht, in denen die Opfer hinter Abschirmungen aussagen können und der Verteidigung Grenzen gesetzt wurden, bei Sexualdelikten Fragen über die vorherige sexuelle Geschichte zu stellen. Ja, es wurden einige Fortschritte bei der Bereitstellung von Unterstützung für manche Opfer gemacht, Entschädigung durch die Täter, Schadenersatz durch den Staat usw., aber es gibt noch sehr viel Raum für Verbesserung.

Kriminalität schädigt die Opfer, Gerechtigkeit besteht darin, dies anzuerkennen

Wenn Sie ein Verbrechensopfer werden, müssen Sie anständig, fürsorglich und gerecht behandelt werden, selbst wenn Strafrechtspflegesysteme nicht viel Zeit dafür hergeben. Wenn Sie auf der Straße ausgeraubt werden, sollte es ihr Recht sein zu erwarten, dass andere Bürger Ihnen zu Hilfe kommen. Wenn Sie die Polizei rufen, sollte es Ihr Recht sein, dass der Polizist Ihnen zuhört und Ihnen hilft soziale oder medizinische Hilfe zu bekommen, Ihnen Informationen darüber gibt, was er tun wird und welche Hilfe Sie bekommen können. Wenn Sie Opfer eines Sexualdelikts werden, sollte es Ihr Recht sein, einen Beamten oder Berater Ihres Geschlechts zu bekommen. Es sollte Ihr Recht sein, medizinische Hilfe und psychologische Betreuung zu bekommen, um sich zu erholen. Es sollte Ihr Recht sein, zuverlässige Informationen zu bekommen, um zu verhindern, dass Sie nochmals angegriffen werden. Es sollte Ihr Recht sein, Schadenersatz vom Täter zu fordern und entschädigt zu werden, bevor der Täter eine Geldstrafe an den Staat zahlt. Wenn Sie verletzt wurden und der Täter keine Entschädigung zahlen kann, sollte es Ihr Recht sein, vom Staat Schadenersatz zu bekommen. Es sollte Ihr Recht sein, mit gesetzlicher Vertretung am Strafprozess teilzunehmen, um Ihre Sicherheit, Ihre Suche nach Wahrheit und Ihr Recht auf Schadenersatz zu wahren. Aber mehr als alles Andere wollen Sie Anerkennung dessen, was passiert ist.

Unglücklicherweise sind diese offensichtlichen Rechte noch keine Realität. In den 1970ern gab es ein wachsendes Bewusstsein bei Opfern und einigen Experten, die mit ihnen arbeiteten, dass Opfer oft die vergessenen „Waisen“ des Strafrechtssystems waren. Regierungen wie die der Vereinigten Staaten machten regelmäßige Viktimisierungsumfragen, die zeigten, wer die Opfer waren und welchen Einfluss das Verbrechen auf sie hatte. Die Frauenbewegung kämpfte gegen Gewalt an Frauen, indem sie Gesetze ändern ließ, die Krisenzentren für Opfer von Sexualdelikten vervielfachte und Frauenhäuser gründete, um einen sicheren Zufluchtsort für Frauen bereitzustellen, die von ihrem Partner geschlagen wurden. Staatsanwälte richteten Büros ein, um Opfer zu unterstützen, wenn sie vor Gericht aussagen mussten. Obwohl alle diese Innovationen gut waren, waren sie nur Flickwerk, da sie weder allgemein noch flächendeckend vorhanden waren.

Ebenfalls in den 1970ern schafften es die Opferanwälte in manchen US Staaten, die Regierung dazu zu bringen, Richtlinien zu übernehmen, wie Verbrechensopfer behandelt werden sollten. Sie wurden als „Grundrechte“ bezeichnet, obwohl die Opfer keine Möglichkeit hatten, diese Rechte durchzusetzen. Wie auch immer der Name lautete, die Gesetze ermöglichten eine Vision der Veränderung, um Opfer fair und mit Respekt zu behandeln. In manchen Staaten gab es ein Amt für Verbrechensopfer, dessen Aufgabe es war, diese Rechte umzusetzen. In New York State zum Beispiel wurde ein Amt, das ursprünglich in den1960ern gegründet wurde, um kleine Geldbeträge als Schadenersatz an Verbrechensopfer zu zahlen, vergrößert, um neue Unterstützungsprogramme zu finanzieren und als Anwalt zu agieren, um den Opfern zu helfen Schadenersatz usw. zu bekommen.

Dieselben Themen wurden in anderen Ländern ebenfalls angesprochen. Akademiker, Fachleute und politische Entscheidungsträger hatten angefangen, sich auf internationaler Ebene zu treffen, um über die Not der Opfer zu sprechen und darüber, was dagegen getan werden könne. Im Jahr 1979 gründeten sie die *World Society of Victimology* (WSV), um Forschung, Dienstleistungen und Sensibilisierung für Opfer zu stärken. Einige nationale Organisationen fingen mit ähnlichen Zielen an. So organisierte zum Beispiel die *National Organization for*

Victim Assistance (NOVA) in den Vereinigten Staaten schon jährliche Konferenzen für Fachleute, Anwälte und Akademiker.

So war es mir 1982 möglich, eine weltweite Kampagne für die Anerkennung der Opfer, ihrer Not und für praktische Abhilfe zu starten. Die WSV und die NOVA stellten das Sprungbrett bereit, von dem aus die globale Kampagne gestartet wurde. Die WSV hatte Mitglieder in vielen verschiedenen Ländern - manche von ihnen waren politische Entscheidungsträger in den Regierungen. Das erste Ziel der Kampagne war, anzuerkennen, dass Verbrechen nicht nur Verletzungen des Strafrechts sind, sondern auch Verletzungen von Menschen - ein Thema, das vergessen und vom Strafrechtspflegesystem zur Seite geschoben worden war. Dies scheint offensichtlich zu sein, aber selbst heute sind die meisten Strafrechtssysteme solche zur Durchsetzung von Strafrecht, statt zum Schutz der Opfer, zur Verteidigung ihrer Rechte oder zu ihrer Unterstützung. Ja, es kann sein, dass die Vertreter der Strafjustiz sagen, sie würden im Namen der Opfer gerichtlich vorgehen oder bestrafen, aber in Wirklichkeit handeln sie im Namen des Staates, mit wenig Achtung und viel Missachtung des Opfers. In Kanada wird der Ankläger als Anwalt der Krone, auf Englisch *Crown Attorney*, bezeichnet und das ist genau das, was der Ankläger tut - er vertritt die Krone, nicht das Opfer.

Das zweite Ziel der Kampagne war, herauszufinden was die grundsätzlichen Prinzipien der Gerechtigkeit und der Unterstützung für Opfer sind. Darum schlugen wir vor, was von den Regierungen für die Opfer getan werden könnte. Wenn man bedenkt, dass Opfer zu der Zeit allgemein keine Möglichkeit zur Verteidigung ihrer Rechte oder zur persönlichen Unterstützung hatten, war es überraschend und ermutigend, wie schnell Regierungen und Nichtregierungsgruppen weltweit zu einem Konsens über die Notwendigkeit kamen, Verbrechensopfern Unterstützung, Schadenersatz und Zugang zu Gerechtigkeit zu ermöglichen. Wir gingen mit der Kampagne zu unzähligen Treffen mit Menschenrechtsorganisationen und Regierungen. Innerhalb von drei Jahren, was eine erstaunlich kurze Zeitspanne ist, hatten wir jede Regierung der Welt dazu gebracht, in den Vereinten Nationen eine Resolution zu verabschieden, die mit der Verpflichtung anfing, dass jede Regierung:

„ … die Notwendigkeit bekräftigt, nationale und internationale Maßnahmen zu ergreifen, um die allgemeine und effektive Anerkennung und den Respekt für Verbrechensopfer und Opfer von Machtmissbrauch sicherzustellen.“[4]

Die Resolution verlangte bessere Viktimisierungsvorbeugung und die Einführung von Maßnahmen, die den Respekt für vier grundlegende Prinzipien der Gerechtigkeit für Verbrechensopfer sichern. Diese Prinzipien beinhalten Unterstützung und Hilfe, Entschädigung durch den Täter, Schadenersatz durch den Staat und Zugang zu Gerechtigkeit. Diese Prinzipien wurden 1985 in der *Declaration on Basic Principles of Justice for Victims of Crime and Abuse of Power* - die oft als *Magna Carta* für Opfer bezeichnet wird - aufgestellt.[5] Sie erkennt die offensichtliche, aber oft übersehene Realität an, dass Opfer Verlust, Verletzungen und Trauma durch Verbrechen erleiden und setzt Maßstäbe dafür, was Regierungen auf allen Ebenen und die Zivilgesellschaft dagegen tun sollten.

Keine Gerechtigkeit ohne die Verbrechensopfer

Die UN Deklaration erkennt auch an, dass die Probleme der Opfer nicht nur in den Händen der Täter liegen. Sie erklärt, dass Opfer oft zusätzliche Unannehmlichkeiten, Kosten und Traumata erleiden, wenn sie der Polizei und den Staatsanwälten helfen, indem sie ihre Opferwerdung diesen Behörden melden.

Es ist besonders überraschend, dass das Strafrechtspflegesystem nicht mehr für die Opfer tut, da ihr Lebensunterhalt von den Opfern abhängig ist, die die Viktimisierung der Polizei melden und bei Gericht für die Staatsanwälte aussagen. Sechzig Prozent der von der Polizei aufgenommenen Verbrechen werden von den Opfern gemeldet. Unglücklicherweise sehen die Polizei und die Justiz die Kooperation der Opfer immer noch als Bürgerpflicht an und stellen den Opfern

---

4 General Assembly Resolution 40/34 vom 29. November 1985, die die Declaration of Basic Principles of Justice for Victims verabschiedete, 1985.

5 United Nations General Assembly, Declaration of Basic Principles of Justice for Victims, 1985.

weder grundlegende Informationen über das Strafrechtspflegesystem zur Verfügung, noch respektieren sie deren Privatleben, noch helfen sie ihnen sich sicher zu fühlen. „Recht-und-Ordnung“ bietet in den Vereinigten Staaten, ähnlich wie in Kanada oder England, immer noch keine Rechte für Opfer an, um sicherzustellen, dass sie ihre Interessen an Wahrheit, Sicherheit, Entschädigung oder Schutz vor Unannehmlichkeiten im Strafverfahren schützen können, was Frankreich jetzt schon seit vier Jahrzehnten tut.

Unglücklicherweise müssen Opfer, die sich heutzutage bei der Polizei melden, immer noch eher mit weiteren Belastungen, Unkosten und Traumata rechnen als mit Unterstützung und Gerechtigkeit. Ihre Frustration und Schmerzen werden zu oft schwären gelassen. Sie können sich glücklich schätzen, wenn sie Mitgefühl vom Justizsystem bekommen - selbst wenn der entsprechende Beamte oder Anwalt mit ihrem Schmerz und ihrer Frustration mitfühlt. Die wenigen Unglücklichen, die als Zeugen gebraucht werden, werden nach dem Belieben des Richters oder der Anwälte zum Gericht kommen müssen, nicht nach ihrem eigenen. Sie werden nicht angehört, sie werden Einkommen verlieren und müssen womöglich ihre Fahrt- und anderen Kosten selber zahlen und werden mit ihren Ängsten um ihre Sicherheit leben müssen. Es ist unwahrscheinlich, dass sie Entschädigung bekommen und sie müssen oft hören, dass die Richter immer noch Geldstrafen verordnen, die an den Staat gezahlt werden müssen, bevor das Opfer Entschädigung bekommt.

Für die $44 Milliarden, die für Reaktionen auf Notrufe und für Öffentlichkeitsarbeit von den Polizeibehörden ausgegeben wurden, hat die Polizei wenig getan, um die Opfer in Übereinstimmung mit den „Grundrechten“ zu behandeln – von internationalen Standards mal ganz abgesehen. Daher ist es kein Zufall, dass 51% derjenigen, die Opfer von Eigentumsdelikten wurden und 66% derer, die Opfer von Gewaltverbrechen wurden, nicht die Polizei anrufen. Obwohl die exakten Zahlen von dem jeweiligen Verbrechen abhängen, sind diese hohen Prozentsätze eine schwere Anklage gegen das Strafverfolgungssystem. Zugegeben, die Prozentsätze angezeigter Straftaten bei Autodiebstahl und Hauseinbrüchen fallen auf 6% respektive 27%, das aber nur, weil die Opfer die Versicherung ohne eine Anzeige nicht in Anspruch nehmen können.[6] In Fällen wie Vergewaltigung oder häuslicher Gewalt gehen mehr als 80% der Opfer nicht zur Polizei.

Dieses tragische Ignorieren der Interessen der Opfer ist besonders verwunderlich, da die *International Association of Chiefs of Police* (IACP) 1983 ihre eigenen *„Crime Victims' Bill of Rights"* verabschiedet hat. Ich hätte von einer fortschrittlichen Polizeiführung erwartet, genauso besorgt zu sein wie sie es damals waren, noch bevor die US Regierung ihre Gesetze erließ und die Regierungen der Welt die Grundprinzipien für Opferrechte anerkannten. Diese Vereinigung repräsentiert mehr als 17.000 Mitglieder aus 89 Ländern - die alle in Führungspositionen der Polizeiarbeit in den Vereinigten Staaten und der ganzen Welt sind. Ihr Vorsitzender, Dan Rosenblatt, ist ein früheres NOVA-Vorstandsmitglied. Ihr reich ausgestattetes Hauptquartier liegt in der Nähe von Washington, DC. Sie hat Komitees, die an Themen wie organisiertem Verbrechen, Autodiebstahl, Kriminalprävention und Verbrechensopfer arbeiten. Als die IACP ihre Grundrechtserklärung verabschiedete, drängte sie die Polizeiführung „Verfahren einzuführen und Personal zu trainieren", um die „unbestreitbaren Rechte aller Verbrechensopfer" zu realisieren, die die Polizei auffordern, Opfer als „privilegierte Klienten" zu behandeln, indem sichergestellt wird, dass Opfer:

1. nicht eingeschüchtert werden;
2. über vorhandene finanzielle Hilfe und Sozialleistungen aufgeklärt werden und darüber wie man diese beantragt;
3. einen sicheren Aufenthaltsbereich während der Vernehmungen und des Gerichtsverfahrens geboten bekommen und benachrichtigt werden, wenn ihre Anwesenheit im Gericht benötigt wird;
4. gestohlene oder andere persönliche Güter schnell zurück bekommen, wenn sie nicht mehr als Beweismittel benötigt werden;

[6] Bureau of Justice Statistics, Criminal Victimization, 2004.

5. eine schnelle Erledigung des Verfahrens bekommen und regelmäßig über den Stand des Verfahrens, sowie über die Schlussverfügung informiert werden; und wo immer es Personen- und Ressourcenmöglichkeiten gibt, in Fällen schwerer Verbrechen benachrichtigt werden, wann der Täter freigelassen wird;
6. im Fall von Vergewaltigung oder anderen sexuellen Verbrechen, wo immer es die Personal- und Ressourcenmöglichkeiten erlauben, von Beamten des gleichen Geschlechts befragt werden.

Unglücklicherweise ist dies eines der vielen Beispiele von Wunschdenken, wenn es um Unterstützung und Gerechtigkeit für Verbrechensopfer geht. Hat die Polizeiführung Personal ausgebildet? Hat die Polizei entsprechende Vorgehensweisen eingeführt? Manche Polizeibehörden haben es getan, aber das sind die Ausnahmen, die die Regel bestätigen. Haben Giuliani oder Bratton dies zur Priorität in ihrem *Compstat*-Verfahren in New York gemacht? Hat Chicago dies zu einem Teil der *Chicago Alternative Policing Strategy* gemacht? Hat Clinton dies zu einem Teil des *Community Oriented Policing Service Office* gemacht? Nein, haben sie nicht. Selbst die maßgebliche Studie des *National Research Council* über die Belege von Fairness und Effektivität der Polizeiarbeit konnte nur einen Eintrag in ihrem Schlagwortverzeichnis über Opfer erreichen, und der war über die Charakteristika der Opfer und nicht über ihre Behandlung. Diese ungeheuerliche Situation ist den Opfern gegenüber kaum fair. Um Beispiele von Polizeidiensten zu finden, die spezielle Polizeistationen bieten, in denen nur Frauen arbeiten, müssen wir uns die Innovationen ansehen, die in den 1980ern in Brasilien gemacht wurden und sich in anderen Entwicklungsländern verbreitet haben. Frauen werden viel eher sexuelle oder körperliche Angriffe der Polizei melden, wenn sie wissen, dass sie mit einer Polizistin reden können und verständnisvolle Hilfe für ihre Situation bekommen. Dennoch haben die Polizeidienste in den Vereinigten Staaten wie in anderen reichen Ländern diese offensichtliche Lösung, mehr Frauen zu ermutigen sich zu melden, nicht übernommen. Die Konsequenz daraus ist, dass weniger als eine von fünf Frauen, die Opfer eines sexuellen Übergriffs oder eines Angriffs durch den Partner wurden, zur Polizei geht.

Ein kürzlich in den Vereinigten Staaten gehaltenes Gipfeltreffen über Polizeiarbeit und Opfer, das vom Department of Justice gesponsert wurde, machte wieder umfassende Vorschläge, dass Opfer eine ganze Reihe von Angeboten zeitnaher Unterstützung und Dienstleistungen bekommen, um von dem Trauma, an dem sie leiden, geheilt zu werden. Es wiederholte einige der bekannten Vorschläge des IACP Rechtekatalogs aus dem Jahr 1983, erweiterte sie aber um Informationen und Unterstützung für Opfer, Zugang zur Justiz und die Möglichkeit für Opfer, ihr Schicksal selbst zu bestimmen. Obwohl diese Vorschläge eindeutig Sinn machen, wurden sie nicht von irgendwelchen konkreten Handlungen begleitet, um sie einzuführen – mehr Worte ohne praktische Taten.

Die Polizei ist gut aufgestellt, um den Opfern Krisenunterstützung zu geben, und sollte der „Ersthelfer" der Opfer sein.[7] Sie ist die Behörde, die am häufigsten und als erste von den Opfern nach dem Verbrechen kontaktiert wird. Sie ist 24 Stunden am Tag, 7 Tage die Woche erreichbar. Sie benachrichtigt Krankenwagen und Feuerwehr. Sie kann die Parteien einer Streitigkeit trennen. Sie kann Eigentum sicherstellen, die Opfer vor dem Angreifer schützen und die Verdächtigen verhaften. Sie kann die Opfer beruhigen und sie an die entsprechenden Dienste der Gemeinschaft weiterverweisen.

Opfer benötigen verschiedene Dinge von den Polizeibeamten und dem Staatsanwalt: Über den Verlauf der Ermittlungen informiert zu werden und ihr Eigentum zurück erlangen, sobald die Polizei es identifizieren konnte. Manchmal wollen sie ihre Sicht bei der Anhörung für die Festlegung der Kaution einbringen, um ihre persönliche Sicherheit zu schützen, oder sie wollen vor der Gerichtsverhandlung mit dem Staatsanwalt sprechen. Sie wünschen sich von den Angeklagten getrennte Warteräume.

---

[7] Waller in Lurigio, Skogan, & Davis, Victims of Crime, 1st edn, 1990, 139–156.

Die Polizei könnte ihre Unterstützung für Opfer durch einfache Schritte verbessern, die in einigen Polizeibehörden bereits unternommen wurden. Die offensichtlichsten Schritte beinhalten, dass der reagierende Polizeibeamte dem Opfer eine Karte gibt, auf der die wichtigsten Telefonnummern von Diensten stehen, wie die vom örtlichen Notfallzentrum, Schlossern, Schadenersatzstellen für Verletzungen durch Verbrechen, und einem Dienst, der dem Opfer helfen oder das Opfer an andere Gemeindedienste weiterleiten kann, sowie seriöse Ratschläge, um zu vermeiden nochmals Opfer zu werden. Idealerweise würde diese Karte sowohl das Aktenzeichen des Falls als auch den Namen des Polizeibeamten enthalten. Das Problem ist, dass diese einfachen und erschwinglichen Schritte nicht überall getan worden sind oder auch nur ein Teil der Reformen, die in einigen größeren Polizeibehörden eingeführt wurden, nicht flächendeckend umgesetzt wurde.

Die moderne Funk- und Kommunikationstechnologie könnte viel besser genutzt werden, um sicherzustellen, dass der einzelne Streifenpolizist das Opfer über vorhandene Dienste informieren kann, indem er bei der Zentrale nachfragt, während er bei dem Opfer ist. In Krisensituationen könnte die Zentrale das Opfer auch direkt zu dem Streifenwagen durchstellen, der auf das Opfer reagiert. Spezielle Kriseneinheiten der Polizei gehen mit Familienstreitigkeiten sowie der Fürsorge für Kinder um. Ihre Einzigartigkeit kommt von den Fähigkeiten, mit Menschen in Krisen zurechtzukommen und sie mit Behörden zu verbinden, die Langzeitbehandlungen bereitstellen. Die Polizei könnte verlangen, dass gestohlenes Eigentum, nachdem es gefunden wurde, seinem Eigentümer übergeben wird; dies würde die Entwicklung eines Verfahrens erfordern, das das Opfer mit seinem Eigentum auf Video oder Foto aufnimmt. Des Weiteren könnten Kriminalbeamte aufgefordert werden, das Opfer von Zeit zu Zeit über ihre Aktionen zu informieren oder zu erklären, warum eine Ermittlung nicht weitergeht. Dies könnte relativ einfach durch individualisierte Standardbriefe gemacht werden.

Obwohl die Polizei stark von der Kooperation der Opfer abhängig ist, hat sie die Opfer im Stich gelassen. Wie die Forschung zeigt, sind Opfer wesentlich für die Polizei, da es die Opfer sind, die die

Polizei in mehr als 60% der Fälle alarmieren. Es ist das Opfer, das die Details des Verbrechens und des Verdächtigen beschreibt. Es ist sehr oft die Kooperation des Opfers, die die Verhaftung und Verurteilung ermöglicht. Außerdem können zufriedene Opfer eine wichtige Quelle öffentlicher Unterstützung zur Zeit der Budgetverteilung für die Polizei sein. Die Polizei kann mehr Informationen und öffentliche Unterstützung bekommen, wenn sie den Opfern hilft. Wenn Polizeiarbeit effektiver werden soll, müssen die Polizeibehörden dem Reagieren auf die Bedürfnisse der Opfer eine höhere Priorität geben.

Den Opfern zu helfen, nachdem sie viktimisiert wurden, ist natürlich eine gute Sache, aber ihnen vorher zu helfen ist ebenso wichtig. Der *Supreme Court* in Kanada entschied in einem Fall, der unter dem Pseudonym *Jane Doe* bekannt wurde, dass die Polizei dafür verantwortlich ist, potentielle Opfer vor bestimmten Gefahren durch Täter zu warnen. Im Jahr 1986 war in Toronto ein Serienvergewaltiger unterwegs, der in die Wohnungen von alleinlebenden weißen Frauen mit schwarzem Haar einbrach. Die Existenz des Vergewaltigers war der Polizei genauso bekannt wie sein Modus Operandi, über Balkone einzusteigen, aber sie warnte die Frauen in dem Gebiet nicht. Als er sein fünftes Opfer angriff, verklagte dieses die Polizei, weil sie sie nicht gewarnt hatte, und gewann - wenn auch viele Jahre später - beachtliche Wiedergutmachung. Für einen Normalbürger ist es offensichtlich, dass die Polizei potentielle Opfer warnen sollte. Für die Polizei war es ihre Rolle, den Täter zu fassen. Für mich ist dies ein wichtiger Fall, da er zeigt, dass Kriminalprävention, zumindest in manchen speziellen Fällen, wichtiger ist, als die Täter zu fassen, selbst für die Juristen an der Spitze des Systems von Polizei und Richtern in Kanada. Das Buch, das die Geschichte von *Jane Doe* erzählt, ist spannend zu lesen. Unter anderem beschreibt es viele weitere Arten, wie moderne und professionelle Polizeibehörden falsch mit Frauen umgehen, die Opfer von Vergewaltigung wurden.[8]

---

[8] Doe, The Story of Jane Doe, 2004

Der Unterstützung der Opfer gerecht werden

Der Unterstützung der Opfer gerecht zu werden muss mehr als die Arbeit einiger engagierter Pioniere sein. Es muss flächendeckend sein. Aber das Engagement der Pioniere hat einen erheblichen Einfluss gehabt. In den 1970ern gründeten ein paar Pioniere sowohl in England als auch in den Vereinigten Staaten Unterstützungsdienste für Verbrechensopfer. In Bristol, England, gründete Nigel Whiskin, ein Bewährungshelfer, das erste Opferunterstützungsprojekt - er fand Freiwillige, um Opfern von Einbrüchen zu helfen, mit dem Trauma zurecht zu kommen. Heute haben England und Wales ein flächendeckendes System von Opferunterstützungsprojekten, die das Modell in Bristol zum Vorbild haben.

In den Vereinigten Staaten gab die *Law Enforcement Assistance Administration* 1974 Startkapital aus, um ein halbes Dutzend verschiedene Programme für Opfer und Zeugen zu gründen. Diese beinhalteten Programme, um Zeugen zu helfen, zum Gericht zu gehen und auszusagen, Projekte um sicherzustellen, dass Opfer von häuslicher Gewalt einen Polizeibeamten und Sozialarbeiter bekamen, Zentren, um Opfern von Sexualdelikten zu helfen, und Dienste um Kindern, die Opfer wurden, zu helfen mit dem System zurechtzukommen. So gab es ein Jahrzehnt mit Innovationen, Ausprobieren, Fürsprache und Forschung, wovon das Meiste aus den Herzen und der Energie der Pioniere kam, die sowohl Experten als auch Freiwillige waren, von denen viele selbst Verbrechensopfer geworden waren.

In den 1970ern zog die Frauenbewegung die Aufmerksamkeit auf den Mangel an Respekt für Opfer von Vergewaltigung und häuslicher Gewalt seitens der Polizei, der Staatsanwälte und der Richter. Sie kämpfte für Gleichheit und generell mehr Fairness in der Behandlung, aber ihr Kampf konzentrierte sich darauf, antiquierte Gesetze, die mit Vergewaltigung zu tun hatten, zu reformieren und die Polizei dazu zu bringen, bei häuslicher Gewalt einzuschreiten. Sie gründeten Zufluchtsorte für geschlagene Frauen und Krisenzentren für Opfer von Sexualdelikten. Sie lenkten die Aufmerksamkeit auch auf die Art und Weise, wie schlecht Verbrechensopfer, besonders Frauen, von der Polizei behandelt und vor Gericht machtlos gelassen wurden.

Ungefähr zur selben Zeit wurden die Staatsanwälte, die in manchen US Staaten gewählt werden, besorgt um ihre Popularität und begannen deshalb, Ämter zu gründen, um den Opfern zu helfen, die als Zeugen zu den Gerichten gebracht wurden. In New York City startete die *Vera Foundation* - ursprünglich gegründet um Täter auf Kaution freizulassen - eine innovative Opferhilfsbehörde, deren anfängliche Rolle es war, zu helfen, mehr Opfer dazu zu bringen, vor Gericht auszusagen, indem sie diese Erfahrung weniger erschreckend machten. Dies wurde die *New York City Victim Service Agency* - die größte der Welt. Diese Behörde war es, die den Opfern des Angriffs auf das *World Trade Center* Krisenunterstützung bereitstellen konnte.

Diese verschiedenen Initiativen kamen in Nordamerika, Westeuropa und anderswo in Schwung, sowohl durch nationale als auch internationale Organisationen, wie die WSV. In den 1980ern hatte England dann eine *National Association of Victim Support Schemes* gegründet und die US Pioniere waren zusammengekommen, um NOVA zu gründen. Aber es war die *President's Task Force on Victims of Crime* in den Vereinigten Staaten, die reagierte, um Gesetzgebung, Geldmittel und Programme zu mobilisieren, die dieses System ändern sollten, das als „erschreckend unausgeglichen" beschrieben wurde. Sie machte 68 umsetzbare Empfehlungen, die auch einen Entwurf einer Verfassungsänderung beinhalteten. Ihre Vorschläge umfassten alles von Krisenzentren für Opfer von Sexualdelikten, Hilfen für Kinder, die Opfer wurden, die Rolle der Kirchen usw., bis hin zur Rolle des Opfers im Strafprozess.

Der Fortschritt, der in den Vereinigten Staaten gemacht wurde, diese Empfehlungen einzuführen, wurde bedeutend erleichtert durch den *Victims of Crime Act* (VOCA), der im Jahr 1984 verabschiedet wurde. Dieser Meilenstein der Gesetzgebung gründete das *Office for Victims of Crime* mit einem innovativen Finanzierungsmechanismus, der es davor schützte, mit den großen Bürokratien des „Recht-und-Ordnung"-Systems um Steuermittel kämpfen zu müssen. Das *Office for Victims of Crime* ist ein nationales Verantwortungszentrum, das einzigartig in der Welt ist, und sicherlich für andere Länder beispielgebend. Seine Hauptrolle ist es, die Zahl der Dienste und Gesetze, die Unterstützung, Schadenersatz und Rechte der Verbrechensopfer bereitstellen, zu vermehren. Ungefähr 40% seiner Mittel werden genutzt, um die Mittel der einzelstaatlichen Schadenersatzsysteme für Opfer mit Verletzungen durch Verbrechen zu erweitern, und weitere 40% werden genutzt, um Systeme zu erweitern, die die Opfer direkt unterstützen. Die verbleibenden 20% werden für verschiedene Dinge genutzt, wie zum Beispiel Ermittlungen bei Kindesmissbrauch, Wahrnehmung von Aufgaben nach freiem Ermessen, um Gesetzgebung zu Gunsten der Opfer zu verändern und für einen Notfallfonds für unerwartete Notlagen.

Die Mittel des *Office for Victims of Crime* kommen vorwiegend von Geldstrafen, die nach dem Bundesstrafgesetz verhängt werden. Typischerweise werden diese Geldstrafen Firmen oder reichen Leuten aufgelegt. Manche der außergewöhnlicheren Fälle beinhalteten Geldstrafen von $100 Millionen oder mehr, die Banken oder reiche Börsenmakler zahlen mussten, die für das Betrügen ihrer Kunden bestraft wurden. Es ist auch möglich, dass Mittel von Einzelpersonen vermacht werden. In den Anfangsjahren hatten sie nur $70 Millionen zu verteilen, aber heute liegt die jährliche Zuweisung bei über $500 Millionen - von denen kein einziger Cent von den allgemeinen Steuern kommt.

VOCA hat viele Dinge erreicht, nicht aber die systematische Generalüberholung, die von der *President's Task Force* verlangt wurde. Beeindruckenderweise war das *Office for Victims of Crime* nicht zufrieden damit, sich auf seinen Lorbeeren auszuruhen. Im Jahr 1998 hatte es einen Bericht darüber herausgegeben, in welchem Ausmaß die Empfehlungen der *President's Task Force* erfüllt worden waren.[9] Die Verfasser stellten fest, dass nur ein Bruchteil der geschätzten 38 Millionen Verbrechensopfer die dringend benötigten Hilfen bekommen hatte, Hilfen wie finanzielle Notfallhilfe, Beratung bei Krisen und

[9] U.S. Office for Victims of Crime, New Directions from the Field, 1998.

zur Festigung der seelischen Gesundheit, Obdach, Informationen und Fürsprache im Strafrechts- und Jugendstrafrechtssystem. Sie merkten ebenso an, dass selbst wenn es ein Grundrecht in der Verfassung des Staates gab, die Umsetzung so schwach und willkürlich war, dass viele Opfer nicht bekamen, was dort garantiert wurde.

Obwohl es enttäuschend ist zu sehen, wie gleichgültig das System des Strafrechts den Rechten der Opfer gegenüber ist, rief dieser Bericht doch zu erneuter Aktivität auf. Die Liste scheint nicht so unterschiedlich von der zu sein, die vor 20 Jahren empfohlen wurde. Hoffentlich wird der Bericht etwas Einfluss darauf haben, wie das *Office for Victims of Crime* seine Mittel nutzt, aber mit den weniger als 5% frei verfügbaren Mitteln könnte das einige Zeit dauern. Die Autoren verlangten Maßnahmen, um einheitliche grundlegende Rechte für Verbrechensopfer zu erlassen und durchzusetzen. Sie wollten bessere und umfassendere Hilfen für Verbrechensopfer. Sie wollten vielversprechende Praktiken ausweiten. Sie wollten, dass die Stimmen der Verbrechensopfer eine zentrale Rolle in der Reaktion der Nation auf Gewalt spielen. Mein Lieblingsvorschlag ist, dass Experten und Studenten besser über Recht und Unterstützung für Opfer unterrichtet werden sollen; das bedeutet, dass jene, die für das System von „Recht-und-Ordnung" arbeiten, gelehrt werden, wie sie Opfer respektvoll behandeln und unterstützen können. Das wird Zeit brauchen, aber es wird mehr Polizeibeamte, Anwälte und Bürger qualifizieren, so dass sie wissen was getan werden muss.

Dennoch wird das amerikanische Verbrechensopfer nicht so gut behandelt wie ein Opfer in Europa, wo die generelle Unterstützung für Opfer stärker akzeptiert wird. Auch wenn die Qualität der Hilfe nicht so gut sein mag wie in den Vereinigten Staaten, so ist sie zumindest überall vorhanden. Des Weiteren werden medizinische Hilfe und Krankenhausaufenthalte dem Opfer kostenfrei bereitgestellt, weil in Europa ohnehin eine allgemeine Krankenversicherung vorhanden ist.

Die Zeit ist längst überfällig, dass ausreichende Mittel überall in den Vereinigten Staaten investiert werden, um sicherzustellen, dass jedes Opfer Zugang zu grundlegender Unterstützung hat und jeder Gesetzeshüter und Staatsanwalt darin ausgebildet ist, wie Opfer behandelt werden sollten. Es ist Zeit sicherzustellen, dass die Grundrechte von Opfern Justizprinzipien werden, die das Opfer einklagen kann. Es ist nicht klar, wieviel angemessen ist. Wenn wir durchschnittlich $100 pro Opfer zahlen, um Unterstützung und Rehabilitationshilfe bereit zu stellen, würden das $2,4 Milliarden werden - etwas mehr als 1% von dem, was wir heute für Polizei, Gefängnisse und Richter zahlen. Mit $2,4 Milliarden wäre es möglich, die Zehntausende unterbezahlten Opferhelfer und Freiwilligen zu Professionellen zu machen, die ein vernünftiges Gehalt bekommen.

Gerechte Entschädigung für Opfer

Viele Opfer wollen für den entstandenen Schaden Entschädigung vom Täter haben. Sie erwarten, von der Justiz Hilfe zu bekommen, dass ihnen die gestohlenen Güter zurückgegeben und sie für andere Schäden entschädigt werden. So erwarten sie vom Justizsystem, dass ihr gestohlenes Eigentum nicht länger als nötig einbehalten wird und dass der Täter es zurückgibt oder sie entschädigt. In den letzten 30 Jahren wurden Neuerungen eingeführt, um bei den Strafgerichten das Interesse an „Wiedergutmachungsurteilen" zu wecken, in denen dem Täter vom Gericht auferlegt wird, dem Opfer einen Teil des Schadens zu erstatten, statt das Opfer dazu zu zwingen, eine weitere Klage bei einem Zivilgericht einzureichen. Die Regierungen haben auch bemerkt, dass es oft schwierig ist, die Täter dazu zu bringen, Schadenersatz zu zahlen, und haben so Programme bereitgestellt, um die Zahlungen zu erleichtern. In den Vereinigten Staaten ist Schadenersatz ein typischer Teil der Strafe und in Staaten wie Kalifornien übernimmt es der Staat, die Entschädigung einzutreiben und sie dem Opfer auszuzahlen. In England ordnen die Strafgerichte ebenfalls Schadenersatz als Strafe an, die dem Opfer ausgezahlt werden muss, bevor eine Geldstrafe an den Staat gezahlt wird. Das Gericht ist für das Eintreiben der Zahlungen verantwortlich.

In den Niederlanden verminderte ein Programm namens HALT Vandalismus durch Jugendliche, indem sie dazu gebracht wurden, Schadenersatz zu leisten. In dem Programm, das ursprünglich in Rotterdam im Jahr 1981 eingeführt wurde, wird Jugendlichen, die an Vandalismus beteiligt waren, durch die Polizei oder die Anklagebehörde abverlangt, den Schaden zu reparieren und Hilfe zu suchen. Das Programm wurde inzwischen auf 65 weitere Standorte ausgedehnt. Heute gibt es eine nationale Behörde, die den örtlichen Projekten Training und technische Unterstützung anbietet. Die daraus resultierende Verringerung von Wiederholungstaten lag bei 70%. Dies zeigt, wie einfach es ist, Straftäter dazu zu bringen, Wiedergutmachung zu leisten, und wie dies Straftaten reduziert.

In den Vereinigten Staaten wird es dem Täter in vielen Fällen nicht möglich sein, die volle oder auch nur einen Teil der Entschädigung zu zahlen. Viele Regierungen in der wohlhabenden Welt haben Schadenersatzprogramme eingeführt, um Zahlungen zu leisten, wenn die Entschädigung vom Täter nicht voll gezahlt werden kann. Typischerweise wurden diese Programme auf Opfer beschränkt, die körperliche Verletzungen erlitten haben. Diese Programme gehen zurück auf das bahnbrechende Lobbying von Marjory Fry, die eine der ersten Persönlichkeiten war, die die Aufmerksamkeit auf den Mangel an Gerechtigkeit für Opfer richteten. Sie war eine britische Laienrichterin, die in den 1960ern über die Ungerechtigkeit der Schadenersatzsysteme für Verbrechensopfer Reden hielt und Streitschriften veröffentlichte. Wie die meisten Verfechter von Opferrechten nach ihr, verlangte sie keine schwereren Strafen für die Täter. Stattdessen wollte sie, dass die Opfer Entschädigung bekamen, die in etwa auf derselben Ebene waren wie die für Arbeiter, die bei ihrer Arbeit verletzt wurden.

Durch ihre Streitschriften inspiriert, gründete Neuseeland im Jahr 1963 das erste staatliche Schadenersatzprogramm für Opfer von Gewaltverbrechen und England folgte dem ein Jahr später. Kalifornien gründete sein Programm 1965 und brachte andere Staaten dazu, dasselbe zu tun. Dem folgten einige kanadische Provinzen und australische Staaten. Diese Programme waren bescheiden, um zu vermeiden, dass die Regierungen mehr bezahlten, als sie sich leisten konnten. Selbst heute wird wenig getan, um diese Programme bekannt zu machen, obwohl manche Länder wie England und Wales inzwischen umfangreiche Webseiten haben, um Informationen bereitzustellen. Heute zahlt die *British Criminal Injuries Compensation Authority* jährlich $400 Millionen, was circa 2 Prozent dessen sind, was die Steuerzahler für Polizei, Gefängnisse und Richter zahlen. Die Gesamtsumme ist wahrscheinlich mehr als alle Entschädigungen, die Verbrechensopfern in den Vereinigten Staaten gezahlt werden, und das in einem Land mit viel weniger Opfern von schwerer Gewalt und einer viel kleineren Bevölkerung. Weitere Entschädigungen werden in den Vereinigten Staaten für Arztrechnungen geleistet, die in England ohnehin schon vom Staat bezahlt werden. Zwei Prozent der US Ausgaben wären ungefähr $4 Milliarden - proportional gesehen keine große Summe, um die Opfer von Gewaltverbrechen zu würdigen.

Das BJS unternimmt, wie Statistikbehörden in anderen Ländern, nationale Viktimisierungsumfragen, um die Häufigkeit von Verbrechen zu messen. Nebenbei geben uns diese Umfragen genaue Anhaltspunkte dafür, wie viele Opfer entschädigt werden müssten, und somit wieviel ein faires Programm kosten würde - ein Bruchteil dessen was für „Recht-und-Ordnung“ gezahlt wird. Trotzdem haben die Regierungen Opfer kaum darüber informiert, was verfügbar ist oder die Kriterien erweitert, so dass die Opfergruppe, die am Meisten braucht, wenigstens etwas Wiedergutmachung für ihre Verluste erhält.

Unglücklicherweise machen manche Regierungen einen Unterschied bei den Summen, die an die Hinterbliebenen von Mordopfern gezahlt werden. Wenn Sie also von jemandem ermordet wurden, dessen Absicht es „nur“ war, Sie zu töten, werden Ihre Hinterbliebenen nicht so viel Entschädigung bekommen, wie wenn Ihr Mörder Sie durch eine terroristische Handlung umgebracht hat. In New York City zum Beispiel haben die Familien der in den letzten 10 Jahren über 10.000 ermordeten Personen nicht mal je $50.000 bekommen, während die 3000 Opfer des Angriffs auf das *World Trade Center* mehr als $1 Million bekamen.

Wiederherstellende Gerechtigkeit für Opfer

Es gibt eine wachsende internationale Bewegung, die über „wiederherstellende Gerechtigkeit", im Englischen *„restorative justice"*, spricht. Die Idee ist verlockend. Ihre Befürworter sprechen über das Bedürfnis, den Opfern und Tätern zu helfen, sich mit ihren Gefühlen auseinanderzusetzen und eine Lösung für ihren Konflikt zu finden. Es wird davon ausgegangen, dass dies helfen wird, das Opfer in den Zustand zurückzubringen, in dem es vor dem Verbrechen war. Es spricht über das Verbrechen nicht nur als Verletzung des Opfers, sondern auch der Gemeinschaft und daher über das Bedürfnis, die Gemeinschaft wiederherzustellen.

Es gibt verschiedene Modelle der wiederherstellenden Gerechtigkeit. Die Grundelemente beinhalten irgendeine Art von Treffen zwischen Opfer und Täter, das von einem Fachmann organisiert wird. Manche dieser Treffen werden Opfer-Täter-Versöhnung genannt, da es das Hauptziel ist, eine Versöhnung zwischen Opfer und Täter zu erreichen. Andere wiederum werden Kreisurteile genannt, da die Mitglieder der Gemeinschaft in einem Kreis sitzen und sowohl dem Opfer als auch dem Täter zuhören und darüber sprechen was passiert ist, bevor sie sich für eine Strafe für den Täter entscheiden.

Obwohl die Theorie der *restorative justice* für die Opfer verlockend ist, hat die Praxis eine große Schwachstelle. Der Täter hat viele Unterstützungsquellen, unter anderem rechtlichen Beistand von seinem Verteidiger, der, wenn nötig, vom Staat bezahlt wird. Das Opfer jedoch wird keinen Zugang zu einem vom Staat bezahlten Anwalt haben und hat oft keinen Fachmann, der ihm Unterstützung bietet. Wenn also Opfer und Täter keine Vereinbarung finden, kann der Täter immer noch zurück zum Strafgericht gehen, aber das Opfer kann dies nicht, weil es keinen entsprechenden Status hat.

Dennoch hat eine der angesehenen Organisationen die wissenschaftlichen Versuche zu *restorative justice* geprüft, um zu sehen, ob sie die Verhaftungsquote der Täter verringert. In einem Satz: Die Studien zeigen, dass *restorative justice* die Chancen verringert, dass ein gewalttätiger Täter erneut ein Verbrechen begeht. Es scheint, dass der Täter, der den Schaden, den er dem Opfer angetan hat, verstanden hat, gewillt ist, zu überlegen, wie eine ähnliche Situation in Zukunft vermieden werden kann. Die Studien zeigten ebenfalls, dass Opfer sich viel weniger am Täter rächen wollen, nachdem sie durch diesen Prozess gingen, als nach dem üblichen Strafgerichtsprozess.[10]

In Ruanda wurde eine Million Menschen in einem grauenhaften Völkermord abgeschlachtet. Eine Million Frauen und Kinder wurden vergewaltigt und häufig mit HIV infiziert. Die übliche Strafgerichtsbarkeit konnte die 100.000 Täter, die zusätzlich in die Gefängnisse kamen, nicht bewältigen. Daher verabschiedete der Staat im Jahr 2000 ein Gesetz namens *Gaçaça*, das einige Elemente der *restorative justice* enthält und den Strafprozess in die Gemeinschaften zurückbrachte. Auf Grund dieses Gesetzes beaufsichtigt eine kleine gewählte Bürgergruppe einen Gemeinschaftsjustizprozess, in dem Opfer, Täter und andere Bürger darüber sprechen was passiert ist, was für eine Auswirkung dies hatte und was getan werden sollte. Dieser einzigartige Prozess gibt den Opfern die Möglichkeit, ihren Schmerz und ihre Wut mit ihren Nachbarn zu teilen und bietet die Möglichkeit, zu einer Art gemeinsamer Sicht der Wahrheit zu kommen. Die abschließenden Entscheidungen der *Gaçaça*-Gerichte können vor den üblichen Strafgerichten angefochten werden, beinhalten aber sowohl Gefängnisstrafe als auch Schadenersatz. Obwohl in einer Krise eingeführt, könnte diese Verfahrensart, zumindest für die Opfer in den Vereinigten Staaten, mehr Sinn machen als die üblichen Prozesse, in denen sie effektiv ausgeschlossen und frustriert werden.

Wie Opfer Gerechtigkeit bekommen – das Recht, gehört zu werden

Wenn es eine große Lücke in der Unterstützung und Gerechtigkeit für Opfer gibt, dann ist es das Fehlen jeglicher Möglichkeit zur Durchsetzung ihrer Rechte. Seit 1985 haben verschiedene Regierungen und US Staaten Gesetze mit dem Titel „Grundrechte für Opfer" verabschiedet. Diese Grundrechte sind nichts als Scheingesetze, da

---

[10] Strang & Sherman in Welsh & Farrington, Preventing Crime, 2006, 147– 160.

sie nur wenig mehr als Richtlinien sind, die zu viele Polizisten, Anwälte, Richter usw. ignorieren, weil sie zu beschäftigt sind mit ihrer Recht-und-Ordnungs-Agenda und besonders weil es kein Mittel für die Opfer gibt, ihre Rechte durchzusetzen. Schon im Jahr 1982 hatte die *President's Task Force on Victims of Crime* in den Vereinigten Staaten einen Entwurf für eine Verfassungsänderung herausgegeben, die einen begrenzten Status der Opfer in den Strafgerichten ermöglicht hätte, um einige ihrer Rechte anerkannt zu bekommen.

Frankreich gibt Opfern schon seit mehr als 40 Jahren eine Rolle im Strafprozess. Es ist ein System, das außerhalb von Frankreich kaum bekannt ist, noch verstanden wird. Opfer haben ein durchsetzbares Recht, in einem französischen Strafgericht angehört zu werden, und zusätzlich haben sie Zugang zu Prozesskostenhilfe, um ihren Anwalt zu bezahlen, wenn sie bedürftig sind. Weil der Status daher kommt, dass sie die zivile Partei in dem Strafrechtsprozess sind, haben sie die Möglichkeit ihre Interessen an der Suche nach der Wahrheit, an Schadenersatz, an öffentlicher Sicherheit, an einer Verurteilung und den damit zusammenhängenden Themen zu verteidigen. Während das Gesetz in Frankreich nicht so unterschiedlich von denen in den anderen europäischen Ländern ist, ist es die Bereitstellung der Prozesskostenhilfe, die rechtliche Rhetorik in Handlung verwandelt. In der Folge gibt es in französischen Gerichtsverfahren häufig genauso viele Anwälte für das Opfer wie für den Angeklagten.

Aber dies ist nur ein Teil der Geschichte: Die Existenz dieser aktiven Rolle für das Opfer hat zu vielen außergerichtlichen Vergleichen geführt, in denen Opfer und Angeklagter sich auf einen Schadenersatz einigten, den der Angeklagte dem Opfer zahlen musste. Nach französischem Recht kann das Gericht diese Abmachungen sanktionieren, indem es das Strafverfahren für unbestimmte Zeit aussetzt. In Frankreich sind die Entschädigungsanordnungen für junge Täter von 6.000 im Jahr 1997 auf 15.000 im Jahr 2000 gestiegen.

Im Jahr 1982 empfahl die *President's Task Force on Victims of Crime* die Annahme einer Änderung der US Verfassung. Im Jahr 2004 standen die Vereinigten Staaten kurz vor der ersten Änderung der Verfassung seit mehreren Jahrzehnten. Diese hätte die Rechte der Opfer anerkannt, angehört zu werden und ihren Schaden ersetzt zu bekommen. Wir haben gesehen, dass etwas Fortschritt für die Opfer gemacht wurde, aber der Appell, Rechte zu gewähren führte nie zu einer Verpflichtung für den Staat, diese Rechte tatsächlich zu gewährleisten. Straftäter können zum Beispiel nicht durch den Staat ihrer Freiheit beraubt werden, ohne vor einem unabhängigen Gericht von einem Anwalt beraten und verteidigt zu werden. Die offensichtlichen Rechte einer durch ein Verbrechen zum Opfer gewordenen Person jedoch werden nicht garantiert. Rechte wie:

- vernünftiger Schutz vor Verbrechen;
- Wiedergutmachung für durch Verbrechen zugefügten Schmerz, Verlust und Verletzungen;
- Würde, Respekt und faire Behandlung durch Polizei, Gerichte und Vollzugsbehörden.

Bis zum Jahr 2004 hatten 33 Staaten verschiedene Arten von Verfassungsänderungen umgesetzt, und der Kongress diskutierte über den Wortlaut für die Änderung der US Verfassung. Unter dem Namen Crime Victim's Rights Amendment sollte sie bestimmte grundlegende Rechte für Verbrechensopfer gewähren. Diese Verfassungsänderung beinhaltete Garantien für Entschädigung, für das Recht anwesend zu sein sowie gehört und mit Respekt behandelt zu werden. Sie war schwach darin, die Sicherheit der Opfer zu schützen, obwohl sie darauf verwies, dass Opfer keinen Entscheidungen ausgesetzt werden sollen, die ihre Sicherheit missachten. Der entscheidende Paragraph lautet:

> „Opfer von Gewaltverbrechen sollen das Recht haben, rechtzeitig über die Entlassung, Flucht und öffentliche Gerichtsverfahren bezüglich der Straftat informiert zu werden; nicht von solchen Verfahren ausgeschlossen zu werden; bei Verhandlungen sowie Beschlüssen über Entlassung, Berufung, Verurteilung, Strafumwandlung und Begnadigung angehört zu werden; und keiner unangemessenen Verzögerung oder anderen Entscheidungen, die ihre Sicherheit oder ihren ge-

rechten Anspruch auf Entschädigung missachten, ausgesetzt zu werden; noch sollen diese Rechte eingeschränkt werden, es sei denn, dass dies zwingend notwendig ist; auch dann dürfen diese Rechte nur in dem zwingend notwendigen Umfang eingeschränkt werden."

Wenn diese Klausel der Verfassung hinzugefügt worden wäre, hätte dies den Opfern und anderen das Recht gegeben, bis zum *Supreme Court* zu gehen, um ihre Rechte einzufordern. Die Änderung benötigte eine Zwei-Drittel-Mehrheit des Senats und des *House of Representatives*. Um Gesetzeskraft zu erlangen, musste sie dann von drei Vierteln der Staatsparlamente gebilligt werden. Es kam jedoch nicht so weit, selbst nachdem man die Bedingung einfügte, dass der Schutz dieser Rechte nicht „die Rechte jener einschränkt, die angeklagt oder überführt wurden, diese viktimisiert zu haben". Aber trotz dieser Modifizierung, die den Tätern ein Veto über manche Rechte ließ, statt einer Ausgeglichenheit der Rechte der Opfer und Täter, wurde diese Verfassungsänderung nicht vom US Kongress angenommen - ein sehr trauriger Tag für die Verbrechensopfer in den Vereinigten Staaten. Es ist auch enttäuschend für Opfer in anderen Ländern, die oft auf die Vereinigten Staaten nach Orientierung sehen.

Stattdessen wurde ein anderes Gesetz verabschiedet, das etwas Zukunftshoffnung bereitet, da es die Mittel für Anwälte bereitstellt, für Opfer zu arbeiten, um etwas Bewegung in einige dieser Themen zu bekommen.[11] Dieses Gesetz spezifiziert, dass ein Verbrechensopfer die folgenden Rechte hat, die von diesen Anwälten und auf Grund weiterer Vorschriften des Gesetzes durchgesetzt werden können:

1. Das Recht vernünftig vor dem Angeklagten geschützt zu werden.
2. Das Recht auf vernünftige, genaue und rechtzeitige Benachrichtigung über jedes Gerichtsverfahren oder jedes Bewährungsverfahren, das mit dem Verbrechen zusammenhängt oder über jede Entlassung oder Flucht des Angeklagten.

---

[11] Part 1 of H.R. 5107, 20 January 2004.

3. Das Recht von öffentlichen Gerichtsverfahren nicht ausgeschlossen zu werden, es sei denn, das Gericht entscheidet, nachdem es klare und überzeugende Beweise erhalten hat, dass sich eine Zeugenaussage des Opfers wesentlich ändern würde, wenn das Opfer andere Zeugenaussagen in dem Verfahren hört.
4. Das Recht bei jedem öffentlichen Gerichtsverfahren, das mit der Entlassung, Berufung, Verurteilung oder dem Bewährungsverfahren zusammenhängt, angehört zu werden.
5. Das Recht, mit dem Staatsanwalt des Falls zu sprechen.
6. Das Recht auf volle und rechtzeitige Entschädigung, wie sie das Gesetz vorsieht.
7. Das Recht auf Verfahren ohne unangemessene Verzögerung.
8. Das Recht, mit Fairness und Respekt für die Würde und Privatsphäre des Opfers behandelt zu werden.

Währenddessen machte die Europäische Union Fortschritte, indem sie im März 2001 einen so genannten „Rahmenbeschluss" über den Status von Opfern in Strafverfahren verabschiedete. Ein Rahmenbeschluss ist ein schicker Titel dafür, von allen derzeitigen und zukünftigen Regierungen der Europäischen Union zu verlangen, dass sie den Verbrechensopfern Hilfen, Informationen, Entschädigung, Vermittlung und sogar einen gewissen Status in einem Strafverfahren zur Verfügung stellen, um ihre Interessen zu verteidigen.

Es gibt 15 rechtswirksame und vier administrative Artikel. Diese weisen eine beachtliche Genauigkeit und Detailliertheit auf. Die Vorschriften besagen, dass die Würde, Rechte und Interessen der Opfer in Strafverfahren anerkannt werden müssen, so dass sie eine echte und vernünftige Rolle in dem Verfahren haben. Opfer als Zeugen oder als Verfahrenspartei haben ein Recht darauf, Informationen zu bekommen, unter anderem über Hilfen, rechtlichen Rat, das Ergebnis von Beschwerden und über die Freilassung von gefährlichen Angeklagten. Opfer haben das Recht auf Schutz ihrer Sicherheit und Privatsphäre. Es muss ihnen möglich sein, auf angemessene Weise, die mit den grundlegenden Rechtsprinzipien übereinstimmen, auszusagen.

Sie sollen keinem Druck oder sekundärer Viktimisierung ausgesetzt werden. Opfer haben das Recht auf Zuerkennung von Schadenersatz durch den Täter im Rahmen des Strafverfahrens, es sei denn, dass der Schadenersatz auf andere Weise geregelt wird. Maßnahmen müssen eingeführt werden, um die Täter dazu zu bringen, den angeordneten Schadenersatz zu zahlen. Hilfen von Spezialisten und Opferunterstützungsorganisationen müssen entweder durch staatliche Behörden oder durch Nichtregierungsorganisationen erhältlich sein. Polizeibeamte und Anwälte müssen im Kontakt mit den Opfern ausgebildet sein, besonders mit solchen, die verletzlich sind. Opfern, die in anderen Mitgliedsstaaten wohnen, muss es ermöglicht werden, aus ihrem Heimatland heraus Klage zu erheben. Die Staaten müssen miteinander kooperieren, um das effektive Sicherstellen der Opferinteressen zu gewährleisten.

Anders als die Grundrechte in den Vereinigten Staaten stellt die Europäische Union ein einfaches Mittel zur Verfügung, um die Regierungen voran zu treiben, diese Vorschriften einzuführen. So müssen die Regierungen Bericht erstatten, was sie getan haben, und die Europäische Union kann für unabhängige Evaluationen zahlen, um herauszufinden, ob die Opfer tatsächlich die Hilfen bekommen, die versprochen wurden.

Frankreich veränderte international die Justiz von einem sterilen Vergeltungsprozess in eine lebendige Art des gerechten Ausgleichs zwischen Opfern und Tätern. Dieses Land beeinflusste die Satzung, die den Internationalen Strafgerichtshof einführte, die ein ständiges Gericht schuf, um Personen zu verurteilen, die ihre Macht für Völkermord, Verbrechen gegen die Menschlichkeit und Kriegsverbrechen missbrauchen.[12] Die Satzung beschränkt die Rolle der Opfer nicht auf die des Zeugen. Sie gibt auch Gesetzeskraft für Bestimmungen, um Unterstützung, Schutz, Entschädigung und Mitwirkung der Opfer im Strafprozess bereitzustellen, die weiter gehen als die bei vorherigen internationalen Gerichten und schaffen durch ihr Beispiel einen Standard für nationale Gerichtsbarkeiten. Spezialprojekte untersuchen,

---

[12] Rome Statute of the International Criminal Court, 1998.

wie sowohl die „Opfer-Zeugen-Einheit“ gegründet werden kann, als auch wie die Vertretung und Mitwirkung der Opfer sichergestellt werden kann. Die Satzung beinhaltet viele Vorschriften, die den nordamerikanischen Juristen vertraut sind, aber sie fordert das Gericht auch auf, Prinzipien einzuführen bezüglich „der Entschädigung an das oder hinsichtlich des Opfers, unter anderem Wiedergutmachung, Schadenersatz und Wiedereingliederung“. Sie erlaubt die Einführung von Treuhandfonds, die Geldstrafen und beschlagnahmte Gelder annehmen können. Opfer dürfen im Vorverfahren des Gerichts vorstellig werden. Sie dürfen ihre Interessen schützen, indem sie zusätzliche Beweise präsentieren, selbst wenn der Angeklagte sich schuldig bekennt.

Während des Gerichtsverfahrens wird den Opfern die Möglichkeit geboten, ihre persönlichen Interessen zu wahren, mit einer Formulierung, die aus dem Artikel 6 (b) der UN Deklaration entlehnt ist: Wo die persönlichen Interessen der Opfer betroffen sind, soll das Gericht ihnen erlauben ihre Sicht und Sorgen vorzutragen und sie in der Verhandlung berücksichtigen, wie es vom Gericht als angemessen und nicht abträglich oder unvereinbar mit den Rechten des Angeklagten und mit einem fairen und unparteilichen Verfahren als vereinbar angesehen wird.

Solche Ansichten und Sorgen können von den rechtlichen Vertretern der Opfer präsentiert werden, wenn das Gericht es in Übereinstimmung mit der Strafprozessordnung als angemessen ansieht. Zusätzlich zu der Opfer-Zeugen-Einheit wird eine Einheit gegründet, um die Vertretung und Mitwirkung der Opfer in dem Verfahren sicherzustellen.

Um das Prinzip zu realisieren, das schon so lange in Frankreich akzeptiert wird und inzwischen auch in Deutschland und international von einer wachsenden Gruppe von Regierungen verabschiedet wurde, könnte es pro Opfer, das vor Gericht geht, $1000 kosten. Wenn nur eine Million der 24 Millionen Verbrechensopfer pro Jahr ihren Fall vor Gericht bringen würden, würde dies eine Milliarde Dollar im Jahr kosten - ungefähr ein halbes Prozent von dem, was für „Recht-und-Ordnung“ ausgegeben wird.

Zusammenfassung

Es gibt viele leere Worte um Gerechtigkeit und Unterstützung für Opfer. Die Empfehlungen sind gut bekannt, werden aber nicht umgesetzt. Die Polizei muss den Verbrechensopfern mehr Beachtung schenken, oder sie riskiert ihre Informationsquelle über die meisten Verbrechen zu verlieren. Sie muss Polizistinnen bereithalten, die für weibliche Opfer da sind, das Weiterleiten der Opfer an Hilfsdienste in der Gemeinde gewährleisten und das Weitergeben von Informationen, wie Wiederholungsviktimisierung vorgebeugt werden kann.

Es muss viel getan werden, um Unterstützung allgemein zu verbreiten, um Wiedergutmachung gezahlt zu bekommen und um gerechten Schadenersatz bereitzustellen. Einige Verfahren der wiederherstellenden Gerechtigkeit beinhalten, das Opfer dazu zu bringen, sein Verlangen nach Vergeltung zu verringern, und sind so wichtige Wege, Kriminalität vorzubeugen. Systeme wie Gaçaça ermöglichen umfassendere Modelle der *restorative justice* als die Flickwerke von Verfahren, die heute in den Vereinigten Staaten eingeführt sind.

Aber was mehr als alles andere benötigt wird, ist, die Opfer mit einem Mittel zu versorgen, um an diese Maßnahmen zu kommen, am ehesten durch eine Veränderung der Verfassung der USA wie jene, die 2004 beinahe verabschiedet wurde. Obwohl die Vereinigten Staaten dem Abkommen über den Internationalen Strafgerichtshof nicht beigetreten sind, stellt das Statut von Rom das einzige und beste Modell dar, wie Opfer in einem Gerichtssystem behandelt werden sollten.

Auch wenn die Schätzungen der Kosten nur sehr grob sind, würde eine gerechte Unterstützung für Opfer eine Zuteilung oder Neuzuteilung von nur vier Prozent der derzeitigen Ausgaben für „Recht-und-Ordnung“ erfordern - zwei Prozent für Unterstützung und Rechtsmittel und weitere zwei Prozent für Wiedergutmachung. Wenn derzeit schon ein Prozent für Hilfe und Entschädigung der Opfer ausgegeben wird, wäre dies nur eine Neuzuteilung von drei Prozent. Warum nicht?

7. Städte hart gegen Kriminalitätsursachen machen

Wenn Sie gefragt werden, wo Sie leben, antworten Sie, indem Sie den Namen einer Stadt nennen oder indem Sie sagen, dass Sie in der Nähe dieser oder jener Stadt wohnen. Ein großer Teil unserer Identität hängt mit Städten zusammen. Wenn wir darüber nachdenken, Probleme mit Müll oder öffentlichen Verkehrsmitteln zu lösen, denken wir über die Stadt nach. Aber wenn wir über das Kriminalitätsproblem nachdenken, denken wir an die Polizei. Diese Sichtweise muss sich ändern, wenn wir Kriminalität und Viktimisierung vorbeugen wollen.

Stadtverwaltung und Stadtregierung sind die Schlüssel zu einer Kriminalprävention, die günstig ist und nachhaltig betrieben werden kann. Obwohl es komisch erscheinen mag, Ihren Bürgermeister oder seine Verwaltung als Helden im Kampf gegen die Kriminalität zu sehen, sind es tatsächlich deren Planung und Umsicht, die das Kriminalitätsproblem lösen werden. Sie - nicht die Polizei - sind der Schlüssel, der die Behörden dazu bringt, die Risikofaktoren, die Kriminalität verursachen, in Angriff zu nehmen. Hollywood und die Lokalpresse werden keine Helden aus ihnen machen - noch nicht.

Dies mag Ihnen, und auch Ihrem Bürgermeister, nicht eingängig sein, aber wer sonst wird die Schulbehörden, die Baubehörden, die Sozialbehörden, Sportprogramme, Nachbarschaften, Bürger und selbst die Wirtschaft mobilisieren, um die Risikofaktoren in Angriff zu nehmen, die Kinder, Familien, Nachbarschaften, Schulen und ganze Städte anfällig für Kriminalität machen? Sie sind diejenigen, die den Zugang zu Programmen verbessern, die bei der frühkindlichen Erziehung helfen, die die Mittel bereitstellen, um Mentoren für gefährdete Teenager anzuwerben und zu trainieren, die für mehr Jugendzentren sorgen und Investitionen in Bildung und Ausbildung für marginalisierte Jugendliche erhöhen und vieles Andere mehr. Sie können sicherstellen, dass Parkplätze so konzipiert sind, dass Diebstahl verringert wird und die beiläufige Überwachung der Straßen verbessert wird, um Opferwerdung zu verringern. Sie können die örtlichen Führungspersonen ermutigen, die den sozialen Zusammenhalt vor Ort stärken. Sie können darauf bestehen, dass die Polizei problemorientierter wird und können die Polizei und Institutionen wie Schulen und Sozialdienste dazu bringen, zusammenzuarbeiten, um mit Problemen wie Schulabbruch umzugehen. Sie können sicherstellen, dass es genügend örtliche Hilfen gibt, die Opfer unterstützen und friedfertige Lösungen von Konflikten fördern.

Mein Appell an die Städte, hart gegen die Ursachen von Kriminalität vorzugehen, ist nicht das erste Mal, dass Verfechter für bessere Lebensqualität behaupten, dass die Städte die Schlüssel zur Prävention in den Händen halten. Gegen Ende des 19. Jahrhunderts schlussfolgerten angesehene Kommissionen, dass die hohe Sterblichkeit bei Epidemien wie Cholera, Typhus und Ruhr - alles durch Wasser übertragene Krankheiten - verhindert werden kann, indem die Flüsse gesäubert werden. Also begannen Gemeinden, ihre Trinkwasserquellen zu säubern, und machten so diesen Killern ein Ende. Es waren die Stadtregierungen, nicht die Ärzte, die die Krankheiten auf nachhaltige und erschwingliche Art und Weise besiegten.

Dasselbe gilt für Kriminalität. Es sind die Städte, die das Verbrechensproblem lösen werden, nicht Polizei, Juristen oder der Strafvollzug. Die Städte müssen ihre Investitionen in Sozialprogramme „säubern", um viele der unmittelbaren Ursachen von Kindesmisshandlung, häuslicher Gewalt und Gewalt durch Jugendliche usw. zu eliminieren. Ja, die Polizei muss ein Partner in diesem Prozess sein, da sie Gesetze durchsetzen kann, die einige der Risikofaktoren verringern, und sie kann Institutionen wie Schulen an ihren Kriminalstatistiken teilhaben lassen, so dass sie einen bedeutenden Einfluss auf die Verbrechensraten ausüben können.

Die Städte nehmen auch einen Teil der Steuern ein, die wir zahlen, und kontrollieren ihn. Die Städte wollen ihre Einwohner behalten. Die Einwohner wollen sowohl sicherere Nachbarschaften als auch Städte, in denen die Steuern nicht unkontrolliert ansteigen. Sie wollen Städte, in denen Steuerzahler bleiben, so dass sie eine gute Steuergrundlage haben. Tatsächlich sind die Städte das wichtigste Bollwerk gegen den

Teufelskreis von mehr Kriminalität, mehr Polizei, mehr Steuern, und noch mehr Kriminalität und noch mehr Polizei und noch mehr Steuern.

Die Kriminalität der Polizei zu überlassen mag die Polizeibeamten zu Helden machen, die höhere Gehälter verdienen, weil ihre Arbeit manchmal gefährlich ist, und mehr Mitarbeiter erfordert, weil es mehr Verbrechen gibt. Aber Polizeidienste, die auf die übliche Art und Weise arbeiten, können die meisten der Risikofaktoren, die Verbrechen verursachen, nicht angehen, also gehen die Verbrechensraten hoch oder runter, egal was wir ihnen zahlen. Zusätzlich werden, wenn die Kriminalität steigt - oder es sich so anfühlt, als steige sie, weil die Medien über einen außergewöhnlichen Fall berichten - mehr Polizisten eingestellt und daher müssen wir mehr zahlen.

Städte, die sich städtischer Sicherheit mit einem Plan und präventiver Perspektive annehmen, werden Steuererhöhungen vermeiden können, die im Laufe der Zeit immer weniger kosteneffektiv und nachhaltig werden. Städte müssen dies ständig machen und nicht nur als Reaktion auf eine Welle von Jugendgewalt. Ja, Städte brauchen Hilfe von anderen Regierungsebenen, um gut zu planen und zu tun, was funktioniert, aber sie sind die Regierungsebene, die den Problemen und Lösungen am nächsten ist und so sind sie diejenigen, die am ehesten Maßnahmen dort konzentrieren können, wo sie gebraucht werden. Sie müssen mehr Investitionen auf Dienste konzentrieren, die die Risikofaktoren, die Verbrechen verursachen, in Angriff nehmen.

US Bürgermeister verlangen, dass Städte hart gegen Kriminalitätsursachen vorgehen

Die *United States Conference of Mayors* (USCM) ist die nationale Organisation, die die Bürgermeister der größten Städte der Vereinigten Staaten zusammenbringt. Im Jahr 1932, als 14 Millionen Menschen in den Vereinigten Staaten arbeitslos waren, wurde die USCM gegründet, um die Regierung dazu zu bringen, Städte finanziell dabei zu unterstützen, dieses nationale Problem zu lösen. In den 1980ern konzentrierte sich die USCM auf das wachsende Problem von Gewalt und Drogen in den US Städten. In einer interessanten Zusammenarbeit zwischen der USCM und ihren kanadischen und europäischen

Partnerkonferenzen organisierten sie zwei große Konferenzen. Diese Konferenzen stellten die Bedeutung der Rolle der Städte klar, die sie spielen müssen, um Kriminalität und Drogen vorzubeugen und zu zügeln, indem harte Maßnahmen gegen die Risikofaktoren, die Verbrechen verursachen, eingeführt werden. Die USCM entwickelte mit ihren beiden Partnerkonferenzen zwei Erklärungen. Die erste wurde *Agenda for Safer Cities* genannt, ihr folgte die zweite, die Wege zur Durchführung der Agenda beinhaltete.[1] Sie liefern den Städten die klare Vision, hart zu sein gegen Risikofaktoren, die Opferwerdung verursachen, und somit Verbrechen auf eine effektive und nachhaltige Art zu verringern.

Die Partnerschaft der USCM mit den europäischen und kanadischen Bürgermeistern wurde durch die Erkenntnis herbeigeführt, dass in den 1980ern mehr „Recht-und-Ordnung" nicht genug war, um die Flut der steigenden Gewalt und des Drogenmissbrauchs einzudämmen. Sie wurde auch durch die visionäre Führung Gilbert Bonnemaisons beeinflusst, der in Frankreich zum Champion für die Städte geworden war, die hart gegen die Ursachen von Kriminalität vorgingen. Er war der Bürgermeister eines Vorortes von Paris und ein wichtiger nationaler Politiker in Frankreich. Er war in einem schwierigen Vorort von Paris aufgewachsen, in dem er mit eigenen Augen sah, wie der Zusammenbruch von Familien, Schulversagen, Diskriminierung und Armut zu Kriminalität und Konflikten mit der Polizei führten und dann zu Zeit hinter Gittern. Im Jahr 1982 wurde er Präsident einer Projektgruppe, die aus Bürgermeistern in Frankreich bestand, die den Stier bei den Hörnern packte, indem sie Lösungen für die städtische Kriminalität fanden. Die Bürgermeister und ihre Wähler hatten ihren Glauben an die Leistungsfähigkeit der französischen Polizei und der Justiz verloren, die Kriminalitätsprobleme in ihren Kommunen zu lösen. So reiste ihre Projektgruppe durch Frankreich, um mit Lokalpolitikern und normalen Bürgern zu besprechen, was zu tun sei. Der Bericht dieser Projektgruppe wurde der Grundstein, um Lokalpolitiker dazu zu bringen, hart zu sein gegen die Risikofaktoren, die Verbrechen

[1] International Centre for the Prevention of Crime, Crime Prevention Digest II, 1999.

verursachen. Ihr Bericht wurde als der *Bonnemaison Report* bekannt und wird in gesetzgebenden Komitees in Australien, Neuseeland, Kanada usw. zitiert.

Der *Bonnemaison Report* betont die Notwendigkeit, ein modernes System der Strafrechtspflege auszubalancieren mit einem klügeren Herangehen an die Faktoren, die Personen und Nachbarschaften Verbrechensrisiken aussetzen. Er gab zu, dass Verbrechen verringert werden würden, wenn die Regierung durch allgemeine Strategien mehr tun würde, um Ungleichheiten des Einkommens, der Beschäftigung, der Rasse und des Geschlechts zu verringern. Aber ganz besonders identifizierte er die einzigartige Rolle, die Städte spielen müssen, indem örtliche Strategien genutzt werden, um Risikofaktoren, die Verbrechen verursachen, in Angriff zu nehmen - der Schlüssel zum Erfolg. Sein Beharren darauf, Risikofaktoren in Angriff zu nehmen, sollte später von allen angesehenen Kommissionen, die ich in diesem Buch nannte, unterstützt werden. Ja, wir müssen nationale Strategien für Arbeit, Bildung und Sozialhilfe verbessern. Ebenso müssen wir die Polizeiarbeit modernisieren. Aber mehr als alles andere müssen wir die Situationen in Angriff nehmen, die Jugendliche und Familien dem Risiko der Kriminalität aussetzen – egal was diese nationalen Strategien tun. In diesem Fall haben Städte einen einzigartigen Beitrag zu leisten, weil sie mehr Kooperation zwischen den Behörden, die mit Jugendlichen und Familien zu tun haben, organisieren können, um die Risikofaktoren vor Ort in Angriff zu nehmen.

Es ist üblich, von der politischen Rechten zu hören, dass sie Investitionen in mehr Bildung oder Wohnungsbau als nicht effektiv abtut, um Kriminalität zu verringern. Es ist genauso üblich, von der politischen Linken zu hören, dass härtere Strafen nicht die Kriminalität verringern. Bonnemaison hielt sich an Erfahrung und gesunden Menschenverstand, nicht an politische Übertreibung. Er betonte, dass es nicht einfach eine Frage von mehr Steuern für Bildung oder Polizei ist, sondern eine Frage, klüger darin zu sein, die Behörden dazu zu bringen, besser zusammenzuarbeiten und ihre Anstrengungen auf die gefährdenden Situationen zu richten.

Kurz nachdem der Bericht veröffentlicht wurde, waren benachteiligte und immigrierte Jugendliche an Unruhen beteiligt, die in verschiedenen französischen Städten stattfanden - ähnlich wie die Unruhen im Jahr 1991 und auch 2005. Die französischen Medien schrieben in ihren Schlagzeilen über Vandalismus und Autorodeos in einem Vorort von Lyon, der zweitgrößten Stadt in Frankreich. Die Fotos von benachteiligten und immigrierten Jugendlichen, die mit gestohlenen Autos herumfuhren und sie in Brand steckten, war genug für die neue Regierung, um die Empfehlungen des *Bonnemaison Report* umzusetzen. Die französische Regierung gründete einen nationalen Kriminalpräventionsrat (*Conseil National de Prévention de la Délinquance*, CNPD), um Ministerien wie die für Bildung, Sozialdienste, Polizei und Justiz zu mobilisieren, dass sie zusammen daran arbeiten, die Ursachen in Angriff zu nehmen, indem sie die Empfehlungen des *Bonnemaison Report* umsetzten. Dies war eine klare Äußerung, dass Verbrechen nicht nur durch Polizei- und Justizmaßnahmen verringert werden würden. Stattdessen muss der Weg zum Erfolg auf lokalen Regierungen basieren, die die örtlichen Risikofaktoren in Angriff nehmen.

Unglücklicherweise investierte die französische Regierung nicht die nötigen Mittel, obwohl die Struktur Sinn machte. Fairerweise muss gesagt werden, dass sie nicht den Zugang zu angesehenen Kommissionen hatten, wie wir jetzt. Ebenso hatten sie die Wiederholung und Ausdehnung der Unruhen, die 1991 und noch dramatischer 2005 passierten, noch nicht erlebt. Dennoch können wir von diesen Kommissionen und den Fehlern der französischen Regierung lernen, um in Dienste für gefährdete Jugendliche zu investieren.

Trotzdem hat der französische CNPD acht Gemeinden geholfen, Komitees zu gründen, um Kriminalpräventionsstrategien auf örtlicher Ebene zu organisieren. Diese Komitees brachten die Stadträte, die Polizeiführung, Schulleiter und andere Entscheidungsträger zusammen, um sich die örtlichen Verbrechensprobleme anzusehen und herauszuarbeiten, wie sie die Faktoren, die diese Verbrechen verursachen, in Angriff nehmen können. Die Pläne sollten auf einer Diagnose der örtlichen Probleme gründen, um gemeinsam die Situationen, die zu

Verbrechen führten, in Angriff zu nehmen. Diese Diagnose sollte eine Analyse über die Quantität, die Tatorte und Art der Verbrechen, eine Auflistung der Maßnahmen der verschiedenen Behörden auf der lokalen Ebene und einen Vorschlag für neue Initiativen in den nächsten Jahren beinhalten. Diese Pläne wurden in öffentlichen Treffen diskutiert, so dass die Bürger mitbekommen konnten, was entschieden wurde. In den 1980ern entstanden mehr und mehr dieser örtlichen Räte. Obwohl es keine angemessenen Investitionen gab, war es ihnen möglich, etwas Erfolg zu haben und sogar zu zeigen, dass die Kriminalität in diesen ersten Städten sank, im Gegensatz zu Nachbarstädten, die ähnliche Probleme hatten.

Bevor dieser Prozess flächendeckend über Frankreich ausgebreitet werden konnte, gab es eine Wahl, die eine neue Zentralregierung mit sich brachte. Die würgte die Strategie zwar nicht direkt ab, aber sie verlangsamte den spärlichen Zufluss der Mittel. Daher wandte sich Bonnemaison 1988 nach Nordamerika, um Anerkennung zu bekommen, von der er glaubte, dass sie die neue Regierung überzeugen würde, mehr zu investieren. Er bat mich, ihm dabei zu helfen. Zusammen organisierten wir zwei große internationale Konferenzen in Montreal und dann in Paris, die nicht nur seine Vorgehensweise unterstützten, sondern eine klare Vision der Rolle entwickelten, die Städte spielen müssen, um Kriminalität zu verringern.

Zuerst gingen wir zur *Federation of Canadian Municipalities*, die die Stimme für die örtlichen Regierungen in Kanada ist. Dann fingen wir Treffen mit der USCM an, die dem Beitrag, den wir von außerhalb der Vereinigten Staaten leisten könnten, misstrauisch gegenüber standen; aber die Bürgermeister wussten, dass sie sich damit abmühten, Lösungen für ihre eigenen steigenden Mord-, Gewalt- und Drogenmissbrauchsraten zu finden. Daher vereinte sich die USCM mit ihren kanadischen und europäischen Partnerkonferenzen, um 1989 in Montreal die erste *North American European Conference on Urban Safety and Crime Prevention* zu organisieren. Bürgermeister von überall aus den Vereinigten Staaten, Kanada und Europa kamen zu diesem Treffen. Anfängliche Ansichten variierten zwischen Koch‘s extremem Recht-und-Ordnung-Ansatz – gar nicht so unterschiedlich von Giulianis – und der Sicht der sozialen Prävention des Bürgermeisters von Straßburg in Frankreich.

Nach vier Tagen mit Sitzungen schlossen sich die US Bürgermeister ihren kanadischen und europäischen Amtskollegen an, indem sie ihre Absicht erklärten, die Agenda für sicherere Städte durchzuführen, welche die Städte aufrief, eine neue Rolle, eine Schlüsselrolle, beim Verringern von Kriminalität zu spielen.[2] Ihre Vision verlangte nach einer Reaktion, die über Polizei, Gerichte und Strafvollzug hinaus geht, um Verbrechen vorzubeugen, indem Wohnungsbau, Sozialdienste, Freizeitzentren, Schulen, Polizei und Justiz zusammengebracht werden, um die Situationen, die Kriminalität hervorrufen, in Angriff zu nehmen. Sie verlangte von gewählten Beamten auf allen Ebenen, Führung auszuüben. Sie listeten Ursachen auf, die aus den vorherigen Kapiteln offensichtlich erscheinen, aber von dem damaligen Recht-und-Ordnung-Ansatz übersehen wurden, unter anderem:

- Armut, Arbeitslosigkeit, Mangel an erschwinglichen und angemessenen Wohnungen und ein nicht auf die Bedürfnisse der jungen Menschen eingehendes Bildungssystem;
- eine wachsende Unterklasse, die durch verhinderte Chancen geschaffen wurde;
- Zerfall von Gemeinschaften und Familien, der durch unzureichende Erziehung verschlimmert wird;
- Schwierigkeiten für Einzelne, Teil der Gemeinschaft zu werden;
- Drogenmissbrauch, der teilweise durch andere der genannten Faktoren verursacht wird, und Drogenhandel.

Die Konferenz zeigte, was gegen diese Probleme getan werden sollte. Ich finde es faszinierend zu sehen, wie viele ihrer Vorschläge, die auf gesundem Menschenverstand basierten, mit den Empfehlungen der angesehenen Kommissionen übereinstimmen, die zehn oder fünfzehn Jahre später herausgegeben wurden und auf der Ansamm-

---

2 Vergleiche International Centre for the Prevention of Crime, Crime Prevention Digest II, 1999, 51–70.

lung von Untersuchungen in den zehn Jahren nach diesen Konferenzen basieren. Die Mischung von Entscheidungsträgern, Praktikern und Polizeibeamten auf diesen Konferenzen war ihrer Zeit weit voraus. Noch einmal, diese Maßnahmenliste erscheint offensichtlich, aber die $200 Milliarden der für „Recht-und-Ordnung“ ausgegebenen Steuern gehen diese Themen nicht an. Hier sind einige der Schlüsselempfehlungen, wie Kriminalität vorgebeugt werden kann:

- Es sollte frühe Investitionen in Kinder, pränatale und postnatale Betreuung und Ernährungshilfe für Mütter und Kinder geben.
- Jugendliche sollten an der Entwicklung von Kriminalpräventionsstrategien beteiligt werden, besonders bei denen in Bezug auf Gesundheit, Freizeit, Ausbildung und Arbeit.
- Arbeitgeber müssen befriedigende Arbeitsmöglichkeiten zur Verfügung stellen, besonders für Schulabbrecher.
- Städtische und andere Regierungsebenen müssen gegen Gewalt in Familien, sexuelle Übergriffe und Misshandlung von Frauen und Kindern vorgehen.
- Polizisten, Richter, Sozialarbeiter, Ärzte und Lehrer sollten in ressortübergreifenden Netzwerken geschult werden, um ressortübergreifende Prävention zu fördern.

Diese Vision verlangte, dass Kriminalpräventionsstrategien auf die örtlichen städtischen Bedürfnisse zugeschnitten werden, aber nicht durch die Ressourcen der Stadt begrenzt werden. Wieder erscheint dies als offensichtlich. Die Empfehlungen für Prävention beinhalten:

- Örtliche Bemühungen müssen von nationalen Strategien unterstützt werden, die stabile, direkte und rechtzeitige Finanzierung bereitstellen und örtliche Flexibilität in der Gestaltung der Präventionsprogramme erlauben;
- Nationale Präventionsprogramme müssen über die Unterstützung für Polizei hinaus gehen, unter anderem indem Armut und Arbeitslosigkeit angegangen werden;

- Internationale Initiativen müssen örtlichen Amtsträgern mit erfolgreichen Präventionsmodellen und Fachkenntnis zur Seite stehen.

Die Konferenz verlangte außerdem internationale Bemühungen, um Feuerwaffen und Drogenhandel zu kontrollieren. In einem Wort, sie rief Polizei, Gerichte und Strafvollzug - *Recht* - auf, fortzufahren, aber sich mit praktischer Prävention - *mehr Ordnung* – zu verbinden, die auf individuellen und kollektiven Aktionen sozialer Einrichtungen, wie Schulen, Wohnungs- und Sozialdiensten, basiert.

Danach führte die USCM ihre Zusammenarbeit mit ihren kanadischen und europäischen Partnerkonferenzen fort, um die zweite *International Conference on Urban Safety, Drugs and Crime Prevention* in Paris im Jahr 1991 zu organisieren. Diesmal waren Gruppen wie die *International Association of Chiefs of Police* sichtbar an dem Programm beteiligt, ebenso der *US National Crime Prevention Council* (NCPC). Diese viel beachtete Konferenz gab wieder eine Erklärung heraus, die die Aufmerksamkeit auf die Probleme von Kriminalität und Viktimisierung, unter anderem auf die Verbrechen an Frauen, zog.

Die Erklärung beinhaltete folgende Statements:

- Gemeinden sind strategisch gut geeignet, um jene zusammenzubringen, die die Bedingungen ändern können, die Verbrechen hervorbringen, aber andere Regierungsebenen müssen finanzielle und technische Unterstützung leisten;
- Umfassende Kriminalprävention muss Partnerschaften Vorrang geben, die bessere Lösungen für Probleme im Bereich der Kinderarmut, Jugend, Schulbildung, Sozialwohnungen, Polizeiarbeit und Justiz finden; und
- Kriminalprävention muss langfristiges Handeln beinhalten, das kurzfristigen Bedürfnissen entgegenkommt.

Die Erklärung bestätigte auch, dass

- effektive Handlungsmodelle verfügbar sind von den Regierungen, die nationale Kriminalpräventionsstrukturen haben, ebenso von Städten, die städtische Kriminalpräventionsstrukturen eingerichtet haben und von individuellen Projekten, durch die verschiedene Verbrechensaktivitäten verringert wurden;

- Regierungen kaum die nationalen Kriminalitätslevel verringern werden, bevor sie nicht wesentlich mehr für Prävention ausgeben; die derzeitigen Ausgaben für Prävention sind in allen teilnehmenden Ländern inadäquat.

Städte müssen Maßnahmen gegen Kriminalitätsursachen vorhalten

Aber die Erklärung hörte dort nicht auf. Sie verlangte, dass alle zusätzlichen Ausgaben für Polizei, Gerichte und Gefängnisse von Investitionen in Prävention begleitet werden sollten. Die *United States Conference of Mayors* und ihre Partner verpflichteten sich zu vier Maßnahmen, um effektive Kriminalprävention zu erbringen, die heute genauso relevant sind wie sie es damals waren:

1. Regierungen sollen in „innere Sicherheit" investieren, indem mehr getan wird, um den Bedürfnissen junger gefährdeter Personen und entfremdeter Gruppen gerecht zu werden.
2. Regierungen sollen nationale Kriminalpräventionszentren gründen, um die nationalen Strategien zu verbessern, Forschung und Entwicklung zu betreiben und die Durchführung von Prävention durch Städte zu fördern.
3. Gemeinden sollen die Führungskräfte des sozialen Wohnungsbaus, von Schulen, Jugend- und Familienhilfe, Sozialdiensten, Polizei usw. mobilisieren, um hart gegen die Ursachen von Kriminalität vorzugehen.
4. Regierungen und Städte sollen sicherstellen, dass die Öffentlichkeit an diesen allgemeinen Kriminalpräventionsbemühungen teilnimmt und ihre Bedeutung versteht.

Die USCM nahm an diesen Events aktiv teil und verpflichtete sich, zu tun und dafür zu kämpfen, womit sie sich einverstanden erklärt hatte. Aber, gemäß gesundem Menschenverstand in Prävention zu investieren – entsprechend den Überlegungen, die wiederum von den angesehenen Kommissionen bestätigt wurden - ist schwer zu bewerkstelligen. Hier sind politische Führung und Vision von Nöten.

Der Wille der Städte, die Führung zu übernehmen, muss von anderen Regierungsebenen unterstützt werden, die die Ressourcen und Fähigkeiten zur Verfügung stellen können. Dies passierte aber nicht.

Unglücklicherweise investierte die Clinton-Administration nicht in das, was die USCM zu der Zeit wollte - was angesehene Kommissionen später für effektiv und nachhaltig finanzierbar erklären würden! Stattdessen fuhr sie mit dem fort, was die angesehenen Kommissionen als Vergeudung von Steuergeldern aufzeigen würden. Sie verschwendete die Möglichkeit, indem sie das Geld für mehr Gefängnisse und Polizei ausgab, so dass noch mehr Milliarden Dollar in *mehr Recht* gebunden waren - nicht in mehr Prävention – *nicht in mehr Ordnung*. Des Weiteren erfolgten diese erhöhten Ausgaben erst nach dem Beginn des beachtlichen Rückgangs der Gewaltverbrechensrate.

Manche der Städte in den Vereinigten Staaten bemühten sich um Prävention, wie die USCM sie vorschlug. Aber sie gaben nicht die Mittel aus, die für die Planung und Durchführung der Prävention nötig waren und sind. Im Jahr 1992 kamen sieben texanische Bürgermeister zusammen, um MUSCLE - *Mayors United on Safety, Crime and Law Enforcement* - zu gründen. Es waren die Bürgermeister von Arlington, Austin, Corpus Christi, Dallas, Fort Worth, Houston und San Antonio. MUSCLE traf sich mit der texanischen Gouverneurin Richards, um sie um wesentlich härtere Strafen für Verbrechen zu bitten, unter anderem um die verstärkte Anwendung der Todesstrafe, die in Texas sowieso schon in großem Umfang verhängt wurde. Gouverneurin Richards schickte die Bürgermeister mit dem Versprechen nach Hause, dass sie sich mit den Strafen beschäftigen werde, sobald die Bürgermeister die örtlichen Ursachen ihrer Verbrechens- und Drogenprobleme angegangen hätten.

MUSCLE wandte sich an den US NCPC - der vielleicht am besten für sein Maskottchen McGruff bekannt ist, einen Hund im Detektivkostüm. Der NCPC war gerade von den zwei internationalen Konferenzen zurückgekommen, auf denen sie Ideen mit Bürgermeistern und Beamten aus Städten ausgetauscht hatten, die hart gegen die Kriminalitätsursachen vorgehen wollten. Der NCPC nahm die Herausforderung an, mit den Bürgermeistern, Polizeibehörden und Bürgergruppen zu arbeiten. Trotz der vielen hundert Millionen Dollar, die jede dieser Städte für Polizei, Gerichte und Gefängnisse ausgab, ging der NCPC mit kaum mehr als Hoffnung daran. Sie bauten bürgernahe Partnerschaften in jeder der Städte auf, die die Leute von Polizei, Stadtrat und verschiedenen Bürgerkoalitionen zusammenbrachten. Sie beauftragten Personal ohne Erfahrungen, weil es diese Erfahrungen in den Vereinigten Staaten nicht gab.

Die meisten der Städte entwickelten einen Plan, um Verbrechen, Gewalt und Drogenmissbrauch zu verringern, aber ohne die bedeutsamen Neuverteilungen oder Investitionen von Ressourcen, die verlangt wurden. Trotz alledem gab es Ergebnisse. Von der gewalttätigsten Stadt in den Vereinigten Staaten wurde Fort Worth zu einer beinahe durchschnittlichen Stadt, indem sie ihre Kriminalitätsquote um einen höheren Prozentsatz reduzierte als New York City. San Antonio gründete die erste *Crime Prevention Commission* in den Vereinigten Staaten und ist inzwischen die zweitsicherste Großstadt dort. Andere machten eher bescheidene Fortschritte. Es stimmt, diese Initiativen fielen mit den landesweiten Verringerungen von Verbrechen und Gewalt zusammen und könnten daher auch ohne die Arbeit des NCPC stattgefunden haben. Angesichts des Mangels an Ressourcen von außen, im Sinne von Geldmitteln und fehlender Ausbildung und Erfahrung ist es ein Wunder, dass überhaupt etwas erreicht wurde.

Diese Bemühungen führten zu einem anderen bürgernahen Programm des NCPC namens *Comprehensive Community Strategies*. Es sollte auf dem Erfolg in den texanischen Städten aufbauen. In der Praxis half es, einige bürgernahe Leiter zu finden, die mit etwas Hilfe der Regierung Wunder wirkten. Zweifellos verdienen diese Leiter Medaillen für ihren Mut, ihr Engagement und ihre Fähigkeiten. Aber warum sollten wir Gemeinschaftsinitiativen für Prävention den Bemühungen und dem Mut Freiwilliger überlassen, wenn Millionen und Abermillionen von Dollar in „Recht-und-Ordnung“ gekippt werden?

Im Jahr 2001 fing der NCPC an, ähnliche Techniken zu nutzen, um sechs US Staaten zu ermutigen, Kriminalprävention in Politik und Praxis einzuschließen. Innerhalb von fünf Jahren wollte er eigenständige Bewegungen in diesen Staaten starten, um Prävention zur bevorzugten Strategie zur Verringerung von Verbrechen und Gewalt zu machen. Das Ziel macht viel Sinn angesichts dessen, was wir in diesem Buch von den angesehenen Kommissionen gesehen haben. Die Methode jedoch, diese Veränderung zustande zu bringen, war absolut inadäquat für diese Aufgabe – NCPC brauchte also ein Wunder. Sie luden eine Gruppe von Leuten aus Arizona, Kalifornien, Connecticut, Iowa, Kentucky und Oregon ein, die in der Kriminalprävention arbeiteten, um in jedem Staat ein landesweites Netzwerk zu gründen. Die Netzwerke tauschten Ideen über Prävention aus und sahen sich Schritte an, die gemacht werden können. Von Zeit zu Zeit trafen sie sich auf nationaler Ebene. Sie erkannten die Schwierigkeiten, Veränderungen in Bürokratien zu bewirken, aber sie konnten weder die Mittel beschaffen noch die Gesetzgebung hervorbringen.

In einer Umgebung, in der so beachtliche Ressourcen zur Unterstützung des Polizei- und Strafrechtssystems genutzt werden, kann man für Wunder beten, aber man kann nicht erwarten, dass freiwillige Initiativen eine bedeutsame Wirkung erzielen. Dies entsprach nicht der einige Jahre zuvor von der USCM unterstützten Vision, die erhebliche Steigerungen in den Ausgaben für Prävention verlangte. Mehr als alles andere verlangte sie starke politische Führung und Entschlossenheit. Sie bestand darauf, dass lokale Bemühungen durch nationale Strategien unterstützt werden müssten, die stetig, direkt und rechtzeitig Mittel zur Verfügung stellen. In Texas unterstützten die Bürgermeister dies, aber sie investierten keine bedeutsamen Mittel. In den sechs Staaten hätten die Gouverneure Leitung und Mittel bereitstellen sollen, was sie aber immer noch nicht getan haben.

Es gab andere Versuche, die Risikofaktoren, die Verbrechen verursachen, auf kommunaler Ebene in Angriff zu nehmen. Auch sie hängen mehr von Hoffnung ab als von guter Finanzierung. Darunter fallen sowohl die *Weed and Seed* Initiative und *Communities that Care*. Erschütternd ist das Fehlen von Unterstützung dieser Bemühungen durch kontinuierlichen Rückhalt in den Stadtregierungen - die von der USCM für wesentlich erklärt wird. Dennoch zeigen einige Evaluationen dieser Bemühungen, dass die Verbrechensraten während der Jahre, in denen sie liefen, sanken. Unglücklicherweise sind diese Evaluationen wieder einmal schwer zu interpretieren, da in den 1990ern, während die Programme liefen, die Verbrechensraten überall in den Vereinigten Staaten sanken.

Weed and Seed ist die unglückliche Bezeichnung für eine Initiative des *US Department of Justice*, die 1991 gestartet wurde. Sie war geplant als Kombination aus hartem Vorgehen gegen Verbrecher - Polizei und Staatsanwälte, die gewalttätige Verbrecher und Drogenhändler ausmerzen (*Weed*) - und hartem Vorgehen gegen Ursachen - öffentliche und private Einrichtungen, die bessere soziale Dienstleistungen erbringen, um vorzubeugen, einzugreifen und Gemeinschaften wiederherzustellen (*Seed*). Auf dem Papier hat dies einige Vorzüge, da es ein allgemeiner Vorstoß mehrerer Behörden zur Kriminalprävention, Gemeinwesenarbeit und Polizeiarbeit ist.

„Weed and Seed" hätte als Programm einen bedeutenden Einfluss auf die Verringerung von Kriminalität und Opferwerdung in den Vereinigten Staaten haben können. Zum Beispiel gibt es keine Bedingungen, dass die eingeleiteten Aktivitäten auf den *„Blue Prints"*, anderen erprobten Praktiken oder den Empfehlungen der angesehenen Kommissionen basieren müssen. Sie folgen keinem systematischen Ansatz zur Identifizierung der Probleme, auf die ihre Aktivitäten konzentriert werden sollen. Zweifellos ist die größte Begrenzung jedoch die der Finanzierung. Die Gutachter des *National Institute of Justice* kamen zu dem Schluss, dass das Programm dort erfolgreich war, wo die Mittel konzentriert ausgegeben wurden.[3] Da die Finanzmittel pro Jahr $750.000 nicht übersteigen, ist es nicht verwunderlich, dass sie keine große Auswirkung hatten, es sei denn, dass der Bereich örtlich eingeschränkt war.

---

3 National Institute of Justice, National Evaluation of Weed and Seed, 1999.

Ein weiteres Programm, das in den Vereinigten Staaten, England, den Niederlanden und Australien gefördert wurde, heißt *Communities that Care*. Es ist darauf angelegt, die Risikofaktoren, die Jugendliche zu andauernder Delinquenz führen, in Angriff zu nehmen. Es baut auf guter Forschung darüber auf, inwiefern Kindheits- und Jugenderfahrungen junge Menschen zu andauernder Delinquenz oder anderem Problemverhalten führen. Es konzentriert sich besonders darauf, Drogenmissbrauch zu stoppen, indem Hilfen für Kleinkinder und ihre Familien verbessert werden. Manche dieser Programme, wie PATHS, folgen dem *„Blue Prints"* Modell, das in Kapitel 2 beschrieben wurde. PATHS steht für *„Promoting Alternative Thinking Strategies"* (im deutschsprachigen Raum PFADe „Programm zur Förderung Alternativer Denkstrategien") und ist ein Programm, das Kindern in der Grundschule helfen soll, ihr emotionales und soziales Leben besser in den Griff zu bekommen. Das Programm *Communities that Care* soll die sozialen Verhaltensweisen der Kinder, von denen man glaubt, dass sie zu späterer Straffälligkeit und Drogenmissbrauch führen, verringern. Mir war es nicht möglich eine umfassende Evaluation zu finden, wie viele Gemeinschaften dieses Programm nutzen oder welchen Einfluss es hatte. Da es vor kurzem von der *Substance Abuse and Mental Health Services Administration* (SAMHSA) übernommen wurde, wird es uns vielleicht in ein paar Jahren möglich sein, etwas über sein Potential zu erfahren. Dennoch wird auch dieses Programm derzeit nicht mit den finanziellen Mitteln oder der Nachhaltigkeit unterstützt, die von einer stadtweiten Unterstützung kommen würde.

Städte stellen Ursachen fest und planen Lösungen

Obwohl die US Städte noch nicht viel in diesen oder den Bonnemaison Ansatz investiert haben, haben es andere Länder ernster genommen. Die bekanntesten sind England und Wales, wo die Blair-Regierung 1998 den *Crime and Disorder Act* einbrachte, der von jeder Kommunalregierung verlangte, ihre eigene Partnerschaft für Gemeindesicherheit und Kriminalprävention zu gründen, die gemeinsam vom Polizeichef und dem Bürgermeister geführt werden. Mehr als 350 Kommunalregierungen und damit verbundene Polizeidienste haben eine Gemeindesicherheitspartnerschaft gebildet. Jede dieser Partnerschaften hat, gemeinsam mit der Polizei, den Sozialdiensten, dem Gesundheitswesen, dem Bildungswesen und vielen anderen Behörden sowie der Öffentlichkeit einen Gemeindesicherheitsplan für die Zeiträume 1998-2001 sowie 2001-2004 und inzwischen 2004-2007 entwickelt, der auf der Analyse der Kriminalitätsprobleme basiert. Er muss auch Ziele für die Viktimisierungsverringerung auflisten und abschätzen, ob die Ergebnisse erreicht wurden. Die Analyse oder Überprüfung der Kriminalitätsprobleme in ihrer Stadt ist die Basis für einen Dreijahresplan zum Verringern von Kriminalität und Opferwerdung in der Stadt.

Die britischen Strategien entwickelten sich aus verschiedenen Quellen, unter anderem aus dem Bericht ihrer eigenen angesehenen Kommission - dem *Morgan Report* aus dem Jahr 1991 - über die Rolle der Kommunalregierungen in der Kriminalprävention. Sie gründeten sich auch auf Erfahrungen aus anderen Ländern, Forschungen und Evaluationen sowie den Wünschen der Öffentlichkeit. Sie wurden teilweise von politischen Analysten, der *Audit Commission, Her Majesty's Inspectorate of Constabulary* und führenden Regierungsforschern vorbereitet. Obwohl ich sicher bin, dass kein britischer Beamter dies jemals zugeben würde, selbst wenn er es bemerken würde, die Partnerschaften der Kommunalregierungen sind die Umsetzung der Bonnemaison-Strategie für die Gemeinden in England.

Es gab einige Unterschiede zwischen der Art und Weise, wie der Prozess in England und Frankreich genutzt wird, zum Beispiel bezüglich des Vorsitzes der Partnerschaft, der gemeinsam von den Leitern des Stadtrates und der Polizei geführt werden sollte. Aus schwer zu verstehenden Gründen erforderte es das Gesetz nicht, dass die Schulen ein obligatorischer Teil dieses Prozesses sind. Die Briten waren jedoch bei der Gesetzgebung so klug, zu verlangen, dass die Partnerschaft das Ausmaß und die Ursachen der Kriminalitätsprobleme in ihrer Stadt analysieren und dann einen strategischen Dreijahresplan entwickeln soll, um das Kriminalitätsproblem in Angriff zu nehmen. Diese Analysen sind den Bürgern vor Ort und über das Internet verfügbar.

Im Jahr 2004 gewann Birmingham durch die Nutzung dieses Ansatzes den *European Crime Prevention Award.* Birmingham ist die zweitgrößte Stadt in England, mit einer Bevölkerung von ungefähr einer Million - etwas weniger als Dallas. Die Stadt war erfolgreich darin, die Kriminalität in acht sozial benachteiligten Stadtteilen mit hoher Verbrechensrate bedeutend zu senken. Ihre Gemeindesicherheitspartnerschaft machte eine Analyse der Kriminalitätsprobleme in diesen acht Bezirken und reagierte dann, um diese Probleme zu lösen. Das Programm verringerte die Jugendkriminalität um 17% oder um zweieinhalb Mal soviel wie in den Vergleichsbezirken. Die Investition von $1,4 Millionen erbrachte Ersparnisse von $140 Millionen – „ein Handgriff zur rechten Zeit spart viel Mühe und Leid“. Die Gemeindesicherheitspartnerschaft tat sich mit einer bekannten britischen Beratungsgruppe - *Crime Concern* - zusammen, um diesen Erfolg zu erreichen. *Crime Concern* half dem Koordinator des Programms zu erkennen, was zu tun sei und half dabei, starke Partnerschaften zwischen den Behörden zu gründen, denen es möglich ist, die Ursachen in Angriff zu nehmen. Während 17% sich nicht nach viel anhört, ist dies der Beitrag des Prozesses zu der Verringerung. Das heißt, er sollte verglichen werden mit den viel kleineren, aber bewiesenen 5%, die der Giulianiprozess, in einer zugegebenermaßen viel größeren Stadt, New York, erreichte.

Diese britischen Programme haben viele sinnvolle Charakteristika, die sich aus dem ergeben, was die USCM sehen wollte. Sie werden von Städten mit Unterstützung von anderen Regierungsebenen am Laufen gehalten. Sie gehen Risikofaktoren wie frühe Kindheitserfahrungen, Jugend- und Familienerfahrungen an. Sie konzentrieren sich auf Ausbildung und Arbeitsbeschaffung. Sie beinhalten Polizeiarbeit, aber gehen noch darüber hinaus, um soziale Risikofaktoren anzugehen.

Es mag komisch klingen zu sagen, dass Städte in Nordamerika von Städten in Lateinamerika lernen können, aber die Stadt Bogotá in Kolumbien präsentiert ein inspirierendes Beispiel, wie eine Stadt Gewalt verringern kann, indem die Risikofaktoren, die Gewalt verursachen, in Angriff genommen werden. Bogotá hat eine Bevölkerung von 8,5 Millionen, was geringfügig mehr ist als New York City. Heute ist ihre Kriminalitätsrate von 30 Morden pro 100.000 Bevölkerung niedriger als die Rate von Washington, D.C. mit 36. Die Bedeutung Bogotás für meinen Ansatz besteht darin, dass sie die drastische Verringerung aufweist, die durch Führung des Bürgermeisters, oder in diesem Fall von drei Bürgermeistern, erreicht werden kann.[4]

Wie in Abbildung 7.1 zu sehen ist, gab es 1993 in Bogotá 4.452 Morde, die auf 1.993 im Jahr 2001 heruntergebracht wurden. Anders als in den Vereinigten Staaten sank die Mordrate in Kolumbien zwischen 1992 und 2002 nur um 10%. Also war die große Verringerung der Mordrate kein Zufall. Sie war das Ergebnis bewusster Maßnahmen der Bürgermeister und basierte auf Wissenschaft statt auf Spekulation. Bogotá machte genau das, was die USCM im Jahr 1991 verlangte. Anfangend im Jahr 1995 führte jeder nachfolgende Bürgermeister, der drei Jahre oder weniger im Amt war, eine bewusste Maßnahme durch, um die Gewalt in der Stadt zu verringern. Unter diesen Bürgermeistern waren Paul Bromberg, Enrique Peñalosa und Antanas Mockus. Die Bürgermeister gründeten ein städtisches Planungsamt zur Kriminalprävention, das Observatorium genannt wurde - ein Sekretariat, das die Ursachen der Gewaltverbrechen beobachten und analysieren und Lösungen vorschlagen sollte - bessere Investitionen. Dieses Amt unternahm epidemiologische Analysen der Gewaltverteilung überall in der Stadt und der Risikofaktoren, die mit Mord assoziiert wurden.

Alle fragen mich: „Also, was haben sie gemacht?". Meine Antwort ist: „Ich habe es euch schon gesagt!". Sie schafften es, indem sie ein ständiges Amt für Gewaltprävention gründeten, das ein Informationssystem über Trends und Ursachen von Gewalt einrichtete. Dieses Amt organisierte eine Koalition zwischen Polizei, Gesundheitswesen usw., um Wege zu planen, um die gewaltverursachenden Risikofaktoren in Angriff zu nehmen. Auf Grund der Daten empfahl das Amt Verfahren, um Alkohol- und Drogenkonsum besser zu kontrollieren, Handfeuerwaffen einzuziehen und Opfern zu helfen, gewaltlose Wege zu finden, um ihre Gefühle nach Rache zu zügeln. Was noch wichtiger

---

[4] Acero Velásquez, The City and Public Policies, 2003.

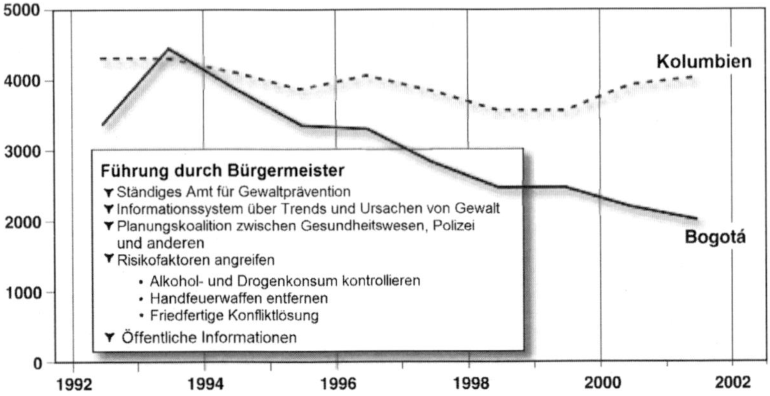

Quelle: Personal communication with Acero Velasquez, City Hall Bogotá

Abbildung 7.1 Trends der Morde in Bogotá im Vergleich zum Trend der Morde in Kolumbien insgesamt (reduziert entsprechend dem Bevölkerungsanteil Bogotás von 13,5 %), 1992 bis 2001

ist, die Bürgermeister hörten sich die Empfehlungen an und handelten danach. So führten sie bewusste Interventionen ein, wie das Einziehen von Handfeuerwaffen - teilweise von der Polizei durchgeführt. Sie verhängten eine Ausgangssperre, um Männer von der Straße fernzuhalten - teilweise von der Polizei durchgeführt - und halfen Opfern von Gewalt und Beleidigungen, Rache zu vermeiden.

Weder die Bürgermeister noch die nationale Regierung vergeudeten das Geld der Steuerzahler für mehr Polizei, Gefangene und Richter, noch verabschiedeten sie härtere Kriminalstrafen, indem sie auf Abschreckung hofften, die nicht funktioniert, und so zur Inhaftierung einer wachsenden Zahl von Verbrechern führt. Sie erhöhten nicht einfach die Zahl der Polizeibeamten, zahlten nicht für einen Besuch von Giuliani und führten *Compstat* nicht ein. Die wichtigste Zutat für ihren Erfolg war, dass sie dafür sorgten, dass das Problem durch das Identifizieren und in Angriff nehmen von gewaltverursachenden Risikofaktoren gelöst wurde. Die Verringerungen der Kriminalität sind spektakulär und wurden zweifellos durch bewusstere Strategien erbracht, als die Verringerungen in den US Städten, die lediglich mit dem landesweiten Rückgang der Gewaltkriminalität zusammenfielen.

Obwohl Evaluationen nicht vorhanden sind, um dies für Bogotá oder die US Städte zu beweisen, folgten die Verringerungen den logischen Interventionen, die sich auf die Ursachen richteten.

Amt für Kriminalprävention, um Städte auf Risikofaktoren auszurichten

Städte stehen immer noch unakzeptablen Ausmaßen von Straßenkriminalität gegenüber. Sie stehen unakzeptablen Ausmaßen von Kindesmisshandlung und Gewalt gegen Frauen gegenüber, die besonders hinter den Wohnungstüren stattfindet. Sie stehen Problemen von Mobbing und Gewalt in Schulen gegenüber. Das ist unakzeptabel.

In manchen Städten verschlimmern sich die Kriminalitätsraten nicht. In anderen kommen Schießereien und Straßengewalt mit Macht zurück. Unabhängig davon, ob die Gewaltquoten, je nachdem wie sich die Wirtschaft entwickelt, schnell oder langsam steigen, müssen die Städte jetzt planen, wie die Viktimisierungsraten unten gehalten und noch weiter gedrückt werden können. Die Wurzel der wachsenden Kriminalität ist genau der Mangel an nachhaltigen Investitionen in Prävention und guter Planung. Opferwerdung ist zu wichtig, um Notrufen überlassen zu werden, die einen Polizisten in Marsch setzen. Gute Geschäfte mögen darauf bauen können, sich um einen Kunden nach dem nächsten zu kümmern. Eine Polizei, die sich um ein Opfer nach dem nächsten kümmert, erwirbt sich Freunde für ihre Arbeit. Aber was wir wollen ist kein wachsender Polizeiapparat, sondern eine bewusste Senkung der Quoten der Gewalt- und Eigentumsverbrechen. Weniger Viktimisierung wird erschwinglich und nachhaltig durch die Führung von Kommunalregierungen erreicht, nicht durch Polizei, Anwälte, Richter oder Gefängnisse. Wir haben die Maßnahmen, die von der *United States Conference of Mayors* (USCM) verlangt wurden, gesehen. Wir haben den Mangel an Investitionen in Kriminalprävention durch Sozialentwicklung in verschiedenen kleinen Initiativen überall in den Vereinigten Staaten gesehen. Wir haben das Beharren Blairs während seiner Regierung in England und Wales gesehen, dass jede Stadt einen Planungsprozess anstößt, um Verbrechen vorzubeugen. Wir haben einigen Erfolg in England und am Beispiel Bogotás gesehen.

Wenn wir gegen die Gewalt etwas erreichen wollen, müssen wir von diesen Erfahrungen lernen und viel strategischer vorgehen. Wir müssen uns auf die gewaltverursachenden Risikofaktoren konzentrieren. Wir müssen die Ausgaben für „Recht-und-Ordnung“ mit Mitteln ausbalancieren, die investiert werden, um wirksame Sozialprogramme zu erhalten. Eine kluge Stadt gründet ein Kriminalpräventionsamt, das einen ständigen und weiterführenden Planungsprozess unterstützt und die Investitionen in Programme für gefährdete Jugendliche erhöht. Es geht darum, Gewalt zu ächten, die Möglichkeiten, auf unser Eigentum zu achten zu verbessern, und eine klügere Polizei zu bekommen.

Das *International Centre for the Prevention of Crime* sah sich in seiner Fallsammlung von 1999 die Empfehlungen der Bürgermeister, die Analysen der Experten und die praktischen Vorschläge von Behörden wie dem NCPC in den Vereinigten Staaten und *Crime Concern* in England und Wales an.[5] Es gibt einen Konsens dieser Gruppen, dass die Art und Weise, Kriminalität und Gewalt in Städten auf erschwingliche, kinder- und frauenfreundliche Art zu reduzieren die ist, einen ständigen Planungsprozess zu initiieren, der die Energien der Behörden, wie Schulen, Sozialwohnungsbau, und Polizei koordiniert, um die Risikofaktoren, die Verbrechen verursachen, in Angriff zu nehmen.

Der Schlüssel für diesen Prozess ist ein ständiges städtisches Kriminalpräventionsplanungsamt. Der Prozess ist logisch. Abbildung 7.2 zeigt die grundlegenden Teile des Prozesses. Es muss eine ständige Planungsgruppe geben, mit Mitarbeitern, die den Auswertungsprozess bezüglich der Hauptverbrechensprobleme der Stadt steuern. Da Opferwerdung von einer Reihe verschiedener Risikofaktoren verursacht wird, ist es wichtig die Schlüsselbehörden, die diese Faktoren beeinflussen können, an einen Tisch zusammenzubringen.

---

[5] International Centre for the Prevention of Crime, Crime Prevention Digest II, 1999

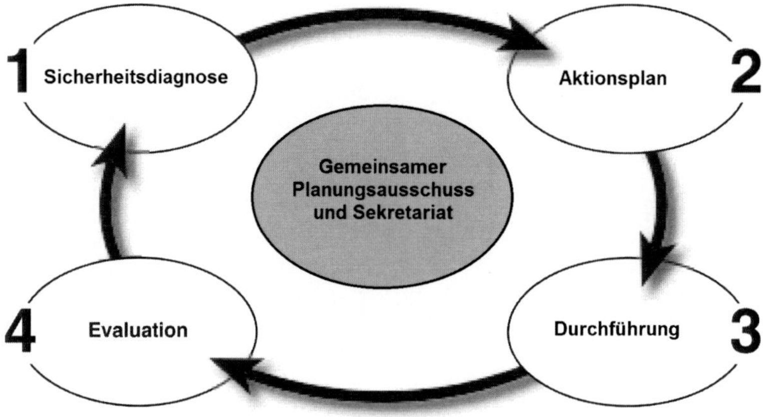

Abbildung 7.2 Aufgaben des städtischen Kriminalpräventionsplanungsamtes

Diese Risikofaktoren beinhalten auch Probleme wie Schulversagen und Schulabbruch. In Schulen findet Mobbing statt. Schulen bringen auch Jugendliche in einem Alter zusammen, in dem sie am ehesten in Verbrechen involviert werden. Daher sollten die für das Schulwesen Zuständigen Teil dieser Gruppe sein. Unter den Faktoren finden sich auch Probleme von Familien in der Krise, denen es nicht möglich ist, den Jugendlichen konsequente und fürsorgliche Erziehung angedeihen zu lassen. Gewalt in Familien muss angesprochen werden. Und daher müssen Einrichtungen, die mit Familien arbeiten, mit eingebunden werden. In vielen Städten gibt es Einrichtungen, die mit Jugendlichen arbeiten, um ihnen zu helfen, Ausbildung und sich selbst zu finden. Also müssen auch diese dazugehören. Freizeit und Sport sind andere wichtige Themen, und darum müssen auch die entsprechenden Einrichtungen an dem Tisch sitzen. Oft ist es wichtig, Vertreter bestimmter ethnischer oder anderer Nachbarschaftsgruppen mit einzuschließen, bei denen Kriminalität ein besonderes Problem ist. Die Polizei ist ein wichtiges Mitglied dieser Gruppe, da sie die Informationen über gemeldete Verbrechen in ihren Computern hat, aber auch, weil sie einen Überblick über die Verbrechen in der Stadt hat und über die damit verbundenen Faktoren. Die Polizei kann auch die Gesetze durchsetzen, die Risikofaktoren wie exzessiven Alkoholkonsum oder illegale Handfeuerwaffen in Angriff nehmen.

Erfolgreiche Programme gegen Risikofaktoren, die Opferwerdung verursachen, benötigen Investitionen für die Problemdiagnose. Der erste Schritt ist daher, das Problem zusammen mit den Behörden, die das Problem lösen können, zu analysieren. Sie werden die Lösungen einführen und beobachten müssen - vermutlich müssen sie Berater und Trainer dazu holen, um den Einrichtungen zu helfen, den Plan einzuführen.

Sie müssen sich erprobte Lösungen ansehen, nicht verführerischen politischen Schwindel und Medienmythen. Viele angesehene Kommissionen haben all die Evaluationen durchgesehen, die zeigen, was funktioniert und was nicht. Sehen Sie sich die Liste nochmal an - Organisationen, denen in anderen Bereichen vertraut wird: Die Weltgesundheitsorganisation, der US Gesundheitsminister, die *British Audit Commission*, das *International Centre for the Prevention of Crime*, der *National Research Council*, das *US Department of Justice* usw.. Städte können dieses Wissen nutzen, um Verbrechen und Viktimisierung zu verringern.

Der Einzug der computergesteuerten Kartographierungstechnologie ermöglicht es Beamten in verschiedenen Teilen der Stadtverwaltung dasselbe Bild zu sehen - die geographische Verteilung der von der Polizei aufgenommenen Verbrechen. Von Santiago in Chile bis nach Birmingham in England - nicht nur *Compstat* in New York City - haben die Polizeidienste die Möglichkeit, solche Karten zu produzieren. Unglücklicherweise wird deren Potential nicht genutzt, da die Verbrechensanalyseeinheit der Polizei keine Möglichkeit hat, diese Karten den Behörden zu zeigen, die sie nutzen könnten, um strategisch die Ursachen der Kriminalität in Angriff zu nehmen. Diese Karten bestätigen, dass die Verbrechens- und Viktimisierungsraten konzentriert sind und mit anderen Faktoren wie Armut, zerbrochenen Familien, Mangel an Sportanlagen usw. zusammenhängen. Also müssen die Behörden, die mit zerbrochenen Familien oder mit Sportvereinen arbeiten, sie sehen und ihre eigenen Einrichtungen nutzen, um die Probleme in Angriff zu nehmen.

Da so viele Verbrechen, die hinter verschlossenen Türen geschehen, wie Kindesmisshandlung und Gewalt gegen Frauen, nicht von der Polizei bemerkt werden, ist es für Städte wichtig, andere Wege zu nutzen, diese Taten den Planern bekannt zu machen. Daten vom Kinderschutzbund zum Beispiel geben Hinweise auf Kindesmisshandlung. Diese können durch Umfragen in Schulen ergänzt werden, die Mobbing und häusliche Gewalt messen. Umfragen bei Frauen können dabei helfen, das Ausmaß der Gewalt gegen sie aufzuweisen. Intensive Gesprächskreise können diese systematischen Daten ergänzen.

Die Städte müssen auch auf die Prioritäten ihrer Steuerzahler achten. Sie müssen entscheiden, ob eine heutige Investition, die die Situationen angeht, die Jugendliche, Familien und Nachbarschaften durch Verbrechen und Viktimisierung gefährden, gerechtfertigt ist. Jetziger Handlungsverzicht bedeutet, dass die Steuerzahler später für mehr Polizei zahlen werden. Verbrechen vorzubeugen, bevor sie passieren, ist kosteneffizient, da gesunde Kinder und Jugendliche später zu leistungsfähigen Erwachsenen werden. Um zum Beispiel Schwerverbrechen um 10% zu verringern, können Sie entweder Anreize für gefährdete Jugendliche bereitstellen, die Schule abzuschließen - was auch zur Beteiligung an weiteren Bildungsmaßnahmen beisteuert - oder über sieben Mal soviel an Steuern pro Haushalt ausgeben, um Inhaftierung zu erweitern. Sichere Nachbarschaften ermöglichen eine bessere Lebensqualität und erweiterte Möglichkeiten für ökonomische Entwicklung, Investition und Tourismus. So wie Städte Pläne für Verkehrsmittel, Umwelt und öffentliches Gesundheitswesen haben, müssen sie auch einen Plan für öffentliche Sicherheit haben, der Prioritäten setzt, wie unsere Steuern genutzt werden sollen, um die Polizei zu reformieren und in Präventionsprogramme zu investieren, die die Ursachen von Kriminalität angehen.

Zusammenfassung

Die Bürgermeister der US Städte waren sich darüber einig, über Polizeiarbeit hinauszugehen, um Einrichtungen wie Schulen und Sozialdienste dazu zu bringen, die Risikofaktoren, die Viktimisierung verursachen, in Angriff zu nehmen. Sie einigten sich ebenfalls darauf, dass Städte in der Lage sein müssen, die Planung und Umsetzung aufrechtzuerhalten, um diese Risikofaktoren in Angriff zu nehmen. Sie verlangten Unterstützung von anderen Regierungsebenen, um dies möglich zu machen.

Unglücklicherweise steckten andere Regierungsebenen ihr Geld nur in die Verstärkung der Polizei, ohne in Kriminalitätsanalysen und Planung zu investieren. Die Bemühungen der Städte in den Vereinigten Staaten, diese Ursachen in Angriff zu nehmen, wurden vorwiegend auf das Prinzip Hoffnung und kurzzeitige Projekte gegründet, statt auf nachhaltig und adäquat finanzierte Analysen und Lösungen.

Beispiele aus England und anderswo zeigen, dass Städte Verbrechensraten weiter senken können und auf Anstiege der Kriminalität vorbereitet sein können, wenn die volkswirtschaftlichen und demographischen Entwicklungen sich umkehren. Sie benötigen Ämter für die Kriminalprävention auf der Ebene der Stadt, um Behörden und Bürger dazu zu bringen, die Risikofaktoren in Angriff zu nehmen.

8. Wechseln von „Für Recht bezahlen“ zu „ In Ordnung investieren“

Ich habe dieses Buch geschrieben, um zu zeigen, wie wissenschaftliche Befunde und gesunder Menschenverstand genutzt werden können, um Viktimisierung zu verhindern, indem in Jugendliche und Familien investiert wird, ohne weiterhin hart verdientes Geld der Steuerzahler für teure, reaktive Strafrechtspflege zu vergeuden. Ich habe die Erkenntnisse über Kriminalprävention durchgesehen, die von den am Ende des ersten Kapitels genannten, angesehenen Kommissionen erzielt wurden, die aus vielen verschiedenen Bereichen kommen - Wirtschaftsprüfer, Ärzte des öffentlichen Gesundheitswesens, Kriminologen und Polizeichefs. Mit gesundem Menschenverstand habe ich aus den vorliegenden Erkenntnissen eine umfassende Reihe an umsetzbaren Empfehlungen herausgezogen, die Kriminalität verringern, Opfer unterstützen und eine bessere Art und Weise liefern würden, unsere Steuern einzusetzen, als die, die jetzt genutzt wird. Ich habe betont, dass Städte den Anstoß für die Koordination der verschiedenen Gruppen des öffentlichen Sektors, wie Schulen, Sozialdienste und Polizei übernehmen müssen, um die Risikofaktoren, die Verbrechen verursachen, in Angriff zu nehmen.

Auf Wissen basierende Maßnahmen, um Kriminalität vorzubeugen

Ich fordere eine weitreichende Veränderung in der öffentlichen Strategie auf allen Regierungsebenen. Diese Veränderung muss uns von unserem allzu großen Vertrauen in ein reaktives „Recht-und-Ordnung“-System wegführen. Was auch immer gesagt wird, unsere Steuern werden heute vorwiegend genutzt, um auf Verbrechen reaktiv, reaktionär und repressiv zu reagieren. Wir zahlen für professionelle Gesetzeshüter, professionelle Anwälte und professionelle Richter, aber die Ergebnisse in Form von verringerter Opferwerdung sind nicht gerade bedeutend. Wir vergeuden unsere Steuern für teure, vergleichsweise ineffektive und kurzzeitige Lösungen. Außerdem zahlen wir dafür, dass viel zu viele junge Erwachsene, vor allem aus ethnischen Minderheiten, eingesperrt werden. Wir vergeuden Steuern für ein System, das hart mit Verbrechensopfern, Steuerzahlern und den Bemühungen, Kriminalität zu senken, umgeht.

Im Gegensatz dazu hat dieses Buch viele bessere - vorbeugende - Wege gezeigt, um Verbrechen zu verringern, indem in eine bessere Zukunft investiert wird, die nicht so belastend für die Steuerzahler ist. Die wichtigsten Wege werden in den folgenden Abschnitten beschrieben.

- **In die Jugend investieren**

Indem wir investieren, um mehr Mentoren, Programme zur Vermeidung von Schulabbrüchen, Hilfen für ein Studium, Berufsausbildungen, Arbeitsplätze usw. zur Verfügung zu stellen, können wir viel mehr gefährdete Jugendliche von Verbrechen abhalten. Wir können Mobbing und Gewalt in Schulen durch Programme verringern, die die Ursachen von Mobbing angehen. Wir können Jugendzentren gründen, damit die Jugendlichen mit ihren Hausaufgaben nachkommen und Zeit mit Erwachsenen verbringen, die Vorbilder für ihre positive Entwicklung sein können. Wir können Verbrechen beachtlich vorbeugen, ohne den Steuerzahler stark zu belasten, indem in die Krankenschwestern des öffentlichen Gesundheitswesens investiert wird, die mit Müttern arbeiten, die ihre Kinder nicht von sich aus konsequent erziehen können. Diese Programme können sehr erfolgreich sein, wenn wir sie kombinieren und sie auf jene Gemeinschaften konzentrieren, die am meisten gefährdet sind.

- **Gewalt an Frauen und Kindern stoppen**

Gewalt an Frauen kann vorgebeugt werden durch ein weiteres Verbessern des Zugangs für Frauen zu Einkommen und Unterhalt sowie durch ein Familienrecht, das es ihnen ermöglicht zu wählen, ob sie in gewalttätigen Beziehungen bleiben wollen. Wenn wir Frauen Zugang zu weiblichen Beratern und Polizisten geben, werden mehr von ihnen ermutigt, nein zu Gewalt zu sagen. Verringerung häuslicher Gewalt wird Kindern das Erleben von Gewalt ersparen, so dass sie selbst seltener gewalttätig werden, wenn sie aufwachsen. Jugendlichen friedliche Konfliktlösungen und das Vermeiden von zerstörerischen Entscheidungen beizubringen wird Gewalt vorbeugen.

- **die Umwelt gestalten, um Kriminalität zu verringern, und Nachbarn helfen, aufzupassen**

Wir können auf uns selbst und unser Eigentum aufpassen, indem wir besser mit unseren direkten Nachbarn zusammenarbeiten und unsere neuen elektronischen Geräte sorgsam nutzen - CCTV, Alarmanlagen, Handys und Computertechnologie. Wir müssen Nachbarschaften fördern, in denen die Bewohner miteinander kooperieren. Wir müssen Häuser, Autos und andere Güter so gestalten, dass sie nicht so leicht zu Straftaten verführen. Wir dürfen keine generellen Sicherungen, wie Flughafensicherheit oder Autowegfahrsperren nutzen, ohne die sozialen Risikofaktoren in Angriff zu nehmen, die Personen dazu bringen, überhaupt Verbrechen zu begehen.

- **Risikofaktoren sowohl mit Prävention als auch mit Polizeiarbeit in Angriff nehmen**

In unserem Bemühen, Kriminalität zu verringern, wird der Erfolg nicht nur von der Prävention kommen, sondern auch von einer intelligenten Kombination aus Prävention und Polizeiarbeit, die sich auf Risikofaktoren richtet wie illegale Waffen, destruktives Fahren, Alkohol, und illegale Drogen. Wir können Kriminalität verringern, indem wir unsere Polizei dazu bringen, klüger mit ihren Ressourcen umzugehen und problemorientierter zu werden, zum Beispiel indem Daten strategischer und in Partnerschaften mit Schulen oder anderen Behörden genutzt werden, um Risikofaktoren in Angriff zu nehmen. Das in Boston von Evans unterstützte Modell ist besonders wichtig, obwohl Aspekte des Compstat in New York, die der Polizei helfen, sich auf Risikofaktoren zu konzentrieren, auch Fortschritte erzielen werden.

- **Den Opfern gerecht werden**

Mit Respekt und Würde behandelt zu werden ist ein Menschenrecht der Verbrechensopfer. Es sollte, wie jedes andere Recht, durch rechtliche Mittel geschützt werden. Wir müssen sicherstellen, dass Opfer respektvoll behandelt werden, sowohl von der Polizei, die als Erste zu Hilfe kommt, als auch von Unterstützungsdiensten, die wirksam helfen können, von den Gerichten, die faire Entschädigung verordnen und durchsetzen, und von den Verfassungen, die den Opfern im Strafprozess Beteiligung und Vertretung garantieren. Dies muss universell sein, nicht nur ein Flickwerk. Wir müssen in Prozesse investieren, die den Opfern helfen, zu verstehen, was passiert ist, und die Wahrheit zu finden.

- **Veränderung erfordert Klugheit, Unabhängigkeit und Planung**

Wie kommen wir von unserem heutigen allzu großen Vertrauen in „Recht-und-Ordnung“ zu einer klügeren Strafverfolgung und zu mehr Prävention für Morgen? Was machen wir heute, während wir in Prävention investieren, mit dem scheinbar unausweichlichen Druck der Notrufe, Verbrechen und Viktimisierungen? Wie können wir unseren politischen Eliten erfolgreich helfen, von „Nachläufern“ und „Verschwendern“ für Recht und Repression zu Führern zu werden, die in Ordnung und Prävention investieren – und die jetzt die Reformen in unseren Städten, Schulen, Polizeibehörden usw. machen? Wie können langfristige Erfolge erreicht werden, wenn alle vier bis fünf Jahre Wahlen stattfinden? Wie können wir den Politikern helfen, Mittel zu verschieben von traditionellen Programmen, die zeigten, dass sie nicht erfolgreich sind, zu neuen Programmen, die gezeigt haben, dass sie es sind?

Eine Kommission nach der anderen hat bewiesen, dass eine Strategie von kombinierter Prävention und Strafverfolgung viel besser funktioniert, als die üblichen reaktiven Maßnahmen, die heutzutage dominieren. Ich habe Minister auf der ganzen Welt über dieses Wissen und die internationalen Richtlinien beraten. Ich habe innerhalb der Regierung gearbeitet und ebenso von außerhalb gesehen, wie fortschrittliche Politiker mit Bürokratien um kleine Erfolge kämpften. Ich habe geholfen, das mit den Vereinten Nationen assoziierte *International Centre for the Prevention of Crime* zu gründen und zu leiten. Unglücklicherweise sind viele Politiker, ihre Berater und deren Bürokratien verführt worden von den Übertreibungen, wie Kriminalität in New York verringert wurde, und dem Glauben, dass öffentliche Empörung durch mehr Polizei und härtere Strafen beschwichtigt werden könnte.

Unsere Politiker müssen nicht hilflos bleiben, während die Bürokratien etwas aufrecht erhalten, das nicht funktioniert und unsere Medien und Schulen es vernachlässigen, das zu verbreiten, was funktioniert. Es mag als schwierige Aufgabe erscheinen, von einem System wegzukommen, das über die letzten 25 Jahre größer und größer wurde und in dem allein in den Vereinigten Staaten zwei Millionen Menschen ihre jährlichen Gehälter direkt aus der Strafrechtspflege bekommen. Es ist ähnlich schwierig, Städte dazu zu bringen, eine neue Rolle zu übernehmen, wenn so viele andere Dienste von ihrem Regierungshandeln abhängen. Es wird schwer sein, Schulen zu überzeugen, einen Teil der für Schreiben, Lesen und Rechnen vorgesehenen Zeit für Konfliktlösung und Kindererziehung einzusetzen.

Glücklicherweise gibt es schon gute Beispiele, wie „Recht-und-Ordnung" verbessert wurden, was zeigt, dass es möglich ist, solche Veränderungen zu erreichen. Das größte davon wurde durch den *Safe Streets Act* im Jahr 1968 in den Vereinigten Staaten gestartet. Unglücklicherweise führte dies hauptsächlich dazu, die Ausgaben für „Recht-und-Ordnung" zu erhöhen, und nur zum Teil dazu, Wissen und gesunden Menschenverstand zu nutzen, aber es zeigt, was Gesetzgebung und finanzielle Mittel bewirken können. Im Jahr 1968 wurde das weltgrößte und teuerste Programm gestartet, um das „Recht-und-Ordnung"-System aus der Flaute zu bringen und in ein professionelles System von Strafrechtspflege zu verwandeln, damit es mit den Herausforderungen der Kriminalität in einer freien Gesellschaft zurechtkommen kann. Dieses Programm wurde von der im Jahr 1968 durch den *Safe Streets Act* gegründeten *Law Enforcement Assistance Administration* (LEAA) gestartet. Für 14 Jahre pumpte sie Milliarden von Dollar in die Modernisierung des „Recht-und-Ordnung"-Systems, sowie in Forschung und Entwicklung von Prävention und Gerechtigkeit für Opfer. Manche Präventions-Projekte wurden gefördert, wie das *Community Crime Prevention Program* in Seattle, das in Kapitel 4 besprochen wurde. Obwohl der Großteil der Energie und Ressourcen in „Recht-und-Ordnung" ging, ist es ein gutes Vorbild, ein Bundesgesetz zur Gründung einer Behörde zu verabschieden, die mit beachtlichen Mitteln für Reformen eintritt, um Veränderung zu unterstützen. Es muss nur dafür genutzt werden, in die Durchführung der Empfehlungen all dieser angesehenen Kommissionen zu investieren, statt es für etwas zu vergeuden, das Kriminalität nicht verantwortungsbewusst reduziert.

Die britische Regierung zeigte 1998 mit ihrem *Crime and Disorder Act* zum Teil, wie Wissen und gesunder Menschenverstand Kriminalität vorbeugen können. Sie reformierte das Jugendstrafrechtssystem in England und Wales durch das unabhängige *Youth Justice Board* (YJB). Besonders mag ich, wie sie Personen für Schlüsselrollen nutzten, die Wissen über die Empfehlungen der angesehenen Kommissionen haben. Der erste Vorsitzende des YJB war Norman Warner, der vorher der politische Berater Tony Blairs für Kriminalprävention und Gemeindesicherheit war und dann Berater für den *British Home Secretary*, den britischen Innenminister, der für den Entwurf des *Crime and Disorder Act* verantwortlich war. Daher war es ihm möglich, sein beträchtliches Wissen und seine politischen Fähigkeiten zu nutzen, um dem *Youth Justice Board* zum Erfolg zu verhelfen. Die Mitglieder des Boards waren Experten in Schlüsselbereichen wie Polizei, Kriminologie und Wiedereingliederung von Tätern. Sie ernannten auch den Leitautor von „Misspent Youth", Mark Perfect, zum ersten Generaldirektor. Es war dieser von der *Audit Commission* produzierte Bericht, der eine radikale Veränderung empfahl, wie die Probleme der Jugendkriminalität im Vereinigten Königreich zu bewältigen wären. Diese Experten in Schlüsselrollen zu nutzen macht eine erfolgreiche Umsetzung noch wahrscheinlicher und ist ein Hauptgrund für ihre beachtlichen Leistungen.

Das YJB wurde auch gegründet, um „Veränderung zu planen". Damit meine ich, dass es darin investierte, jene Personen zu trainieren, die seine Strategien durchführen würden, und Standards setzte, wie diese Strategien durchgeführt werden sollten. Erfolgreiche Innovation benötigt Personen, die die Fähigkeit haben, Veränderung zu steuern und die Programme durchzuführen. Sie müssen von Mentoren oder Beratern unterstützt werden, die ihnen helfen, diesen Prozess zu überstehen. Das Endergebnis ist eine Reihe bewiesener Erfolge, wie eine beachtliche Verringerung des Zeitraums zwischen

Verhaftung und Gerichtsverhandlung für junge Täter in England und Wales und nachgewiesene Prävention von Jugendkriminalität, so dass weniger junge Menschen verhaftet werden.

Ein anderes beeindruckendes Beispiel ist das *Office for Victims of Crime* (OVC) im *US Department of Justice*, das 1984 gegründet wurde. Nach ihrer legendären Arbeit als Vorsitzende der *US President's Task Force on Victims of Crime* wurde Lois Haight Herrington zur ersten Generaldirektorin des *Office for Victims of Crime* ernannt und brachte es auf eine Art und Weise auf den Weg, die beeindruckenden Schwung für bessere Unterstützung und Wiedergutmachung für Verbrechensopfer erzeugte. Dieses Amt plante die Veränderung, indem es Training für die Personen finanzierte, die Innovationen machen wollten, durch die Opfer besser unterstützt werden würden. Anfänglich bekam es Hilfe von der *US National Organisation for Victim Assistance*, deren Generaldirektorin Marlene Young Trainingskurse für alle wesentlichen Fachkräfte, die mit Verbrechensopfern arbeiten, entwickelt hatte. Das Ergebnis ist, dass jeder Staat ein Verbrechensentschädigungsprogramm hat, die Unterstützungsdienste für Opfer sich vervielfacht haben, viele Staaten Verfassungsänderungen verabschiedet haben usw. Der OVC Bericht über die Umsetzung der Vorschläge der *Presidential Commission on Victims of Crime* zeigt beachtlichen Fortschritt, selbst wenn noch einiges getan werden muss. Wieder einmal führte die Ernennung eines Hauptautoren der Arbeitsgruppe zum Verantwortlichen für die Umsetzung zu beeindruckenden Erfolgen.[1]

Alle drei Institutionen (LEAA, YJB und OVC) haben einen gewissen Grad von Unabhängigkeit von den üblichen Polizeidiensten, Gerichten und Strafvollzugssystemen, ebenso wie bedeutende finanzielle Mittel, wenn auch immer noch zu wenig. Alle drei hatten einen landesweiten Einfluss. Die LEAA und das YJB verwenden allgemeine Steuermittel. Das OVC nutzt Geldstrafen von reichen Tätern und hat einen großen Kreis von Diensten und Programmen, die von ihrer Finanzierung abhängen. Ich bin sicher, dass der Erfolg aller drei von

[1] U.S. Office for Victims of Crime, New Directions from the Field, 1998.

dem Wissen und der Erfahrung der Spitzenbeamten, der Unabhängigkeit des Vorstands selbst und dessen Verantwortlichkeit für Erfolg abhängt.

Ein anderer Ansatz ist, dass die Öffentlichkeit Gesetzgeber und Richter zwingt, Empfehlungen der angesehenen Kommissionen umzusetzen. Im Jahr 2000 verabschiedeten 61% der kalifornischen Wähler die *Proposition 36*, die Richter und Gesetzgeber zwang, $120 Millionen in ein erprobtes Behandlungsprogramm für nicht gewalttätige Drogenabhängige in der Gemeinschaft zu investieren. Als klügere Strategie angepriesen, hatten die Befürworter die Aufmerksamkeit der Wähler auf einige Fakten gelenkt, wie die Effektivität von ambulanten Behandlungen, die nachweislich kriminelle Aktivitäten um 72% senkten, sowie erwartete jährliche Einsparungen von $100 Millionen usw. *Proposition 36* beinhaltete eine Auflage zur Evaluation der Durchführung, um zu zeigen, ob sie ihre Ziele erreicht. Es ist besonders interessant zu bemerken, dass, sobald den Wählern die Fakten vorgelegt werden, sie entsprechend den Empfehlungen entscheiden, die mit wissenschaftlichen Erkenntnissen übereinstimmen. Interessanterweise haben die Evaluationen die ursprüngliche Untersuchung bestätigt, und daher plant Gouverneur Schwarzenegger die Finanzierung für *Proposition 36* zu erneuern. Das zeigt sowohl den Erfolg des Programms als auch die Kraft des öffentlichen Drucks.

MADD weist eine weitere inspirierende Erfolgsgeschichte auf. Sie hatten Erfolg darin, einen Wandel von der Untätigkeit hin zu umfangreichen Gesetzesänderungen und mehr Aufmerksamkeit für die Toten und Verletzten im Verkehr zu erreichen. Sie verlangten erfolgreich die Einsetzung einer Arbeitsgruppe des Präsidenten, um zu überlegen, was gegen tödliche Verkehrsunfälle getan werden kann. Ausgestattet mit diesen Schlussfolgerungen machten sie die Regierung dafür verantwortlich, die Zahl der Verkehrstoten zu verringern und Maßnahmen einzuführen, von denen MADD glaubt, dass sie funktionieren. Die Opferbewegung in den Vereinigten Staaten hat sich, abgesehen von MADD, noch nicht genug auf die Themen der Prävention konzentriert, aber sie könnte sich von MADD eine Scheibe abschneiden, um eine Arbeitsgruppe des Präsidenten dazu zu bringen, Wege zu empfehlen, um die Verringerung der Gewalt aufrecht zu erhalten, bei für den Steuerzahler erschwinglichen Kosten.

Gesetz für ein Amt für Kriminalprävention

Im Jahr 2002 verabschiedeten die Regierungen der Vereinigten Staaten und anderer Länder bei den Vereinten Nationen ausgefeilte Richtlinien für die Kriminalprävention, die mit vielen der Ergebnisse der angesehenen Kommissionen übereinstimmen. Diese betonen die Rolle der Planung auf nationaler, Landes- und lokaler Ebene, lenken die Aufmerksamkeit auf die Bedeutung multisektoraler Strategien, um vielfältige Risikofaktoren, die Verbrechen verursachen, in Angriff zu nehmen, und machen Vorschläge für Training, Daten und Wege, um Regierungen auf allen Ebenen zu kriminalpräventivem Handeln zu befähigen.

Inspiriert von dem Erfolg des OVC und des britischen YJB sowie von den Richtlinien der UN und der Erfahrung, verschiedene Minister beraten zu haben, wie diese Veränderung zu erreichen ist, rufe ich die Regierungen auf, ein Amt für Kriminalprävention auf höchster nationaler Ebene ins Leben zu rufen. Die Hauptaufgabe dieses Amtes muss es sein, die Empfehlungen der angesehenen Kommissionen umzusetzen. Es muss dieselbe Beständigkeit und Unabhängigkeit haben, die der Schlüssel zum Erfolg des OVC, des YJB und der LEAA war. Dies ist das Mittel, um Planung und Partnerschaften einzuführen, um die Faktoren in Angriff zu nehmen, die Kriminalität fördern. Dazu müssen Polizei, Justiz, Bildung, Sport, Ausbildung und Sozialdienstbereiche für einen gemeinsamen Prozess der Planung, Durchführung und Evaluation mobilisiert werden. Dies muss eine Veränderung in der Kultur der Polizei, der Justiz, der Bildung und anderen Behörden fördern, die die öffentliche Sicherheit zu einer der ultimativen Aufgaben machen, für die sie verantwortlich sind.

Das Amt muss ebenso primäre Sozialstrategien beeinflussen, wie Investitionen in Schulen, Arbeitsbeschaffung, Ausbildung, Vorschulprogramme, Krankenschwestern des öffentlichen Gesundheitswesens, Waffenkontrollen, Maßnahmen um Autos und Straßen sicherer zu machen usw. Diese primären Sozialstrategien haben zunächst ihre eigene Daseinsberechtigung, sie dienen nicht zuerst der Kriminalprävention. Daher kann das Amt die Aufmerksamkeit der Politiker nur auf einige zusätzliche Vorteile dieser Strategien im Sinne von Verbrechensverringerung lenken.

Solche Ämter sind am ehesten erfolgreich, wenn sie auf der höchsten Regierungsebene eingerichtet werden. Der Leiter des Amtes für Kriminalprävention sollte auf derselben Ebene stehen wie die Leiter der Polizei, des Strafvollzugs oder der Bewährungshilfe. Umfassende Kriminalpräventionsstrategien - geführt und organisiert von dem Amt für Kriminalprävention auf jeder Regierungsebene - werden zu einer Lebensqualität führen, in der Verbrechensraten beachtlich unter die internationalen Quoten gesenkt werden, ohne irgendwelche unberechtigten Steuererhöhungen und mit einer besseren Nutzung der derzeitigen Sozial- und Strafrechtsressourcen. Es sind folgende fünf Maßnahmen durchzuführen:

Nationale und landesweite Pläne für den Wandel von Repression zu Prävention

Es muss eine Vision und einen Aktionsplan für eine wesentliche Verringerung von Kriminalität und Gewalt vorlegen. Dieser sollte einen Zeitraum von zehn Jahren abdecken und ehrgeizig genug sein, Verbrechen wie Einbrüche, Raubüberfälle, Autodiebstähle usw. um 50% unter das Niveau zu reduzieren, das nach den allgemeinen sozialen Trends zu erwarten ist, und eine Zunahme des Anteils der für Kriminalitätskontrolle ausgegebenen Steuern zu vermeiden.

Die britische Regierung hat zeitlich gestaffelte, klare Ziele für die Verringerung von Einbrüchen und Autodiebstählen gesetzt, die vor ihrer Wiederwahl in 2001 definiert wurden und jetzt weiter verfolgt werden. Diese wurden in England für einen Zeitraum von einigen Jahren festgelegt, so dass die Verwaltungen Zeit haben, sich zu reorganisieren, um das zu erreichen, was getan werden muss. Während *Compstat* nicht alles erreicht haben mag, was es behauptete, war der allgemeine Auftrag der Verbrechensverringerung doch klar formuliert, und anschließend wurden die Dienststellenleiter dafür verantwortlich gemacht, die Quoten herunterzubringen. Die Verwaltungen müssen auch für das weitere Verringern der Kriminalität, wie sie im National Crime Victimization Survey erfasst wird, verantwortlich gemacht werden.

Um dies zu erreichen, müssen die Regierungen einen nationalen Aktionsplan für lokale Regierungen, Polizei und Justizdienste, Schulbehörden und andere Institutionen erstellen, um die sozialen, situationsbedingten und örtlichen Risikofaktoren, die Verbrechen verursachen, in Angriff zu nehmen. Der Aktionsplan würde Ziele festlegen, die innerhalb dieser zehn Jahre zu erreichen sind, ähnlich wie MADD die Regierungen für die Verringerung der Zahl der Verkehrstoten verantwortlich macht. In föderativen Systemen, in denen die Verantwortlichkeit für die Bewältigung der allgemeinen Kriminalität aufgeteilt ist, wie in den Vereinigten Staaten oder Kanada, würde der Plan gemeinsam von der Bundesregierung und den anderen Regierungen beschlossen werden müssen.

Ein anderer Teil der Vision sollte sein, die Investitionen in Strategien, die kriminalitätsbegünstigende Risikofaktoren in Angriff nehmen, willentlich zu steigern. Dies würde Programme beinhalten, die gefährdeten Kindern helfen die Schule abzuschließen, Mentoren zu haben und Jugendzentren für Hobbys und Hausaufgaben zu nutzen. Der Aktionsplan sollte unterstreichen, wie Investitionen in Prävention Verluste und Leid abwenden können. Wenn also die Regierungen handeln würden, um die allgemeine Kriminalitätsrate zu halbieren, würden sie verhindern können, dass viele Bürger jedes Jahr finanzielle Verluste, Verletzungen oder Traumata erleiden. Zusätzlich wäre es ihnen möglich, den Bedarf an privater Sicherheit zu reduzieren und die Lebensqualität in den Städten zu verbessern. Dies würde die Nachfrage nach Handfeuerwaffen zur Selbstverteidigung verringern helfen. Des Weiteren könnten sie die Kosten für Inhaftierung senken, wenn sie sich entschieden, deren Anwendung entsprechend der Verringerung von Kriminalität und Gewalt zu reduzieren.

10% der Ausgaben für „Recht-und-Ordnung" zugunsten von Prävention und Opferhilfe umwidmen

Es ist eine Sache, ein ständiges Amt zu haben wie die, die in den skandinavischen Ländern, australischen Staaten, Belgien, Kanada und Frankreich eingerichtet wurden. Solange aber das Amt keinen Zugang zu regelmäßigen und erheblichen finanziellen Mitteln hat, wie z.B. LEAA, OVC und das YJB, kann es seine Mission nicht erfüllen.

Mein Lösungsvorschlag lautet, 5% des für Polizei und Strafrechtspflege bestimmten Geldes für Prävention auszugeben, die sich auf die wesentlichen Risikofaktoren konzentriert, weitere 3% für Opferunterstützung und Opferrechte, und 2% für Ausbildung und Datensysteme, die benötigt werden, um diesen Wandel aufrechtzuerhalten. Durch einen solchen festen Prozentsatz wird die Finanzierung unabhängig und garantiert. Es ist schwer für eine kleine neue Behörde wie ein Amt für Kriminalprävention, erfolgreich finanzielle Mittel zu bekommen, während große Behörden wie Polizei oder Strafvollzug gut organisiert sind, um ihr Budget zu sichern und zu erweitern.

Wie ich in den vorherigen Kapiteln gezeigt habe, würde das Investieren von fünf Prozent der gesamten Mittel in Präventionsplanung und -reform die Kriminalität beträchtlich und nachhaltig verringern, in hochgefährdeten Bezirken um bis zu 50% oder mehr. Ich habe kanadische Parlamentsausschüsse überzeugen können, die Regel zu billigen, dass 5% aller Ausgaben für Polizei und Strafrechtspflege jährlich den Planungs- und Präventionsaktivitäten zugewiesen werden, die sonst nicht existieren würden. Das Argument lautet, dass jede Behörde eine Verringerung ihrer Mittel um 1% ertragen kann. Also wird jedes Jahr 1% genommen, so dass das Budget für Prävention langsam erhöht wird und das Budget, von dem es kommt, nicht bedroht ist. Dieses eine Prozent muss vor Krisen geschützt werden, die zwangsläufig passieren werden, und in denen Politiker alle Mittel einsparen, die nicht ausgegeben wurden. Wenn die Mittel jedes Jahr um 1% erhöht werden, wird innerhalb von 5 Jahren 5% des Geldes für Polizei und Strafrechtspflege zugunsten des notwendigen Reformprozesses genutzt. Es ist fraglich, wieviel mit nur 5% erreicht werden kann. Diese Mittel sind aber zusätzlich zu denen, die von verschiedenen Bereichen wie Bildung, Sozialdiensten oder der Polizei für präventionsähnliche Aktivitäten ausgegeben werden könnten.

Derselbe schrittweise Ansatz muss genutzt werden, um die Finanzierung für Opferhilfe und -rechte bereitzustellen, so dass alles in allem Prävention und Opferhilfe schließlich 10% von dem bekommen, was derzeit ausgegeben wird - wahrscheinlich $20 Milliarden.

Führung der lokalen Regierung unterstützen, um Kriminalprävention bereitzustellen

Dieses Buch hat gezeigt, wie die Führung unserer Städte - nicht unsere Polizeichefs - in der besten Position ist, Verbrechensverringerung zu organisieren. So wie die Städte Pläne für Verkehrsmittel, Umwelt und öffentliches Gesundheitswesen haben, so müssen sie einen Plan für öffentliche Sicherheit haben, der Prioritäten setzt, wie unsere Steuern genutzt werden sollen. Dies betrifft den Bürgermeister, der ein Amt aufbauen muss, um einen Investitionsplan zur Verringerung von Kriminalität und Viktimisierung zu entwickeln, mit einem geschützten Budget, das sicherstellt, dass der Plan durchgeführt wird und die Ziele erreicht werden. Eine kluge Stadt wird wissen, wo ihre verschiedenen Kriminalitätsprobleme liegen und was getan werden kann, um die Ursachen dieser Konzentrationen von Tätern und Opfern in Angriff zu nehmen. Eine kluge Stadt wird damit aufhören, jedes Jahr mehr und mehr in die Polizei zu stecken und klarere Prioritäten für das Reagieren auf Anrufe bei der Polizei setzen. Sie wird beständig und entschlossen die Notwendigkeit solcher Anrufe senken, indem in Programme für gefährdete Jugendliche investiert, Gewalt geächtet, die Möglichkeit, sein Eigentum zu schützen, verbessert und die Polizei klüger organisiert wird.

Kriminalpräventionsexperten trainieren

Es ist nicht leicht, von einem grundsätzlich reaktiven System von Polizei, Gerichten und Strafvollzug zu einem zu kommen, in dem man sich auf Prävention konzentriert. Die Trägheit, Dinge auf die alte Art und Weise zu tun, ist enorm. Allerdings kann einiges, das in diesem

Buch verlangt wird, durch Investitionen in mehr Krankenschwestern und Ärzte des öffentlichen Gesundheitswesens erreicht werden. Eines der Hindernisse, zu erfolgreicher Prävention zu gelangen, ist der Mangel an trainiertem und befähigtem Personal, um die neuen Aktivitäten durchzuführen. Daher müssen Schulen, Colleges und Universitäten Programme entwickeln, damit Leute zu Experten in der Kriminalprävention werden. Spezielle Studiengänge werden Führungskräfte und Innovatoren hervorbringen. Professionelle Vereinigungen müssen gegründet werden, um Standards zu setzen. Es ist wichtig, denen, die im derzeitigen System arbeiten, es zu ermöglichen umzulernen, so dass sie ihre professionellen Karrieren innerhalb des neuen Paradigmas fortführen können. Es ist unerlässlich, die erforderlichen Fähigkeiten zu entwickeln, bevor große Investitionen gemacht werden.

Die Bemühungen, dieses Training und die entsprechende Ausbildung zur Verfügung zu stellen, sind immer noch schwach. Das zentrale Thema in den vorherigen Kapiteln war, dass erfolgreiche Prävention aus einer Problemanalyse kommt, die aufzeigt, wie man die Risikofaktoren, die Viktimisierung verursachen, eliminieren kann. Die Analyse muss zu einem Plan und zu Prioritäten führen, und so zu Maßnahmen und letztendlich Evaluation, um herauszufinden, ob es Veränderungen in der Kriminalität gab. Während diese problemlösende Strategie einfach erscheint, erfordert die Durchführung beachtliches Geschick, besonders dort, wo sie mit der Koordination der Arbeit von verschiedenen Behörden zusammenhängt, wie Schulen und Polizei, die es nicht gewohnt sind, auf institutioneller Ebene in ihrer Planung zu kooperieren.

In den Vereinigten Staaten bietet das *National Crime Prevention Institute* an der *University of Louisville* eine Reihe von Kursen an, die sich darauf konzentrieren, wie potentielle Opfer zu schützen sind. Die *Rutgers University* stellt Material über situative Kriminalprävention zur Verfügung. In England haben einige Universitäten Kurse entwickelt, die Kriminalprävention und städtische Sicherheit beinhalten, aber diese sind nicht dafür organisiert, die Zertifizierung von Kriminalpräventionsexperten zu ermöglichen. Eine der interessantesten Ausnahmen von dieser Regel ist ein Fernstudium an der *University of*

West England in Bristol. Was letztendlich benötigt wird, sind Kurse und Standards dafür, wie man Problemanalysen macht, und die aufzeigen, wie gesellschaftliche Faktoren in Angriff zu nehmen sind, die junge Menschen zur Kriminalität tendieren lassen. Es muss darum gehen, wie Städte und andere Regierungsebenen planen können, Verbrechen zu verringern. Ein neues Institut für Kriminalprävention an der *University of Ottawa* ist daran interessiert, diese Lücke für Kanada, die Vereinigten Staaten und andere Länder zu schließen.

Wir müssen auch Aufstiegsmöglichkeiten innerhalb der Institutionen schaffen, die berufen sind, diese neuen Talente zu nutzen. So sind Veränderungen im Polizeidienst, in den Schulbehörden, den Stadtverwaltungen usw. nötig. Sich von „Recht-und-Ordnung" abzuwenden ist so wie sich von einer ausschließlichen Abhängigkeit von Ärzten und Krankenhäusern zu öffentlichen Gesundheitsstrategien zu bewegen. Man muss mit den Führungskräften arbeiten, um ihnen zu helfen, ihre Organisationen umzustrukturieren, um präventive Planungskapazitäten einzubinden.

Crime Concern ist eine einzigartige Organisation, die in England gegründet wurde, um Städten, örtlichen Gemeinschaften und sogar Nachbarschaften zu helfen, effektive Wege zu etablieren, um Verbrechen zu verringern und das Sicherheitsgefühl zu steigern. Es ist wie ein Fußballtrainer für seine Fußballer. Es stellt Rat und Unterstützung bereit, um Städten, Jugendämtern, Polizei, Gemeinschaftsgruppen und Bürgern zu helfen, effektive Kriminalpräventionsaktivitäten zu starten. Es war *Crime Concern*, das der Stadt Birmingham half, den *European Crime Prevention Award* für seine stadtweiten Verbrechensverringerungen zu bekommen, wie in Kapitel 6 erwähnt wurde. *Crime Concern* führt selbst auch einige Programme durch, wie das *Youth Inclusion Program*, die, wie in Kapitel 2 beschrieben, sehr erfolgreich waren. Es ist notwendig, solch eine Organisation auch in den Vereinigten Staaten und Kanada zu gründen.

Daten über Risikofaktoren, Viktimisierung und ihre räumliche Verteilung beschaffen

Ein klares Signal, dass die Regierung es ernst meint mit der Verbrechensverringerung, ist es, wenn die Führung Ziele zur Verbrechensverringerung nennt und die Verwaltung für das Erreichen der Ziele verantwortlich macht. Damit dies funktioniert, muss die Regierung Zugang zu unabhängigen Indikatoren der Verbrechenshäufigkeit haben, wie z.B. zu Viktimisierungsumfragen, die nicht von der Berichtspraxis der Polizei beeinflusst werden. Viele Länder haben ihr Haushaltsdefizit verringert, indem sie Ziele setzten, aber versäumten es, diesen Ansatz auch bei der Kriminalität zu wählen.

Obwohl die Polizeistatistiken hilfreich für Prävention sein können, gibt es viele bessere Indikatoren. Deren Leistungsfähigkeit muss im Sinne der Verringerung der Opferanzahl beurteilt werden, gemessen an den Ergebnissen von Viktimisierungsumfragen, oder an der Zahl der Todesfälle, gemessen an der Zahl der in die Notaufnahme eingelieferten Personen mit Verletzungen durch Gewalt oder Autounfälle. Eine regelmäßige landesweite Viktimisierungsumfrage stellt die Trenddaten darüber zur Verfügung, ob die Kriminalität über die Zeit steigt oder sinkt. Sie stellt einen Bezugsrahmen für den Vergleich der lokalen Daten dar. Sie bietet auch eine Möglichkeit für die Evaluation der Ergebnisse. Sie zeigt das Ausmaß auf, in dem wiederholte Viktimisierungen stattfinden. Wie in Kapitel 1 beschrieben, haben die Vereinigten Staaten seit 1973 jedes Jahr eine nationale Umfrage durchgeführt, um die Viktimisierungsraten zu messen. Eine lokale Umfrage muss für die Städte entwickelt werden, so dass Fortschritte auf Stadtebene verfolgt werden können. Des Weiteren müssen die Städte anfangen, die Umfrageergebnisse in ihren Strategie- und Finanzierungsentscheidungen zu nutzen.

Landesweite Umfragen über die Entwicklung der Verbrechen stellen eine Basis bereit, um Wiederholungstaten zu beurteilen und allgemeine Faktoren zu identifizieren, die junge Menschen dazu neigen lassen, Täter zu werden. Diese Umfragen stellen kritische Daten bereit, um die nationalen Sozialstrategien zu begründen. Sie können auch genutzt werden, um herauszufinden, wie Innovationen die Wahrscheinlichkeit beeinflusst haben, dass junge Menschen Wiederholungstäter werden. Die in Kapitel 2 beschriebene Evaluation der *Perry Pre-School* nutzte eine solche Langzeituntersuchung, um ihre langdauernde Effektivität und die beachtlichen sozialen und finanziellen Vorteile der Investition zu demonstrieren.

Zusammenfassung

Dieses Buch hat den Reichtum an Strategien zur Verbrechensvorbeugung gezeigt. Ich habe sie unter fünf Überschriften gruppiert:

- Investieren, um gefährdete Jugendliche von Verbrechen fernzuhalten,
- Gewalt an Frauen und Kindern stoppen,
- Verbrechen verhindern durch Zusammenarbeit von Nachbarn und durch besseres Industriedesign,
- Risikofaktoren mit Prävention und mit Polizeiarbeit in Angriff nehmen und
- der Unterstützung der Opfer gerecht werden.

Angesichts des ungenutzten Reichtums an Wissen und gesundem Menschenverstand für Kriminalprävention müssen wir viel größere Investitionen erreichen, die helfen werden, die Viktimisierung zu verringern, Steuererhöhungen für Reaktionen auf Verbrechen zu verhindern und die Zahl der Inhaftierten zu vermindern. Ich schlage vor, dies durch ein umfassendes Gesetz zu erreichen, das ein Amt für Kriminalprävention einrichtet, um:

- landesweite Pläne zu entwickeln,
- 10% der Mittel für „Recht-und-Ordnung“ umzuleiten, um Prävention und Opferunterstützung zu organisieren,
- sicherzustellen, dass die Städte problemorientierte Kriminalpräventionspläne aufstellen,
- Kriminalpräventionsexperten zu trainieren, und
- Datensysteme über Risikofaktoren, Viktimisierung und die räumliche Verteilung von Straftaten einzurichten.

9. Ursachen sprengen, nicht Budgets

Dieses Buch kommt zu dem Schluss, dass Kriminalprävention die Viktimisierung von Amerikanern beachtlich verringern wird, und zwar mit wesentlich geringeren Kosten für den Steuerzahler als die expandierenden und teuren reaktiven Strategien der letzten 30 Jahre. Das Buch hat umsetzbare Empfehlungen gemacht, die auf wissenschaftlichen und sinnvollen Schlussfolgerungen von angesehenen amerikanischen und internationalen Kommissionen basieren. Diese Empfehlungen fordern größere Investitionen in Strategien für die soziale Entwicklung, das öffentliche Gesundheitswesen und die Strafrechtspflege, die die kriminalitätsfördernden Risikofaktoren in Angriff nehmen. Sie verlangen ebenso größere Anstrengungen, die Bedürfnisse der Opfer zu erfüllen und ihnen durchsetzbare Rechte zu verleihen.

Es gibt zwei übliche Einwände gegen diese Investitionen. Der erste Einwand ist, dass die politische Elite glaubt, die Öffentlichkeit wolle keine Prävention, sondern nur mehr Strafen. Es stimmt, dass einige Wähler härtere Strafen haben wollen. Aber härtere Strafen haben zu wollen bedeutet nicht, weniger Vorbeugung haben zu wollen. Dies sind zwei Paar Schuhe. Tatsächlich befürwortet die Öffentlichkeit Prävention sehr stark. Seit mindestens 15 Jahren waren die Amerikaner konstant, im Verhältnis 2 zu 1, für Investitionen in Bildung und Ausbildung, statt mehr für Polizei, Gefängnisse und Richter auszugeben, um Verbrechen zu verringern.[1] Die von *Gallup Poll* übernommene Abbildung 9.1 zeigt einen unmissverständlichen Trend auf.

Der zweite Einwand ist, dass es zu viel kosten würde, in effektive Prävention zu investieren und dass ein Zurückdrehen von „Recht-und-Ordnung“ zu viele Arbeitsplätze in Polizei und Strafrechtspflege zerstören würde. Also schlage ich hier Eckpunkte für ein Gesetz vor - basierend auf Wissen und gesundem Menschenverstand – die zeigen, wie kleine Umschichtungen der öffentlichen Mittel große Verringerungen in Kriminalität und Viktimisierung erreichen können. Als Schlüssel

---

[1] Sourcebook of Criminal Justice Statistics Online, www.albany.edu/sourcebook/wk1/t228.wk1.

zu effektiverer und klügerer Strafrechtspflege schlägt dieses Gesetz vor, Leute umzuschulen und umzuorganisieren statt sie zu entlassen.

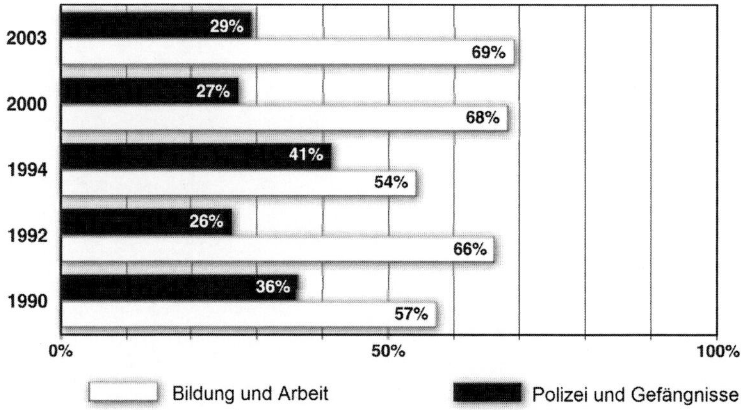

Quelle: Adapted from Sourcebook of Criminal Justice Statistics 2003, 126

Abbildung 9.1 Anteil der Amerikaner, die es vorziehen, Kriminalität durch zusätzliche Ausgaben für Bildung und Arbeit zu senken, statt durch Polizei und Gefängnisse, 1990 bis 2003

Mein Vorschlag nimmt an, dass die US-Bundesregierung jährlich $5 Milliarden an die Staats- und Lokalregierungen überwiesen hat. Statt für mehr Polizisten, Gefangene und Richter zu sorgen - und damit für höhere Steuern - verlangt er größere Investitionen in Programme, die vorbeugen und somit weniger Steuern kosten. Für das erste Jahr schlägt er vor, die Mittel des Bundes zu nutzen, um den Staats- und Lokalregierungen zu helfen, gerade mal 2% der Mittel, die für ineffektive und teure Strafrechtspflege ausgegeben werden, für funktionierende Prävention umzuwidmen. Jedes Jahr würden 2% dazukommen, bis im fünften Jahr 10% umgewidmet wurden. Abbildung 9.2 zeigt, wie diese vorgeschlagenen Budgetumwidmungen genutzt werden würden. Basierend auf den geschätzten $200 Milliarden, die für Polizei, Gefangene und Richter ausgegeben werden, zeigt es die Gesamtmenge des Geldes für alle Staats- und Lokalregierungen.

Präventionsprogramme	Budget in Milliarden	Prozent der Gesamtausgaben
1.1 Jugend- und Bandenkriminalität	$2	
1.2 Gewalt gegen Frauen und Kinder	$2	
1.3 Gewalt im Zusammenhang mit Autos, Feuerwaffen und Drogenmissbrauch	$2	
1.4 Regellosigkeit und Einbrüche in der Nachbarschaft	$2	
1.5 Durch Industrie- und Umweltdesign ermöglichte Kriminalität	$2	
Zwischensumme	**$10**	**5%**
Recht und Unterstützung für Opfer		
2.1 Unterstützungsdienste	$2	
2.2 Schadensersatz für Opfer	$3	
2.3 Realisierung der Rechte	$1	
Zwischensumme	**$6**	**3%**
Wege um Prävention und Unterstützung für Opfer aufrechtzuerhalten		
3.1 Stadtweite Gemeindesicherheitsplanung	$1	
3.2 Polizeiarbeit auf Risikofaktoren und Opfer ausrichten	$1	
3.3 Ausbildung von Fachleuten für Prävention und Hilfe	$1	
3.4 Örtliche Viktimisierungs- und Kriminalitätsdatenbanken	$1	
Zwischensumme	**$4**	**2%**
GESAMTSUMME	**$20**	**10%**

Abbildung 9.2 Vorgeschlagene Budgetumverteilungen in Milliarden Dollar

Die Beweise in diesem Buch zeigen klar, dass diese Mittel beträchtliche Verringerungen in der Viktimisierung bringen werden, während sie die Lebensqualität für benachteiligte Kinder, Jugendliche, Frauen und Nachbarschaften erhöhen. Die ersten fünf Punkte sind Programme, die aus den Empfehlungen der angesehenen Kommissionen kommen, die am Ende des ersten Kapitels in diesem Buch genannt wurden. Bei den folgenden Schätzungen der prozentualen Verringerungen, die möglich sind, muss daran gedacht werden, dass es die Akkumulation der Verringerungen ist, die den wahren Gewinn sichert.

Der Punkt zu Jugend- und Gangprogrammen beinhaltet Bemühungen für Mentoring, Schulabschlüsse, Jugendzentren, Ausbildung usw. für gefährdete Jugendliche. Einzeln haben sie Viktimisierungsverringerungen von 15 bis zu 50 Prozent gezeigt. Daher sollte eine Kombination dieser Programme innerhalb eines Zeitraums von drei bis fünf Jahren mindestens 25% Verringerung in der nationalen Kriminalitätsrate erreichen und möglicherweise noch viel mehr.

Der Punkt zur Vorbeugung von Gewalt gegen Frauen und Kinder beinhaltet verbesserte Beschäftigung und Unterhaltsarrangements für benachteiligte Frauen. Diese Maßnahmen würden auf vielen wichtigen Initiativen aufbauen, die schon vorhanden sind. Solche Programme würden Gewalt gegen Frauen um 20% oder womöglich noch mehr über einen Zeitraum von drei bis fünf Jahren verringern und würden Nachwirkungen auf die Gewalt an Kindern in der nächsten Generation haben.

Der Punkt für Programme, die Gewalt im Zusammenhang mit Autos, Handfeuerwaffen und Drogenmissbrauch vorbeugen, führt national eine Reihe erprobter Programme ein. Diese würden weniger destruktives Autofahren fördern – das heißt weniger gefährliches Fahren und Trunkenheit am Steuer - wobei auf viele technische Errungenschaften zur Verringerung der Zahl von Verkehrstoten und Verletzten gebaut wird. Diese Programme würden auch friedliche Konfliktlösungen fördern und Risikofaktoren in Angriff nehmen, die zu Drogenmissbrauch führen. Dies sollte eine 20 bis 30 prozentige Verringerung innerhalb eines Fünfjahreszeitraums erreichen.

Die Programme, die Störungen der öffentlichen Ordnung in der Nachbarschaft verringern, wie die vom *Chicago Police Department* erörterten, verringerten Gewalt und andere Verbrechen um fast 50 Prozent. Programme zur Reduzierung von Wohnungseinbrüchen, wie sie in England und Wales erfolgreich erprobt wurden, ermöglichen Verringerungen um bis zu 70 Prozent. Also sollte eine Kombination dieser Programme große Verringerungen - sagen wir um 50% - hervorrufen, sowohl bei Eigentumsdelikten als auch bei Verstößen gegen die öffentliche Ordnung.

Der fünfte Punkt schlägt Programme vor, die Kriminalität verringern, indem die Berücksichtigung von Kriminalprävention zur Voraussetzung für die Genehmigung von Industrie- und städtebaulichem Design gemacht wird. So kann das Potential, leichte Gewinne durch Verbrechen zu machen, gesenkt und das Risiko für Verbrechen und der Aufwand für ein erfolgreiches Verbrechen erhöht werden. Die dadurch erreichbaren prozentualen Verringerungen von Kriminalität sind unklar, obwohl einige der im Buch genannten Beispiele - Wegfahrsperren zum Beispiel - die entsprechenden Delikte in der Vergangenheit fast vollständig eliminiert haben. Da Täter aber schnell einen Weg um das erfolgreiche Design herum finden, sind ständige Bemühungen nötig. Dennoch sollten große prozentuale Verringerungen erreicht werden können.

Die umfassende Einführung einer Kombination all dieser Programme wird viel bessere Ergebnisse erzielen als die auf Grund nur eines der Punkte zu erwartenden Verringerungen, und so könnten 50% Kriminalitätsverringerung innerhalb von zehn Jahren erreicht werden, wenn alles andere so bleibt. Dies würde auch einen Multiplikatoreneffekt ergeben. Sobald Amerikaner Vertrauen in ihre persönliche Sicherheit gewinnen, werden sie weniger private Sicherheitsdienste und -geräte kaufen. Sie werden auch weniger Handfeuerwaffen zu ihrer Sicherheit tragen, was die Todesfälle und Verletzungen durch Handfeuerwaffen verringern wird. Alles in allem sollte dies die Mordrate in den Vereinigten Staaten auf die viel niedrigeren Quoten senken, die in Kanada und Europa zu finden sind.

Trotzdem wird dies die Viktimisierung, wie wir sie heute kennen, nicht beseitigen. Also wird die Gruppe der Punkte bezüglich Opferunterstützung und Opferrechte weiterhin mehr als nötig sein. Jeder Punkt folgt Empfehlungen aus Kapitel 6 und baut auf den wichtigen Errungenschaften des *Office for Victims of Crime* und seinen Partnern in den Staats- und Lokalregierungen auf. Der Punkt Unterstützungsdienste würde es Gemeinschaften und dem Strafrechtspflegesystem ermöglichen, mehr umfassende Dienste für alle Opfer einzurichten. Der Punkt zum Schadenersatz für Verbrechensopfer würde die Vereinigten Staaten näher an die Summen heranbringen, die Opfern in England und Wales gezahlt werden und würde die Ungleichheit zwischen Opfern von Terror und üblichem Verbrechen verringern. Der Punkt der Verwirklichung der Rechte für Opfer - das Recht auf Status und Teilnahme - würde die Opfer näher an die Situation in Frankreich heranbringen, wo Opfer regelmäßig im Strafgericht von einem Anwalt vertreten werden, so dass sie Entschädigung bekommen, ihre persönliche Sicherheit geschützt ist, die Wahrheitsfindung verbessert wird und sie Gerechtigkeit bekommen.

Sowohl die Präventionsprogramme als auch die Mittel für die Opferunterstützungsdienste benötigen eine Infrastruktur und neue Fähigkeiten. Diese werden in der Gruppe mit dem Titel „Wege, Prävention und Opferunterstützung aufrecht zu erhalten“ vorgeschlagen. Der erste Punkt wird es Staats- und Lokalregierungen ermöglichen, Ämter für Kriminalprävention einzurichten, wie in diesem Buch vorgeschlagen wird. Im Polizeisektor gibt es schon einige Initiativen, mehr problemorientierte Polizeiarbeit zu fördern, so wie den *Community Oriented Policing Service* des *US Department of Justice*. Was hier vorgeschlagen wird, sind mehr Mittel und Ehrgeiz, um den Polizeibehörden - nicht nur einzelnen Beamten - zu helfen, eine problemorientierte Perspektive anzunehmen und eng mit anderen Behörden, wie Schulbehörden und dem öffentlichen Gesundheitswesen, zusammenzuarbeiten, um dadurch kriminalitätsfördernde Risikofaktoren in Angriff zu nehmen. Nötig sind auch Ausbildung und Standards, so dass die Polizei Ersthelfer für Opfer sein kann, wie es vor 30 Jahren im unstrittigen Grundrechtskatalog der IACP für Opferrechte vorgesehen war und vor kurzem von dieser nochmals betont wurde.

Der Punkt zu Training für Präventions- und Unterstützungsexperten konzentriert sich auf neue Ausbildungsgänge und Standards für viele derjenigen, die in der Polizei, dem öffentlichen Gesundheitswesen, Jugenddiensten, Opferdiensten, Stadtverwaltung usw. arbeiten. Damit Prävention und Opferunterstützung erfolgreich sein können, benötigen diese Personen neue Fähigkeiten und sollten expliziten Standards entsprechen. Der Punkt über Daten zu örtlicher Viktimisierung und Verbrechensdatenbanken würde es Stadtverwaltungen ermöglichen, verschiedene Datensätze von Polizei, Gesundheitswesen und Schulen für Planungszwecke zusammenzufügen und auch lokale Viktimisierungsumfragen durchzuführen.

Aber es geht nicht nur darum, Viktimisierung vorzubeugen, sondern auch darum, das Geld der Steuerzahler zu sparen. Innerhalb von fünf Jahren sollten die Staatsregierungen und Stadtverwaltungen viel mehr gespart haben als die umgeleiteten $20 Milliarden, weil sie dann weniger Geld für Polizei, Gefängnisse und Richter ausgeben müssten, da sie die in den letzten zehn Jahren zusätzlich aufgebauten Kapazitäten in der Strafrechtspflege nutzen könnten. Tatsächlich könnten sie diese $20 Milliarden und mehr schon jetzt sparen, weil die Verbrechensraten bereits gesunken sind. Des Weiteren wird das hier vorgeschlagene Programm viel größere Verringerungen der Kriminalität erreichen, wenn die sozioökonomischen Trends positiv bleiben, weil auch sie den Anstieg der Viktimisierung verringern werden.

Es gibt viele verschiedene Möglichkeiten, um Einsparungen in den Recht- und Ordnungsausgaben der Staatsregierungen und Stadtverwaltungen herbeizuführen. Der offensichtlichste Einfluss der Bundesregierung wäre, ihren Geldtransfer an einen Aktionsplan zu binden, der eine Verringerung der Recht- und Ordnungsausgaben verlangt und ausreichend ist, die bereitgestellten Mittel des Bundes innerhalb von fünf Jahren einzusparen. Auf den ersten Blick scheinen diese Zahlen unerreichbar, aber eine Verringerung um 10% in fünf Jahren ist eine viel kleinere Veränderung als der 25 bis 50 prozentige Anstieg der Ausgaben in den letzten fünf Jahren! In den 1990ern sank die Kriminalität um 50% oder mehr, also könnte die politische Elite eine Verringerung von 50% der Ausgaben für „Recht-und-Ordnung“ in Betracht ziehen. Daher ist ein Vorschlag zur Umwidmung von 10% ausgesprochen vernünftig, besonders, da meine Schätzungen nahelegen, dass er viel größere Verringerungen der Opferwerdung bewirken wird.

Mein Ansatz wird der politischen Elite helfen, die die Viktimisierung bewusst und mutig verringern und nebenbei auch die Steuern senken will. Es benennt konkrete Schritte, um eine bessere Investition in Prävention zu bekommen, die Gewinne erzeugt, indem die Zahl der Opfer von Verbrechen und Gewalt bedeutend und auf nachhaltige Art und Weise gesenkt wird. Jeder Schritt ist nötig und unverzichtbar. Investition in erfolgreiche Prävention wird nicht durch Reden, Hoffen, Freiwillige oder Preise erreicht - wie löblich dies auch sein mag. Sie kommt von politischen Entscheidungsträgern, die echtes Geld investieren, wirkliche Arbeitsplätze schaffen und Gesetze verabschieden, um ein ständiges Amt für Kriminalprävention einzurichten. Sie wird durch einen intelligenten und fundierten Aktionsplan erreicht und durch nur 10% der bislang reaktiv eingesetzten Mittel, die für Reformen umgewidmet werden, um Prävention und allgemeine Unterstützung und Gerechtigkeit für Opfer Realität werden zu lassen.

Ich bin ist zuversichtlich, weil die Beweise bezüglich der Risikofaktoren, die junge Menschen dazu neigen lassen, Wiederholungstäter zu werden, so gesichert sind. Die Evaluationen der innovativen Projekte, die diese Risikofaktoren in Angriff nehmen, beweisen, dass Prävention funktioniert. Gewalt an Frauen wurde verringert und kann daher noch weitergehend verhindert werden. Tödliche Verkehrsunfälle, Alkoholmissbrauch und illegale Drogen wurden erfolgreich zurückgedrängt. Kriminalität wurde durch Veränderungen des Designs im Stadtbild und bei öffentlichen Einrichtungen verringert. Polizeidienste in den Städten sind problemorientierter geworden und haben die Opferwerdung in vielen Nachbarschaften verringert. Europäische und andere Regierungen unterstützen die Opfer mehr und geben ihnen sogar eine Rolle, um für ihre Suche nach Gerechtigkeit, Entschädigung und persönlicher Sicherheit besser eintreten zu können. Städte, die die Herausforderung annehmen, hart gegen Kriminalität begünstigende Risikofaktoren anzugehen, können Erfolge vorweisen.

Amerikaner zahlen doppelt so viel wie kanadische und europäische Bürger für Polizei, Gefangene und Richter. Dennoch haben sie viel höhere gewaltbedingte Todesfallraten - fünf bis sechs Mal so hoch. Stellen Sie sich vor, wo Amerikaner heute sein könnten, wenn sie nur $20 Milliarden von den jährlich $100 zusätzlichen Milliarden nähmen, die sie mehr zahlen als Kanadier und Europäer, und sie für die umsetzbaren Empfehlungen aus den Kapiteln dieses Buches ausgeben würden. Stellen Sie sich vor, wo Amerika in zehn Jahren sein könnte, wenn der US Kongress ein Gesetz einführen würde, das mit meinen Vorschlägen übereinstimmt, um die Nutzung der effektiven Präventionsmaßnahmen der Staats- und Lokalregierungen zu vervielfachen. Stellen Sie sich 100.000 mehr Professionelle im öffentlichen Gesundheitswesen, bei der Jugendarbeit, als Frauenberater und als Opferunterstützer vor, die an effektiven Kriminalpräventionsstrategien arbeiten, sowie Polizisten und Richter, die mit mehr Wissen Risikofaktoren in Angriff nehmen.

Es sind die politischen Entscheidungsträger, die das herbeiführen können und müssen, was die Öffentlichkeit will - weniger Kriminalität und mehr Fürsorge für Opfer. Die politischen Entscheidungsträger müssen unsere Steuern auf die nachhaltigste und kosteneffektivste Art und Weise nutzen. Lassen Sie uns klug sein, damit unsere Kinder aufwachsen mit weniger Narben durch häusliche Gewalt, in sichereren Straßen und mit einer nachhaltigeren Art und Weise, mit Verbrechen umzugehen, bevor sie begangen werden. Lassen Sie uns Fürsorge für Opfer in unserer Kultur und Verfassung verankern. Lassen Sie uns Wissen und gesunden Menschenverstand nutzen, um in erprobte Prävention zu investieren, die in die Zukunft junger Menschen, Frauen und von uns Allen investiert. Die Zeit damit anzufangen war vor fünf Jahren. In fünf weiteren Jahren werden wir merken, dass die Zeit anzufangen heute war. Investieren Sie jetzt nicht in mehr Recht und Ordnung, sondern lieber in weniger Kriminalität.

Ausgewählte Literatur

Acero Vel´asquez, Hugo. "The City and Public Policies on Safety and Congruous Living." Private communication from City Hall, Bogot´a, 2003.

Audit Commission. Misspent Youth: Young People and Crime. London: Audit Commission for Local Authorities and National Health Service in England and Wales, 1996.

Blumstein, Al, & J. Wallman, eds. The Crime Drop in America. Cambridge: Cambridge University Press, 2000.

Bureau of Justice Statistics. Crime and Victimization in the Three Largest Metropolitan Areas, 1980–98. Washington, DC: U.S. Department of Justice, 2005.

Bureau of Justice Statistics. Criminal Victimization, 2004. Washington, DC: U.S. Department of Justice, 2005.

Bureau of Justice Statistics. Justice Expenditure and Employment in the United States, 2001. Washington, DC: U.S. Department of Justice, 2004.

Bureau of Justice Statistics. Sourcebook on Criminal Justice Statistics, 31st edn, 2006. Available at www.albany.edu/sourcebook.

Carroll, Joseph. Gun Ownership and Use in America. Women More Likely Than Men to Use Guns for Protection. The Gallup Poll, 22 November 2005.

Centers for Disease Control, Division of Violence Prevention, National Center for Injury Prevention and Control, 2006. Available at www.cdc.gov/ncipc/dvp.

Clarke, Ronald. Situational Crime Prevention: Successful Case Studies. Albany, NY: Harrow & Heston, 1997.

Doe, Jane. The Story of Jane Doe: A Book about Rape. Toronto: Vintage Canada, 2004.

Dugan, Laura, Daniel Nagin, & Richard Rosenfeld. Explaining the Decline in Intimate Partner Homicide: The Effects of Changing Domesticity, Women's Status, and Domestic Violence Resources. Homicide Studies, 3(3): 187–214, August 1999.

Elliott, Delbert. Blue Prints for Violence Prevention, 2005. Available at http://www.colorado.edu/cspv/blueprints.

Her Majesty's Inspectorate of Constabulary. Beating Crime. London: Home Office, 1998.

Home Office. Digest 4: Information on the Criminal Justice System in England and Wales, London: Home Office, 1999.

Home Office. Reducing Offending: An Assessment of Research Evidence on Ways of Dealing with Offending Behaviour, Peter Goldblatt & Chris Lewis, eds. London: Home Office, Research and Statistics, 1998.

Hurley, Dan, & Felton Earls. On Crime as Science (A Neighbor at a Time). New York Times, 6 January 2004.

International Centre for the Prevention of Crime. Urban Crime Prevention and Youth at Risk: Compendium of Promising Strategies and Programs from Around the World. Montreal, 2005.

International Centre for the Prevention of Crime. Crime Prevention Digest II: Comparative Analysis of Successful Community Safety. Montreal, 1999. International Centre for the Prevention of Crime. 100 Crime Prevention Programs to Inspire Action Across the World. Montreal, 1999. Karmen, Andrew. New York Murder Mystery: The True Story Behind the Crime Crash of the 1990s. New York: New York University Press, 2000.

Kelling, George, & William Sousa. Do Police Matter? An Analysis of the Impact of New York City's Police Reforms. New York: Center for Civic Innovation at the Manhattan Institute, Civic Report, December 2001.

Kelling, George, Tony Pate, Duane Dieckman, & Charles Brown. Kansas City Preventive Patrol Experiment: A Summary Report. Washington, DC: Police Foundation, 1974.

Kennedy, David, Anthony Braga, Anne Piehl, & Elin Waring. Reducing Gun Violence: The Boston Gun Project's Operation Ceasefire. Washington, DC: U.S. Department of Justice, National Institute of Justice, 2001.

McConnell, Sheena, & Steven Glazerman. National Job Corps Study: The Benefits and Costs of Job Corps. Princeton, NJ: Mathematica Policy Research, Inc., June 2001.

National Association of Attorneys General. Bruised Inside: What Our Children Say about Youth Violence, What Causes it, and What We Need to do about it. A Report of the National Association of Attorneys General, 2002.

National Crime Prevention Council (U.S.). Six Safer Cities: On the Crest of the Crime Prevention Wave. Washington, DC, 1999.

National Criminal Justice Commission (U.S.). The Real War on Crime: The Report of the National Criminal Justice Commission, Steven Donziger, ed. New York: Harper, 1996.

National Research Council (U.S.). Fairness and Effectiveness in Policing: The Evidence, Wesley Skogan, ed. Washington, DC: National Academies Press, 2004.

National Research Council (U.S.). Deadly Lessons: Understanding Lethal School Violence, Mark Moore, Carol Petrie, Anthony Braga, & Brenda McLaughlin, eds. Washington, DC: National Academy Press, 2003.

National Research Council (U.S.). Juvenile Crime, Juvenile Justice, Joan McCord, Cathy Spatz Widom, & Nancy Crowell, eds. Washington, DC: National Academy Press, 2001.

National Research Council (U.S.). Informing America's Policy on Illegal Drugs: What We Don't Know Keeps Hurting Us, Committee on Data and Research for Policy on Illegal Drugs, Charles Manski, John Pepper, Carol Petrie, & Brenda McLaughlin, eds. Washington, DC: National Academy Press, 2001.

National Research Council & Institute of Medicine. Violence in Families: Assessing Prevention and Treatment Programs. Committee on the Assessment of Family Violence Interventions, Board on Children, Youth, and Families, Rosemary Chalk & Patricia King, eds. Washington, DC: National Academy Press, 1998.

Rome Statute of the International Criminal Court, United Nations Conference of Plenipotentiaries on the Establishment of an International Criminal Court A/Conf.183/9. New York: United Nations, 1998.

Saad, Lydia. Wanted in Great Britain: Law and Order. The Gallup Poll, 24 February 2004.

Sarre, R. Beyond 'What Works?': A 25 Year Jubilee Retrospective of Robert Martinson's Famous Article. The Australian and New Zealand Journal of Criminology, 34(1): 38–46, 2001.

Schweinhart, Lawrence. The High/Scope Perry Preschool Study through Age 40: Summary, Conclusions and Frequently Asked Questions. Ypsilanti, MI: High/Scope Press, 2005.

Sherman, Lawrence, David Farrington, Brandon Welsh, & Doris MacKenzie. Evidence Based Crime Prevention. New York: Routledge, 2002.

Skogan, Wesley, & Susan Hartnett. Community Policing: Chicago Style.New York: Oxford University Press, 1997.

Sloan, J.H., A.L. Kellerman, D.T. Reay, J.A. Ferris, T. Koepsell, F.P. Rivara et al. Handgun Regulations, Crime, Assaults and Homicide: A Tale of Two Cities. New England Journal of Medicine, 319: 1256–1262, 1988.

United Nations General Assembly. Declaration of Basic Principles of Justice for Victims of Crime and Abuse of Power. New York, 1985. Available at www.unhchr.ch/html/intlinst.htm.

United Nations, Economic and Social Council. Guidelines for the Prevention of Crime in Action to Promote Effective Crime Prevention. New York: United Nations, Economic and Social Council, Office for Drug Control and Crime Prevention, 2002.

United States. President's Task Force on Victims of Crime: Final Report. Washington, DC, 1982.

United States. President's Commission on Law Enforcement and Administration of Justice. New York: Avon, 1968.

U.S. Office for Victims of Crime. New Directions from the Field: Victims' Rights and Services for the 21st Century. Washington, DC: U.S. Department of Justice, Office of Justice Programs, 1998.

Waller, Irvin. Crime Victims: Doing Justice to Their Support and Protection. Helsinki: European Institute for Crime Prevention and Control, 2003.

Waller, Irvin, & Daniel Sansfac¸on. Investing Wisely in Prevention: International Experiences. Monograph, Crime Prevention Series #1. Washington, DC: U.S. Department of Justice, Bureau of Justice Assistance, 2000.

Waller, Irvin. The Police: "First in Aid." In Victims of Crime: Problems, Policies, and Programs, 1st edn., Arthur Lurigio, W.G. Skogan, & R.C. Davis, eds. Newbury Park, CA: Sage, 1990, pp. 139–156.

Waller, Irvin. What Reduces Residential Burglary: Action and Research in Seattle and Toronto. In The Victim in International Perspective, Hans Joachim Schneider, ed. New York: De Gruyter, 1982, pp. 479–492.

Waller, Irvin, & Norm Okihiro. Burglary, the Victim and the Public. Toronto: University of Toronto Press, 1978.

Waller, Irvin, & Janet Chan. Prison Use: A Canadian and International Comparison. In Correctional Institutions, 2nd edn., L.T. Wilkins & D. Glazer, eds. J.B. Lippincott, 1977, pp. 41–60.

Waller, Irvin. Men Released from Prison. Toronto: University of Toronto Press, 1974.

Walmsley, Roy. World Prison Population List, 5th edn. Research Findings, 234. London: Home Office Research, 2004.

Welsh, Brandon, & David Farrington, eds. Preventing Crime: What Works for Children, Offenders, Victims, and Places. New York: Springer, 2006.

Willett, Terrence. Criminal on the Road, a Study of Serious Motoring Offences and Those Who Commit Them. London: Tavistock, 1971.

Wilson, James, & George Kelling. Broken Windows: The Police and Neighborhood Safety. Atlantic Monthly, 29–38, March 1982.

World Health Organization World Report on Road Traffic Injury Prevention: Summary. Geneva, 2004.

World Health Organization. Preventing Violence: A Guide to Implementing the Recommendations of the World Report on Violence and Health. Geneva: Violence and Injuries Prevention, 2004.

World Health Organization. World Report on Violence and Health. Geneva: Violence and Injuries Prevention, 2002.

Zimring, Franklin. Perspectives on Deterrence. Chicago: Chicago University Press, 1971.